동북아시아 한민족의 연극

민병욱 저

부산대학교 출판부

책 머리에

『동북아시아 한민족 연극』은 근대 이후 한민족의 동북아시아로의 이동에 따른 연극 장르의 예술세계와 이에 따른 이론체계를 살펴보려고 한 것이다. 한민족의 시각에서 본다면 근대는 한일합병, 8 · 15해방, 6 · 25전쟁, 분단시대 등으로 설명되지 않는다. 오히려 한일합방은 한민족의 수난기, 8 · 15해방은 한민족의 광복기, 6 · 25전쟁은 민족의 대립분열기, 분단시대는 민족의 분단기이다. 한민족은 민족수난기에는 중국과 일본으로, 광복기 이후에는 남한과 북한으로 이동하거나 정착한다. 민족수난기의 국외 이동은 민족 생존을 명제로 방법론적 이데올로기의 차이를, 민족광복기 이후에는 민족국가의 수립을 명제로 역시 방법론적 이데올로기의 차이를 드러낸다. 이에 본고는 민족수난기에는 재일 조선인의 연극을, 민족대립기에는 재중 조선족 연극을, 민족분단기에는 북한 연극을 다루고자 했다. 곧 본고는 동북아시아 한민족의 연극을 민족수난기 재일본 조선인의 연극, 민족대립기 재중국 조선족의 연극을, 민족분단기에는 북한 연극으로 범주화 하여 살펴 본 것이다. 이러한 범주화에서 재러시아 고려족 연극과 남한 연극이 제외되어 있다. 재러시아 고려족 연극은 집필 중에 있다. 재일 조선인, 재중 조선족, 재러 고려족, 북한과 달리, 남한은 대한민국으로서 한민족 연극의 중심에 위치하고 있다. 동북아시아 한민족 연극의 중심적 위치에 있는 한국 연극은 한민족의 국외 이동으로 다루어질 수 있는 것이 아니다. 이에 한국 근대연극과 연극비평에 관한 저서를 준비하여 곧 발간하고자 한다.

동북아시아 한민족의 문학예술에 관한 처음 관심을 가지게 된 것은 1997년이다. 이 해, 교육부로부터 '인문과학 중점 지원' 이라는 연구프로젝트(2년 과제)의 지원을 받아서 다음 해 1978년 『일제 강점기 재일 한국인의 문학활동과 문학의식 연구』(1998)를 공저로 펴내게 되었다. 그 과정에서 나에게 주어진 것은 「일제 강점기 재일 한국인의 연극활동과 연극의식 연구」이었다. 2년 동안 연구조사가 진행되는 과정에서 민족수난기 한민족의 동북아시아로의 이동에 관심을 기울었다. 그 관심으로 2002년과 2003년 사이 '한국학술진흥재단 해외한국학 연구 파견교수'로 중국에서, 2004년과 2005년 사이 '동북대학 동북아세아연구센터 교수'로 일본에서 동북아시아 한민족의 연극을 지속할 수 있었다. 중국에서는 재중 조선족 연극 三老人, 북한연극, 북한문학, 북한문화를 연구하고, 일본에서는 그 연구들을 동북아시아의 틀 속에서 계속할 수 있었다. 그 과정에서 적지 않은 관련 논저를 발표하기도 했다.

그 후 흘러간 10여년보다 적은 시간이 남아 있어 지금까지 한 연구들을 테마별로 묶어야 할 것 같다. 언제나 나에게 소중한 삶의 원동력인 珍, 炫, 그리고…. 이 하찮은 졸고를 한 권의 책으로 펴내주신 부산대학교 출판부에 감사드린다.

2011년 금정산기슭에서

목차

제3부 민족분단기 북한연극

작품색인

ㅅ

ㅇ

ㅈ

ㅊ

ㅋ

ㅌ

ㅍ

ㅎ

제1부
민족수난기 재일 조선인의 근대극 운동

第1부 민족수난기 재일 조선인의 근대극 운동

Ⅰ. 문제의 제기

민족수난기 재일 조선인 연극운동에 관한 선행 연구[1])는 불과 서너 편에 지나지 않으며, 연극사와 연극운동사 및 연극비평사를 서술하는 가운데 극히 일부분으로 쓰여진 것들이다. 선행 연구들은 대체로 연극운동사의 시각에서 프롤레타리아연극운동체와 학생극운동체를 중심으로 하여 실증주의적 접근을 시도하고 있다. 이러한 접근은 국내 연극운동사의 영역을 확장하여 동시대 재일 조선인의 연극운동에 관련된 연극학적 사실을 재구성하기 시작한 단계이다.

민족수난기 재일 조선인 연극운동은 동시대 재일 조선인 운동 및 국내운동과의 상호 유기적인 관련[2]) 속에서 일본이라는 지역적 특수성에 기

1) 본고에서 사용한 '재일 조선인'이란 용어는 당시 일본과 국내 사회에서 통용되던 일반적 개념이기 때문이다. 선행 연구들에서 본다면, 민족수난기 재일 한국인의 연극운동에 관한 연구는 이제 시작 단계라고 할 수 있다.
양승국, 『한국근대연극비평사연구』, 태학사, 1996, 75~81쪽.
유민영, 『우리 시대 연극운동사』, 단국대출판부, 1990, 107~111쪽.
이두현, 『한국신극사』, 서울대 출판부, 1966, 251~252쪽.
장한기, 『한국연극사』, 동국대학교 출판부, 1986, 272~273쪽.
한 효, 『조선연극사 개요』, 국립출판사, 1956, 321~324쪽.
박영정, 「일제 강점기 재일본 조선인 연극운동 연구」, 『한국극예술연구 · 3』, 1993, 101~137쪽.
박영정, 「극단 조선연극협회 연구」, 『한국극예술연구 · 5』, 1995, 97~127쪽.

2) 동시대 재일 조선인 연극운동과 재일 조선인 운동 및 국내운동 간의 상호연관성은 그

인하여 전개된 운동이다. 동시대 재일 조선인의 연극운동은 재일 조선인을 관객집단으로 하여 재일 조선 민족극 및 조선의 독자적인 근대극과 현대극을 수립하고 궁극적으로는 '연극운동을 통한 민족해방운동[3]'에 이르는 것에 목적을 두고 있다. 말하자면 재일 조선인 연극운동의 기본적인 출발점은 동시대 재일 조선인 운동과 밀접한 연관을 맺으면서 '재일 조선인의 문화적 욕구'를 충족시키고 '재일본 한민족의 독자적인 연극'을 수립하는 것에 있다.

이에 조선 연극의 민족적 독자성[4]을 전제로 하여, 본고는 동시대 재일 조선인 운동의 상관성 속에서 재일 조선인 연극운동을 실증적으로 정리하고, 관련 극 텍스트의 구조와 의미 구조를 분석하고 종합하여 그 연극사적 위치를 자리매김하고자 한다.

말하자면 본고는 실증주의적 방법론에 의해서 재일 조선인의 전반적인 사회운동과의 관련성 속에서 연극운동의 실체를 재구성하고, 분석비평적 방법론에 의해서 그 주도세력들이나 개별 극작가들이 생산하고 공연한 극 텍스트의 구조와 의미 구조를 밝혀냄으로써 재일 조선인 연극운동의 연극사적 위치를 평가하는 것이다.

주도세력들 간의 관계에서도 확인된다. 이에 관해서는 이 글의 <Ⅱ-2 재일 조선인 연극운동의 전개 과정>에서 상술될 것이다.

3) 전일검, 「재동경 조선극단」, 조선일보, 1936.5.15
______, 「학생예술좌부감도」, 『막 · 1』 1936.12, 10쪽.

4) 이에 관련하여 문제가 되는 것은 재일 조선인 프로연극운동과 일본 프로연극운동과의 관계인 바, 본고의 <Ⅱ-2.3 동지사와 동경조선어극단>에서 상론될 것이다.

Ⅱ. 재일 조선인 연극운동의 형성과 전개

1. 재일 조선인 연극운동의 형성 조건

1.1 재일 조선인 노동자의 정치문화적 훈련 양식

동시대 재일 조선인 연극운동의 주체는 조선인이다. 재일 조선인은 대다수 노동자와 소수의 유학생 그리고 극소수의 소상인, 회사원, 관리 등의 중간계급으로 구성되어 있다. 재일 조선인[5] 가운데, 노동자 대 유학생의 비율은 9 대 1 정도가 되며, 조선 전체 인구 가운데 차지하고 있는 비율은 대체로 매년 0.1%씩 증가하여 1930년에 1%를 넘어서면서 급등하여 해방 직전에는 7%에 이른다.

특히 재일 조선인이 급등하는 시기는 1930년 전후이며, 조선인 노동자와 유학생의 비율이 약 25 대 1 정도가 된다. 말하자면 1930년을 전후로

---

5) 재일 조선인의 구성과 조선 전체 인구에서 차지하는 비율과 그 증가율, 재일 조선인 노동자가 일본 전체 노동자에서 차지하는 비율 등, 재일 조선인에 관련된 통계는 다음의 저서에 기초한 것이다.
김인덕, 『식민지시대 재일 조선인 운동연구』, 국학자료원, 1996, 31쪽(표 1- 재일 조선인의 추이), 33쪽(표 2- 시기・지역별 재일 조선인의 인구 구성)
조동걸, 『일제하 한국농민운동사』, 한길사, 1979, 292쪽(표-재일 조선인 인구변동)

하여 재일 조선인 노동자는 절대 증가하는 반면 유학생은 절대 감소한다.

재일 조선인 노동자는 몰락한 농민계급과 농민계급에서 전락한 노동자계급 출신으로서 한국을 제국주의 독점 자본하의 식민지로 재편하기 위하여 시행한 일제의 농촌 수탈의 결과이다.

일제의 농촌 수탈은 10년대 조선토지조사사업과 20년대 조선산미증산계획, 30년대 조선농촌진흥운동, 40년대 제 3차 산미증산계획과 농공병진책 등에 의해서 이루어지며, 조선 농민은 도시빈민이나 노동자계급으로 전락하여 일본을 비롯하여 중국 동북지역과 노령지역으로 이동한다. 특히 3.1운동 이후부터 증가하기 시작한 농민계급의 일본 이주은 1922년에 이르러서는 중국 동북지역과 노령지역보다 그 비율이 높아지며, 1925년에는 조선 전체 농민의 약 17%에 이른다.

일본에 이주한 조선인 노동자는 대부분 남선지방 출신이며, 지리적 여건 때문에 九州와 關西지방의 도시로 이주한다. 특히 재일 조선인 노동자는 상공업 중심지인 大阪, 京都, 東京, 兵庫, 福岡, 愛知 등에 이주하여 도시빈민층을 형성하며, 일일노동자층에 속하는 비숙련노동자로서 살아간다.

최하층노동자로서 '일할 의지와 능력을 갖고 있으면서도 일할 곳이 없어 암담한 XX(=기아)선 상에서 XX(=신음)[6]하고 있을 정도로 매우 열악한 삶을 살아가는 재일 조선인 노동자들은 그 절대적인 수의 증가에 따라서 조직화 단계에 이른다. 그 결과, 조선노동총동맹의 지도 아래서 재일 조선인 노동운동체들을 결집하여 그 산하단체로서 1925년 2월

6) 김인덕, 『식민지시대 재일 조선인 운동연구』, 국학자료원, 1996, 49쪽 (金重政, 「在日朝鮮人勞動者の現狀」, 재인용)

재일본조선노동총동맹[7]을 조직하여 대중적 기반을 가지게 된다.

재일본조선노동총동맹은 일본노동자와의 노동력 사용가치와 민족차별에서 비롯된 것으로서 '경제적 평등과 지식 개발, 자본가계급과의 투쟁, 노동자계급의 해방'[8]을 강령으로 설정하여 재일 조선인 노동자계급의 정치문화적 성향[9]을 훈련하고 강화하는 것으로 나아간다.

재일 조선인 노동자계급의 정치문화적 훈련 방법론으로 동원된 것들 가운데 하나가 '민중을 감정상으로 쉽게 인도하는' 연극[10]이다. 동시대 조선어 연극은 재일 조선인 노동자집회나 위안회에서 행해지는 가장 중요한 문화활동이며, 노동자집단을 관객으로 동원시키는 가장 중요한 수단[11]이 된다. 연극공연은 조선인 노동자들로 하여금 즉석에서 '노동자대회'를 열거나 '조선 폭압정치반대 동맹의 선전 삐라'를 뿌리면서 경찰과 대치하게 만드는 것[12]이다.

---

7) 정진성, 「일제하 재일 조선인 노동자들의 조직운동」, 『현대사회학연구 · 8』, 한울, 1985, 225쪽.

8) 1925년 2월 2일 동경 日華日鮮青年會館에서 조직된 제 1 회 재일본조선노동총동맹의 강령은 다음과 같다.
   1. 우리는 단결의 위력과 상호부조의 조직으로 경제적 평등과 지식 개발을 도모한다.
   2. 우리는 용기와 용감한 전술로 자본가계급의 억압과 박해에 대해서 철저히 투쟁할 것을 도모한다.
   3. 우리는 노동자계급과 자본가계급이 양립할 수 없다고 확신하고 노동조합의 실력으로 노동자계급의 완전한 해방과 자유, 평등의 신사회건설을 도모한다.
   金正柱 編, 『朝鮮統治史料(7)』, 宗高書房, 1970, 834面

9) 본고에서 정치문화적 성향이란 정치체제나 정치 대상에 대한 사람들의 정향(orientation) 혹은 정치적 행위의 경향의 전반적인 분포를 뜻한다.

10) 이돈화, 「생활조건을 본위로 한 조선의 개조사업(속)」, 『개벽 · 16』, 1921.10, 쪽.

11) 이를 위하여 프로연극운동체인 조선예술좌는 1936년 제 1회 地區공연 가운데 동년 1월 28일 鶴見의 岩戸館 공연에 裵龜子少女歌劇團을 출연시켜서 다른 지구 공연보다도 5배에서 20배에 이르는 조선인 관객을 동원하기도 했다.
   金斗鎔, 「朝鮮藝術座の近況」, 『テァトロ』 1936.5, 107面.

12) 최병한, 「노동자위안회 잡감」, 『예술운동』, 1927.11, 56~57面

역으로, 재일 조선인 노동자관객들은 신파극이든 근대신극이든 프로연극이든 연극운동체의 이데올로기에 상관없이 조선어 연극 공연[13)]을 찾게 된다. 노동자관객들의 이러한 태도는 물론 일본이라는 특수한 지역에서 표출되는 민족의식에 관한 정치문화적 성향을 보여주는 것에 다름아니다.

일본극단 大阪 戰旗座의 '朝鮮語部'를 시작으로 하여 프롯트(PROT) 유일의 조선어 극단 名古屋의 革新劇團, 프롯트 산하 극단들이 재일 조선인 노동자가 가장 많이 밀집한 지역[14)]에 설치된 것도 연극을 재일 조선인 노동자계급의 정치문화적 훈련 양식으로 선택한 실례가 된다.

따라서 동시대 재일 조선인 연극운동은 조선인 노동자의 정치문화적 훈련 양식으로 선택된 결과이다.

1.2 재일 조선인 유학생의 대중교육적 실천 전략

노동자계급과 같이 재일 조선인을 구성하고 있는 집단은 유학생층이다. 동시 재일 조선인 유학생[15)]은, 1910년대에는 관비유학, 1920년대

13) 예컨대, 주 12)에서 이미 지적한 것과 같이, 조선예술좌 공연에 裵龜子少女歌劇團이 출연하여 관객이 훨씬 증가한 것이나, 1933년 최승일이 대판의 '거리의 위치도 그러하지마는 극장도 우리가 잘 상상하는 3, 4류의 극장'에서 '千으로도 헤아리지 못할 무수한 형제들이 모여 들었던' 현상이나, 1937년 당시 재일 조선인 극단들 가운데 유일하게 활동하던 동경학생예술좌의 제 2회 공연(동년 6월 22, 23일 築地小劇場)에 노동자관객이 증가한 현상이 그러한 사례들이다.
金斗鎔, 「朝鮮藝術座の近況」, 『テァトロ』, 1936.5, 107面.
최승일, 「경성 대판 동경-극계만담(1)」, 조선일보, 1933.9.21
이서향, 「동경 학생예술좌 제 2회 공연을 보고」, 동아일보, 1937.7.

14) 倉林誠一郎, 『新劇年代記(戰前編)』, 白水社, 1972, 444面.

15) 재일 조선인유학생에 관해서 다음 문헌에 힘입은 바 크다.
강동진, 『일제의 한국침략정책사』, 한길사, 1980, 196~201쪽.
김인덕, 『식민지 시대 재일 조선인 운동 연구』, 49~52쪽.

이후부터는 사비유학이 대부분이었다. 관비유학생의 감소가 일제의 우민화 정책이라면 사비유학생의 증가는 중등교육 이상의 교육기관이 매우 적은 한국에서 나타난 높은 교육열 때문이다. 특히 1929년 광주학생운동이 일어난 전후에 걸쳐서 유학생들이 급등하여 최고에 달하는 바, 1910년 일제 강점 직후보다도 무려 10배 이상에 이른다.

유학생들이 다수 다녔던 학교는 慶應大學, 明治大學, 日本大學, 正則英語學校, 帝國大學, 早稻田大學 등이며, 거주지는 주로 東京을 비롯하여 京都와 大阪 그리고 神戶, 山口, 岡山 지역 등이다.

이러한 유학생들은, 1910년대 친일자본가계급이나 대지주 혹은 권문세가에서 1920년대 이래 다양한 계급으로 구성되어 있다. 특히 20년대 이후 조선이 식민지경제체제로 편입됨에 따라서 유학생들은 대부분 고학생들로 이루어져 있으며, 20년대 중반 동경유학생은 고학생이 2/3 정도를 차지하고 있다.

고학생들은 일일노동자[16]로 종사하면서 유학을 했기 때문에 자연히 유학기간이 길어지고 현실문제[17]에도 관심을 갖게 된다. 더구나 동경 2・8독립선언과 3・1운동을 주도하였기 때문에 유학생은 일제의 통제

재일 한국유학생연합회, 『일본유학100년사』, 재일한국유학생연합회, 1988, 10쪽 이하.

16) 동시대 고학생들은 대체로 주간에는 신문배달, 인력거 차부, 일용노동자로 일하고, 야간에는 학교에 다니는 열악한 삶을 살고 있었다. 고학생들의 열악한 삶은 당시 일본에서 뿐만아니라 국내에서도 널리 알려진 사회문제로서 연극의 가장 중요한 소재가 되었다. 당시 일반 관객들에게 큰 반향을 일으켰으며, 가장 많은 관객이 동원될 정도로 일반 대중의 관심의 초점이 된 작품은 조명희의 《김영일의 사》와 임영빈의 《백파의 울음(=학생 이동화의 사)》이다.
동아일보, 1921.7.7, 1921.9.27

17) 그 전형적인 사례의 하나로 유학생들이 조선 유지들과 함께 조선사회의 실제 문제를 비판 연구하기 위하여 1925년 6월 잡지 『신사회』를 발간한 것을 들 수 있다.
동아일보, 1925.6.26

와 감시의 대상[18]이 된다.

따라서 고학생이 대다수를 차지하고 있는 유학생집단은 민족적, 계급적 자각을 하게 되고, 그 결과 사회문화운동체에 참여하거나 조직을 결성하는 방향으로 나아갈 수밖에 없게 된다.

유학생들은 먼저 친선도모와 상호부조를 목적으로 친목회를 결성하여 활동하다가, 사비유학생이 급등한 1922년 무렵 사회주의 사상을 받아들이면서 사상운동을 통하여 민족의식과 배일의식을 불러일으킨다. 그 전형적인 실례의 하나로 동경조선유학생학우회[19]를 들 수 있다.

동경조선유학생학우회(약칭-학우회)의 출발은, 구한말 일본 유학생들의 친목단체들이 통합하여 1909년 1월에 결성한 대한흥학회이다. 대한흥학회는 그 목적을 '敦誼硏學, 국민의 智德啓發'라고 하여 유학생단체들이 공통적으로 내세웠던 목적인 '친목단결, 학술연마, 국민교육계몽'과 일치한다.

1910년 10월 대한흥학회를 개칭한 학우회도 역시 유학생 친목회 연합체로 출발하다가 1920년 무렵 자체의 사상 대립을 통하여 1925년부터 공산주의계열 일월회의 지도 아래, 재일본조선인노동총동맹, 재일본조선청년동맹, 동경조선무산청년동맹회 등과 긴밀한 관계를 맺으면서 사상운동체로 활동하다가 일당일국주의원칙[20] 아래 1931년 2월 해산한

18) 예컨대 1920년 6월 현재 일본 유학생 828명 가운데 '요시찰 인물'이 151명에 이를 정도로, 유학생들에 대한 일제의 통제와 감시가 극심했다.
국사편찬위원회, 『한국독립운동사(2)』, 탐구당, 1970, 642~647쪽.

19) 학우회에 관해서 다음 논문에 힘입은 바 크다.
독립운동사자료편찬위원회, 『독립운동사자료집』(별집 3-재일본 한국인 민족운동 자료집), 1973, 10쪽 이하.

20) 일국일당주의 원칙이란 이른바 코민테른의 12월 테제를 가리키는 말로서 프롤레타리아국제주의라고도 한다. 12월테제란 1928년 12월 코민테른 제 6회 대회 직후 집

다.

이와 같이 유학생들은 친목활동에서 민족해방운동으로 방향을 전환하고, 운동의 목적도 '친목단결, 학술연마, 국민교육계몽'에서 '계급해방, 민족해방'을 강화하는 것으로 나아간다. 그 대표적인 사상단체로서는 공산주의계열의 일월회, 동경조선무산청년동맹회, 신성회, 3·1운동무산청년회, 무정부주의계열의 흑우회, 조선무산자사회연맹 등을 들 수 있다.

친목활동에서 민족해방운동에 이르기까지 유학생들이 '행동강령'으로 선택한 공통적인 전략은 '대중교육'이며 그 실천방법론은 '문화활동'이다. 문화활동의 일환으로 행하는 공통적인 활동은 '잡지 발간과 출판 사업[21]'이며, 단체들에 따라서 연극운동이나 연극공연[22]을 행하기도 한

행위원회 정치서기국에서 채택한 것으로, 조선 혁명의 성격을 반제 반봉건 부르조와민주주의 혁명으로 규정하고 일당일국주의 원칙에 따라서 공산주의자 각 그룹들이 현재 활동하는 현지에서 그 지역의 당에 들어가 지역의 혁명운동에 복무하도록 지시한 것을 가리킨다.

21) 이것은 유학생단체들의 특성일 뿐만 아니라 동시대 재일 조선인 사회문화운동체들의 공통적인 특징이기도 하다. 예컨대 학우회는 『학지광』을, 북성회는 『척후대』를, 일월회는 『사상운동』과 『대중신문』을, 신흥과학연구회는 『신흥과학』을, 재일조선노동총동맹은 『조선노동』을, 동경조선무산청년동맹회의는 『청년신문』과 『청년조선』을, 재일본조선청년동맹은 『청년조선』을, 근우회는 『근우』를, 무산자는 『무산자』를, 동지사는 『동지』를, 노동계급사는 『노동계급』을 발간한다. 뿐만 아니라 이러한 단체를 비롯하여 재일 조선인 사회운동체들이 가장 관심을 기울이는 것은 그 대중적 기반를 마련하기 위해서 대중교육 혹은 무산자교육 혹은 재일 조선인의 교육이다. 그 교육의 일환으로서 출판활동을 한다. 재일 조선인 사회운동체들이 일본이라는 지역적 특수성 때문에 일본의 사회운동체들로 통합되고 이어서 일제의 사회운동체들이 사상탄압으로 검거되거나 해체되자, 재일 조선인 사회운동 예컨대 무산자사와 동지사의 주도세력들은 표면상 출판사로 위장하여 사회운동을 일시적으로 행하기도 한다. 따라서 대중교육의 일환으로서 시작된 출판운동은 사회운동체들의 비합적인 위장운동으로서 기능하기도 한다.

22) 조선프롤레타리아예술동맹 동경지부를 비롯한 프로예술운동체와 재일 조선인 민족해방운동단체에서 동시에 주도적인 역할을 한 사람들은 김두용, 이북만, 고경흠, 최

다.

비록 국내 순회공연이지만, 1920년 동경에서 결성된 고학생과 노동자들의 친선단체인 동우회가 '동우회순회극단'을, 1920년 동경에서 결성된 동경고학생갈돕회가 '동경고학생갈돕회순회극단'을, 1921년 동경에서 결성된 고학생형설회가 '고학생형설회순회극단'을 조직하여 연극운동을 한 것도, 고학생단체들의 주도세력들이 연극을 대중교육의 실천방법론으로 인식한 결과[23]이다. 1921년 8월 13, 14일 재동경함산학우문예단에서, 1921년 9월 4일 천도교청년회 동경지회에서, 1922년 7월 20, 21일 동경유학생 관성연예단에서 연극공연을 한 것도 마찬가지이다.

따라서 동시대 재일 조선인 연극운동은 유학생들이 민족해방운동을 위한 대중교육의 실천적 전략으로서 선택한 문화활동이다.

병한, 황양명, 조중곤, 이우적, 장준석 등이 있으며, 이 가운데 김두용, 이북만, 최병한은 실제 연극에 종사하거나 연극운동을 주도한 대표적인 사람들이다.
특히 김두용은 1927년 조선프롤레타리아예술동맹 동경지부를 결성하고 1929년 무산자를 조직하여 위원장에 피선된다. 이어서 그는 1929년 전협(전일본노동조합평의회)의 지도 아래 재일본조선노동총동맹의 해체를 주도하고 1932년 전협 산하 일본프롤레타리아문화연맹 조선협의회 위원장이 된다.
이북만은 1927년 제 3전선과 일본프롤레타리아예술동맹에 가입하고 조선프롤레타리아예술동맹 합동총회 중앙위원으로 피선되며 조선프롤레타리아예술동맹 동경지부를 결성한다. 이어서 그는 1928년 재일본조선청년동맹 및 신간회 동경지부에 가입하고 1929년 조선프롤레타리아예술동맹 동경지부를 무산자사로 재조직하고 또 그 후신으로 1932년 노동계급사를 재조직하며, 노동계급사 전체대회에서 조선공산당의 재건을 위해서 귀선하여 활동한다.
김인덕, 『식민지시대 재일조선인운동연구』, 260~261쪽.
임영태 편, 『식민지시대 한국사회와 운동』, 사계절, 1985, 180쪽 이하

23) 고학생단체들이 연극공연을 한 목적은 '기금모금, 회의 취지 선전과 대중교육, 그리고 연극(근대극)의 소개와 교육'에 있다.
민병욱, 『한국희곡사연표』, 국학자료원, 1994, 6~39쪽.

1.3 재일 전문 연극인의 연극 훈련과 수용

물론 재일 조선 유학생들이 사회운동에만 헌신한 것은 아니다. 유학생들 가운데 일부는 연극을 전공하거나 실제 전공과는 달리 연극활동에 참여하고 있는 경우도 있다. 첫째, 조선이 일제 식민지라는 사회적 조건, 둘째, 이화학과・농공과・사범과・의과로 학생들이 나아가도록 방향을 유도하는 조선총독부의 유학생 정책[24], 셋째, 유교의식[25] 등에 의해서 연극을 비롯한 예술전공 유학생들이 그다지 많지는 않은 것 같다.

재일 유학생들의 연극활동은 동시대 일본 신파극[26]에서 시작된다.

---

24) 이것은 阿部充家가 齋藤實總督에게 보낸 '유학생에 관한 6개항의 대책' 가운데 하나이다.
강동진, 『일제의 한국침략정책사』, 200쪽 재인용.

25) 이것은 동시대 전문 연극인들이 한국사회에서 연극이 발달하지 못한 원인으로 들고 있다.
김정진, 「연극의 기원과 희랍극의 고찰」, 『개벽・31』, 1923.1, 33~34쪽.
현 철, 「연극과 오인의 관계」, 매일신보, 1920.6.30

26) 신파극을 비롯하여 동시대 일본 연극계의 흐름에 관해서는 다음의 논저에 힘입은 바 크다.
김두용, 「朝鮮藝術座の近況」, 『テアトロ』, 1936.5, 107~109쪽.
김두용, 「일본문단 극단의 동향」, 동아일보, 1936.2.28⇒3.10
김승구, 「동경 신극계의 근황」, 조선일보, 1937.7.2⇒7.4
신고송, 「국제 연극운동의 전망」, 중앙일보, 1932.3.22⇒3.28
신고송, 「일본프로극장동맹 제3회 전국대회 방청기」, 조선일보, 1931.5.27⇒5.31
유치진, 「동경문단-극단견문초」, 동아일보, 1935.5.12⇒5.23
유치진, 「최근 10년간의 일본 신극운동」, 조선일보, 1931.11.27
유치진, 「프로극의 몰락과 그 후보-일본 신극의 별견기」, 동아일보, 1934.10.1⇒10.5
최재서, 「동경 통신- 신극운동의 전환」, 조선일보, 37.8.3
함세덕, 「동경연극계의 동향」, 매일신보, 1941.5.2⇒5.13
平凡社 版, 『演劇百科大事典』(全六卷), 平凡社, 1961.
河竹繁俊, 『日本演劇全史』, 岩波書店, 1959.
菅井幸雄, 『築地小劇場』, 未來社, 1976.
菅井幸雄, 『新劇の歷史』, 新日本出版社, 1984.

이기세[27]는 재일 유학생 가운데 가장 먼저 일본에서 신파극 훈련을 받은 사람이다. 그는 동경물리학교에 유학하면서 소인극을 하다가 1910년에서 1912년에 걸쳐서 약 2년간 京都 新派의 靜間小次郎 문하에서 각본 취재를 맡으며 연극 훈련을 하고 귀국하여 국내에서 신파극운동을 주도한다.

신파극에서 이어서 일본 신극은 島村抱月, 坪內逍遙를 중심으로 한 文藝協會[28](1906~1911)와 小山內薰을 중심으로 한 自由劇場[29](1909~1914)

倉林誠一郎, 『新劇年代記(戰前編)』, 白水社, 1972.

27) 이기세, 「신파극의 회고」, 매일신보, 1937.7.2~7

28) 文藝協會(1906~1911)는 연극을 중심으로 문학을 비롯한 모든 예술의 연구와 시연, 연극학교 설립, 예술관 건립 및 잡지 발행을 목적으로 하고 坪內逍遙, 島村抱月, 金子馬治, 鳩山和夫 등이 발기인이 되어서 설립된 예술운동체이다.
文藝協會는 세익스피어의《베니스의 상인》, 입센의 《인형의 집》, 톨스토이의 《부활》 등을 주요 레퍼토리로 하여 서구 근대극을 수용하고, 배우를 비롯한 무대 예술가를 양성하는 부속연구소를 설치하여 일본 근대극 수립의 기반을 마련했다. 그 주도세력인 坪內逍遙, 島村抱月은 早稻田大學의 문화적 전통 아래에 있으며, 坪內逍遙(1859~1935)는 사실주의문학운동 및 이론가로서, 島村抱月(1871~1918)은 자연주의문학운동 및 이론가로서 동시대 일본 근대문학의 기반을 마련했다. 아울러 文藝協會의 해산 이후 島村抱月(1871~1918)은 文藝協會 附屬 研究所 출신자를 중심으로 배우 松井須磨子와 함께 藝術座(1913~1924)를 결성하여 演劇研究所藝術俱樂部를 부설하고 전국순회 공연을 하면서 예술지상주의 연극을 통하여 신극의 대중화를 이루었다.

29) 自由劇場(1909~1914)은 근대주의에 입각하여 근대극의 확립, 국극 수립 그리고 근대희곡 창작 등을 목적으로 하고 상업주의에서 벗어난 예술연극을 일으키고자 小山內薰, 市川左団次(歌舞伎 배우출신), 正宗白鳥 등이 설립한 연극운동체이다. 自由劇場은 체홉의 《개》, 투르게네프의 《夜の宿》, 입센의 《인형의 집》 등을 주요 레프터리로 번역 공연하고, 국극을 개량하여 근대화 하면서 서구 근대극을 통한 일본 근대극을 확립했다. 그 주도세력인 小山內薰(1881~1928)은 1907년 잡지 『신사조』를 창간하여 서구 근대문학과 근대희곡과 연극을 번역 소개하여, 島村抱月, 松居松葉, 市川左団次, 森鷗 등과 함께 동시대 일본문학계와 연극계의 근대주의 흐름을 형성했으며, 연극연구소와 배우학교를 창설하여 일본 근대극의 발전에도 이바지했다. 그 결과 신진 극작가들, 예컨대 久米正雄, 菊池寛, 山本有三, 有島武郎 등이 다양한 근대적 극작품들을 창작하는 계기가 되었다.

에 의해서 주도된다.

文藝協會와 自由劇場에서 藝術座에 이르기까지 일본 신극의 훈련을 받은 사람은 현 철, 김정진 등이다.

현 철[30]은 보성중학교를 졸업한 해, 즉 1911년에 동경 正則英語學校에 입학하여 연극에 뜻을 두다가 1913년 10월 明治大學 법과 재학중 島村抱月이 주도한 藝術座 附設 演劇研究所藝術俱樂部에 입교하여 연극 훈련을 시작한다.

이어서, 그는 藝術座의 關西지방 순회공연에 연구생으로 참여하고, 같은 해 12월에서 1915년에 이르기까지 오스카 와일드의 《사로메》, 입센의 《바다의 부인》, 체홉의 《곰》, 톨스토이의 《부활》, 투르게네프의 《기전야》 등에 단역으로 출연하여 연극훈련을 받는다.

김정진은, 그의 약력[31]에 따르면, 경성에서 출생, 성장하고 도일하여 동경상업학교를 2년 간 수업하고 1917년에서 1920년까지 島村抱月의 문하생으로 극문학을 연구한다. 島村抱月이 1918년 11월 5일 사망했고, 藝術座가 1919년 1월 松井須磨子의 자살을 전후하여 坪內逍遙에 의해서 주도되었으며, 島村抱月 계열에 속하는 加藤精一, 佐佐木積, 森英治郎 등이 無名會를 창립한 것을 감안한다면, 그는 연극 훈련 기간은 藝術座에서 1년 정도, 無名會에서 2년 정도 되었을 것이다.

김우진은, 1921년에서 1924년에 이르기까지, 坪內逍遙, 島村抱月이 교수로 재직했던 早稻田大學 문학부 문학과에서 영문학을 전공했다.

坪內逍遙는 1883년 동경대학교 문학부 정치학과를 졸업, 早稻田大學의 전신인 동경전문학교에서 강사를 지내다가 1890년 문학과를 신설하

30) 이두현, 『한국신극사연구』, 서울대출판부, 1966, 96~97쪽.
31) 김정진, 약력, 『현대조선문학전집』(희곡집), 조선일보사출판부, 1938, 230쪽.

여 1915년 사임할 때까지 영문학 강좌를 담당했다.

島村抱月은 1895년 그 전신인 동경전문학교를 졸업, 영국과 독일을 유학하고 귀국한 1905년에 早稻田大學의 문학부교수가 되어 미학, 영문학사, 구주근세문예사를 1918년 죽기 직전까지 담당했다. 일본 근대문학과 근대극에 관한 이론적 토대를 마련한 『早稻田文學』은 坪內逍遙가 1891년에 창간하고 島村抱月이 1895년에서부터 주도했다.

따라서 그는 坪內逍遙와 島村抱月로부터 직접적인 연극훈련을 받은 것은 아니다.

오히려 小山內薰으로부터 고든 크레익 연극론을 배워서 이해하고 있었을 가능성이 있으며, 築地小劇場의 早稻田大學 출신 배우 友田恭助의 도움으로 동우회순회극단의 공연작품을 완성하고 가장 절친한 친구 홍해성을 築地小劇場의 배우로 나서게 했으며, 홍해성과 함께 동경에서 극예술협회를 설립하고, 「우리 신극운동의 첫 길」이라는 평문을 공동집필했으며, 「築地小劇場에서 인조인간을 보고」라는 공연평을 했다는 것[32]에서 미루어 본다면, 그는 小山內薰으로부터 연극적인 영향을 받았을 가능성이 훨씬 많다.

일본 신극의 주도세력들로부터 연극훈련을 받은 현 철, 김정진, 김우진은 귀국하여 국내 연극운동에 참여함으로써 재일 조선인의 연극운동은 극단 築地小劇場에서부터 비로소 출발한다.

---

32) 아울러 홍해성은 "그와 나는 최초에 약 10만원의 예산으로 경성에다 무대극 전문의 극장을 건설하여 동지를 규합하고 굳세인 신극운동을 일으키기로 작정하여 수산은 조대 문과에서 연극학을 전공하고 나는 小山內씨의 제자가 되어서 무대에 대한 실지지식을 배우게 되었는데"라고 증언하고 있다.
김연수, 「극단 야화」, 매일신보, 1931.5.22~30.
이두현, 『한국신극사연구』, 106, 115쪽.
양승국, 『김우진, 그의 삶과 문학』, 태학사, 1998, 101~102쪽.

築地小劇場[33](1924-1930)은 小山內薫이 土方與志(1878~1959)의 도움으로 만든 연극전용 소극장과 그 부속 극단의 명칭이다. 극단 築地小劇場은 小山內薫을 중심으로 友田恭助, 丸山定夫, 山本安英 등이 주도하여, 1924년 6월에 창단되어 1930년 6월 해체된다.

극단 築地小劇場에서 일본 신극의 훈련을 받은 사람은 홍해성이다.

홍해성(1893-1957)은, 1917년 도일하여 中央大 法學科에 다니다가 김우진의 권유로 연극계에 종사하게 되어 日本大學 藝術學科에 편입하고 1924년 극단 築地小劇場의 배우로 활동하게 된다.

그는 1924년 10월 제 13회 공연(15~24일) 고리키의 《밤주막》에 출연한 이래 1929년 3월 제 84회 공연(5~24일)에 이르기까지 총 78회 공연에서 110여편의 작품[34]에 출연하게 된다. 물론 築地小劇場의 출장,

---

33) 극단 築地小劇場(1924~1930)은 小山內薫이 주도하여 '연극의 실험실, 연극의 상설관, 이상적 소극장, 민중의 작은 공간'라는 목적으로 만들어진 일본 근대극의 첫 출발점이면서 근대극장사에 있어서 첫 연극전용 상설관이다. 극단 築地小劇場은 약 4년 반 사이에 84회 공연, 일본 희곡 27편을 포함한 117편의 희곡을 상연했다. 초기에 상연된 서구 근대극은 대체로 러시아와 북유럽계열에 속하는 것으로서 게링의 《해전》, 카이저의 《아침부터 밤까지》, 오닐의《황제 존즈》, 체홉의 《벚꽃동산》, 《세 자매》, 입센의 《유령》, 《민중의 적》, 《인형의 집》, 스트린드베리의《미스 쥬리》, 피란델로의《작가를 찾는 6인의 등장인물》, 쇼의 《성 존즈》 등이었다. 후기에 상연된 일본 근대극은 坪內逍遙의 《役の行者》, 近松門左衛門의 《國性爺合戰》, 中村吉藏의 《大塩平八郎》 등이다. 이와 같이 첫 2년 동안은 서구 근대극만을 번역, 상연하고 1926년에 이르러서 일본 극작가의 작품을 상연했다. 이러한 공연 의도는 서구 근대극에 기반을 두었던 일본 근대극을 완성하고 나아가서 歌舞伎를 대신할 일본 국극을 창조하기 위해서이다. 이 밖에도 연출의 개념과 위상을 정립하고, 조명과 효과 등 무대예술을 비약적으로 발전시키는 계기가 되기도 했다. 이에 극단 해산이후에서 현대극에 이르기까지 많은 연출가와 무대예술가 그리고 배우들을 활동하게된 계기도 되었다.

34) 안광희는 홍해성이 築地小劇場에서 마지막 출연한 것을 '1929년 3월 제 84 회 공연(小山內薫 추모공연) 《夜の宿》(1929.3.5~24)'로 보면서 총 78회 공연에서 110여편의 작품에 출연했다고 한다. 倉林誠一郎의 『新劇年代記』에 따르면, 홍해성의 첫 출연은 축지소극장의 제 13회 공연(1924.10.15~24) 고리끼의 《夜の宿》이며,

순회공연을 합치면, 그의 공연횟수와 출연횟수는 보다 많아진다. 그는 배우로서 서구 근대극에서 일본 근대극에 이르기까지 다양한 무대체험을 하면서 다양한 역할을 연기했다. 그는, 1929년 3, 4월 友田恭助를 비롯하여 배우들이 탈퇴하면서 극단 築地小劇場이 분열하자 곧 귀국하여 국내에서 활동을 한다.

築地小劇場의 분열은, 1929년 4월에서 1934년 6월까지 丸山定夫, 山本安英, 久保榮 등이 주도하는 新築地 극단[35]으로, 1932년 1월에서 1936년 2월까지 友田恭助이 주도하는 築地座[36]로 나뉘어진다. 이어서

마지막 출연은 1929.9.27에서 10.1까지 극장 本鄕座에서 공연된 《탄광부》 이다. 아울러 '제 84회 공연(小山內薰 추모공연) 《夜の宿》(1929.3.5~24)'이 아니라 '제 83 회 小山內薰 追悼公演 《櫻の園》 이다.

倉林誠一郎, 『新劇年代記』, 31, 248面

안광희, 「홍해성연구」, 단국대 석사논문, 1985, 48쪽

35) 新築地극단(1929~1940)은 小山內薰의 죽음으로 築地小劇場이 분열을 겪자, 丸山定夫, 山本安英, 久保榮 등이 탈퇴하여 만든 정치적인 연극운동체로서 1931년 프롯트에 가맹하여 좌익극장과 함께 프롤레타리아연극의 주도세력이 된다. 연출은 土方與志, 연기는 丸山定夫, 山本安英, 문예는 久保榮, 경영은 神尾耕三이 주도했다. 공연작품은 藤森成吉의 《蜂起》, 久保榮의 《新說 國性爺合戰》, 村山知義의 《東洋車輛工場》, 고리끼의 《어머니》, 레마르크의 《서부 전선 이상없다》 등이다. 이 극단도 일본의 중국 침략이 본격화된 1931년 이래, 사상탄압으로 결국 1940년에 해산하게 된다.

36) 築地座(1932~1936)는, 新築地극단(1929~1934)과 마찬가지로 小山內薰의 죽음으로 築地小劇場이 분열을 겪자, 友田恭助, 田村秋子 부부가 중심이 되어서 新東京극단의 구성원들과 岸田國士, 久保田万太郎을 영입하여 만든 연극운동체이다. 築地座는 築地小劇場 이래 연극의 정치적 편향성을 비판하면서 예술성을 제창하여 예술지상주의를 지향하는 연극운동체로서 小山內薰의 연극정신을 계승하고 있다. 築地座는 岸田國士가 주간하는 동인제 연극잡지 『劇作』 을 발간하면서 수록된 창작 희곡을 주로 공연한 바, 川口一郎의 《二十六番館》, 內村直也의 《秋水領》, 岸田國士의 《牛山ホテル》 등이 그것이다. 물론 고리끼의 《어머니》, 레마르크의 《서부전선이상없다》 등과 같은 번역극도 상연했다. 이 극단은 岸田國士의 결단으로 1936년 2월 해산되자, 연출가 岩田豊雄의 주도로 구성원들이 거의 그대로 文學座를 결성했다.

新築地 극단은 1932년 6월 프롯트의 해산으로 같은 9월 新協극단[37]으로, 築地座는 1937년 9월 文學座[38]로 새롭게 창단되면서 활동한다.

築地小劇場의 분열에서 文學座에 이르기까지 일본 신극 훈련을 받는 사람들은 안영일과 주영섭 등으로 대표된다.

안영일[39]은, 1931년 일본대학 공과를 중도 퇴학하고 1932년 11월 10일부터 24일까지 좌익극장 제 3기 연구소졸업생 공연작품 《朝川炭坑》에 '갱부 2'와 '武田' 으로 출연함으로써 일본 신극훈련을 받기 시작한다. 이어서 그는 1933년 2월 6일에서 12일까지, 같은 해 5월 5일에서 9일까지 新築地 극단 공연에 단역 배우田園로 참여하고 1932년 2월 3·1극장의 설립에서 1937년 4월 조선예술좌의 해체까지 프로연극운

37) 新協극단(1934~1940)은 프롯트 해산에 따라서 프롤레타리아연극이 궁지에 몰리자 村山知義가 새로운 극단으로 통합을 제창하여 '진보적인, 예술적으로 양심적인, 관객과 타협하지 않는 연출상 통일성을 지닌' 연극 창조를 목표로 결성된 연극운동체이다. 당시 中央劇場, 美術座, 新築地 劇團(일부)이 통합하여 결성된 운동체로서, 秋田雨雀을 고문으로 하고 村山知義, 久保營, 三島雅夫 등이 주도하고 있다. 新協극단은 1925년 2월 일본프롤레타리아문예연맹의 연극부, 1925년 11월 일본프롤레타리아예술연맹의 트렁크 극장, 1927년 2월 노농예술가연맹의 전위좌, 1928년 3월 전일본무산자예술연맹(NAPF)의 좌익극장, 1929년 4월 일본프롤레타리아연극동맹(PROT)의 좌익극장, 1931년 11월 일본프롤레타리아문화연맹(KOPF)과 일본프롤레타리아연극동맹에 이르는 프롤레타리아연극의 집합체이다. 新協 극단에서 공연한, 예컨대 島崎藤村의 《夜明け前》, 久板榮二郎의 《北東の風》, 久保營의 《火山灰地》 들은 자본주의현실을 비판한 경향성의 작품들이다.

38) 文學座(1937~)는 築地小劇場을 설립하고 주도한 小山內薰의 예술연극운동을 그대로 이어 받고 久保田万太郎, 岩田國士, 岩田豊雄을 발기인으로 하여 築地座 구성원을 주축으로 하여 결성된 운동체로서 정치주의를 배제하고 참다운 의미에서의 정신적 오락을 지식대중에게 제공하려는 목적으로 창단된 것이다. 공연작품으로는 眞船豊의 《田園》, 飯澤匡의 《北京の幽靈》, 森本薰의 《女の一生》 등이 있다. 이 文學座만이 유일하게 전후까지 존속하게 된다.

39) 박영정, 「일제강점기 재일본 조선인연극운동 연구」, 『한국극예술연구·3』,114쪽.
倉林誠一郎, 『新劇年代記』, 501, 518, 529 面.

동을 하다가 1940년 귀국할 때까지는 新協 극단에서 연출부원으로 활동한다. 그와 같이 일본에서 프로연극운동을 한 사람들은 김일영, 김파우, 전일검, 조우적(=허 달), 최병한 등이다.

김일영은 무대장치 제작소 長谷川組에서 무대장치가로, 김파우는 東京메자마시(メザマシ)隊에서 배우로, 전일검과 최병한은 新築地 극단에서 배우로, 조우적은 新築地 극단에서 기획[40]로으로 활동한다.

안영일을 비롯하여 이들은 정치주의적인 新築地 극단을비롯하여 프로연극운동체에서 연극 훈련을 받지만 그 역할은 '폭력단B라는 역에 쥐꼬리만한 대사까지 달려있는' 정도로 미약한 것[41]에 지나지 않는다.

이들이 일본 신극 훈련을 통해서 실질적인 역할을 수행하는 것은 재일본 조선인 노동자를 위한 프로연극운동, 즉 1927년 카프동경지부 연극부에서부터 1937년 4월 조선예술좌 해산에 이르기까지이다. 아울러 이들은, 1937년 4월 조선예술좌 해산 이후나, 1940년 8월 新協극단 해산 이후에 귀국하여 국내 연극운동에서도 실질적인 역할을 수행한다.

주영섭은, 평양 출신으로 보성전문학교에 다니다가 1933년 11월 23, 24일 극단 신건설의 제 1회 공연 《서부전선 이상없다》, 같은 해 11월 25일 같은 학교 학생연극부의 제 2회 시연회 《밤주막》에 출연[42]하여 국내에서 연극 훈련을 받는다.

---

40) 이원경, 『문예총감-연출(개화기-1975)』, 한국문화예술진흥원, 1976, 406~407쪽.

41) 전일검, 「첫 무대를 밟을 때」, 『극예술・4』, 1936.5

42) 주영섭과 함께 극단 신건설 공연에 참가한 김승일과 이상춘은 보전학생연극부 공연에 연출과 무대장치를 담당한다. 특히 이상춘은 같은 해 2월 21일 이른바 '연극운동사건'에 '동경의 좌익극단과 연락을 취하는 동시에 부내 학교와 일정한 관계를 맺어가지고 그 (공산주의)사상을 선전한' 죄목으로 피검된다. 이상춘은 곧 석방되나 1934년 5월 17일 이른바 '극단 신건설사 사건'으로 다시 피검된다.
민병욱, 『한국 희곡사연표』, 152쪽

그는 1934년 도일하여 入敎大學 法文學部를 다니다가 '세계 연극 수준에 달한 동경극단에서 이런 그룹(=동경학생예술좌)을 통해서 적극적으로 연극을 배워가지고… 동경 각 극단의 공연연구소 등에 접촉하여 연구를 쌓고 좌(=동경학생예술좌) 내부에서 그것을 종합하여 좀 더 새로운 것을 만들고자[43]' 같은 해 6월 24일 동경학생예술좌를 창립한다. 그는, 김동혁, 김영화, 마완영, 박계순, 박동근, 박의원, 신 영, 이진순, 임호권, 최규홍, 한적선, 허남실등과 함께 극단을 창립한 직후 약 1년 간 일본 신극 훈련을 받는다. 그 훈련은 '세계 연극 수준에 달한 동경극단에서 적극적으로 연극을 배우는 것'으로서 연극 공연의 참가와 연구소 활동[44]을 통해서 이루어진다. 이러한 훈련과정에서 이들은 1934년 6월부터 1940년 12월에 이르기까지 동경학생예술좌를 통하여 재일 조선인 연극운동을 지속하게 된다. 아울러 그 주도세력들의 완전한 귀국[45]으로 일제강점기 재일 조선인 연극운동은 일단 끝을 맺게 된다.

동시대 재일 조선인 전문 연극인들은 신파극에서 신극운동체에 이르기까지 일본 연극의 훈련을 받거나 수용하여 국내 연극운동과 재일 조선인 연극운동을 주도한다.

일반적으로 일본 연극의 훈련을 받은 전문 연극인은 세 유형으로 나누

43) 「학생예술좌부감도」, 『막 · 1』, 1936.12, 6쪽

44) 이해랑, 『허상의 진실』, 새문사, 1991, 260~261쪽.
「학생예술좌부감도」, 『막 · 1』, 1936.12, 6~7쪽

45) 동경학생예술좌 주도세력들은 1939년 6월 제 4회 공연 예정작품 가운데 이서향의 《문》이 검열을 통과하지 못하여 공연하지 못하자 귀국하게 된다. 1939년 6월 현재 '제 1기 귀향 좌원'은 주영섭, 한적선, 임호권, 마완영, 이해랑, 김동혁, 이진순, 장규원, 홍성인, 박용구, 신 영, 박의원, 허남실이다. 물론 그 주도세력들은 1939년 6월 완전히 귀국 이전에는 국내을 왕래하면서 개별적으로 각 극단 공연에 참가하기도 한다.
『막 · 3』, 1939.6, 57쪽.

어진다.

첫 번째 유형은 일본 연극 훈련을 받고 즉시 귀국하여 국내 연극운동를 주도한 이기세, 김우진, 김정진, 유치진, 현 철 등이다.

두 번째 유형은 일본에서 연극훈련을 받고 일정 기간 조선인을 대상으로 하여 연극운동을 주도하다가 귀국 후 국내 연극운동에 이바지한 김동혁, 김영화, 김일영, 김파우, 마완영, 박계순, 박동근, 박의원, 박 한, 신 영, 안영일, 오정민, 윤북양, 이진순, 이화삼, 임호권, 전일검, 조우적, 주영섭, 최규홍, 최병한, 한적선, 허남실, 허 진, 홍해성 등이다.

세 번째 유형은 일본에서 연극훈련을 받고 일본 연극계에 참여하거나 재일 한국연극계에 참여하다가 귀국하지 않고 해방 직후에도 계속 잔류하여 연극활동을 하는 金丹美, 金熙明, 朴在成, 張赫宙 등이다.

이 가운데서 두 번째 유형에 속하는 전문 연극인들이 재일 조선인 연극운동을 주도한다.

따라서 재일 조선인 연극운동은 일본 연극의 훈련을 받고 수용한 전문연극인들에 의해서 형성되고 전개된다.

2. 재일 조선인 연극운동의 전개 과정

2.1 카프동경지부 연극부

재일 조선인 연극운동은 동시대 재일 조선인 운동과 전반적인 관계를 맺는다. 재일 조선인 연극운동은 조선프로극협회의 조직에서 시작된다. 1925년 10월 31일 동경 사회운동가들, 김남두, 김석호, 선 열, 임 호, 조시원, 최병한 등이 민중예술을 본위로 한 조선프로극협회[46]를 조직하나

거의 활동하지 않는다.

이어서 1927년 3월 임화는 NAPF 맹원인 김두용, 이북만, 임 화, 조중곤, 한 식 등과 함께 '동경에서 프로예술의 임무를 작품에만 국한하는 것이 아니라 예술을 무기로 하여 프롤레타리아 계몽을 실천하기 위한 운동'를 전개하기로 하고 잠정기관으로 제 3 전선사[47]를 조직한다. 그 주도세력들은, 국내 프로문학운동에 적극 가담하여 1927년 9월 카프의 제 1차 방향전향론을 주도하면서 개척 동인들과 함께 제 3 전선사에서 카프동경지부로 조직을 전환한다.

카프동경지부는 제 3 전선사의 주도세력들과 함께 활동했던 고려공산청년회 일본부계열[48]에 속한 고경흠, 이우적, 장준석, 황양명, 조선프로극협회와 신간회 동경지회에서 활동하던 최병한 그리고 이화삼, 윤상렬, 한홍규 등이 합류하여 조직한 프로문화운동체이다.

카프동경지부 연극부는 최병한을 책임자로 하여 극장 공연이 아니라 순회 공연 형식으로 활동한다. 순회공연은 재일 조선인 노동자를 대상으로 하거나 국내 일반 대중들을 대상으로 한다. 전자의 경우, 1927년 10월 29일 上野公園 자치회관에서 열린 '재동경지방 조선노동자위안회'에서 싱클레어(Sinclaire) 作, 최병한 연출의 《이계의 남》[49], 같은

46) 조선일보, 1925.11.5

47) 김기진, 「나의 회고록」, 『카프시대에 대한 회고와 문학사』, 태학사,1989, 438쪽.

48) 이 조직은 경제투쟁에서 정치투쟁으로의 방향전환론을 선언한 정우회와 코민테른의 승인을 받은 정통 조선공산당이 결합하여 만든 이른바 ML당으로 불리어진 조선공산당 제 3차당의 일본부 청년조직이다. 특히 카프의 제 1차 방향전환론은 정우회 선언에 기반을 두고 있다.
김준엽 · 김창순, 『한국공산주의운동사(자료편 · 2)』, 고대 아세아문제연구소, 1980, 810쪽 이하.
金政明 編, 『朝鮮獨立運動Ⅳ』, 36面.

49) 최병한, 「노동자위안회 잡감」, 『예술운동』, 1927.11, 56~57쪽.

해 겨울 김두용의 《朝鮮》[50], 1929년 2월 17일 동경 '三多摩노동조합위안회'에서 역시 싱클레어(Sinclaire) 作, 최병한 연출의 《이계의 남》과 그레고리(Lady Gregory) 作, 최병한 연출의 《월출》(The Rising of the Moon)[51]이 이동극장 형식으로 공연된다. 후자의 경우, 1928년 김두용의 《朝鮮》, 1929년 7월 28, 29일 경성 경운동 천도교기념회관에서 루 멜던 作 이병찬 연출의 《炭坑夫》, 오토 뮤라 作, 안 막 연출의 《荷車》, 高田保 作, 안 막 연출의 《어머니를 구하라》, 村山知義 作, 이병찬 연출의 《全線》를 경성 순회공연[52]을 하고자 한다. 이 가운데 《荷車》만 검열을 통과하자 공연을 취소하게 된다.

2.2 무산자사와 무산자극장

카프동경지부의 운동과정에서, 1928년 2월 조선공산당 제 3차 검거 사건이 일어나자 그 주도세력인 김두용 등이 고려공산청년회의 일본부를 재건하기 위한 준비기관으로 1929년 5월 합법적인 출판사 무산자사[53]를 조직하고 그 기관지를 『무산자』로 결정한다. 이에 따라서 1929년 11월 카프동경지부가 해체하고 고경흠, 김남천, 윤상렬, 이북만, 이우적, 이화삼, 임 화, 장준석, 최병한, 한재덕, 한홍규 황양명 등이 무산자사[54]

50) 이강열, 『한국사회주의연극운동사』, 동문선, 1992, 30쪽.
51) 이병찬, 「이동극장」, 『무산자 · 3-1』, 1929.5, D-1쪽.
52) 이와 관련하여 당시 신문 보도에 의하면 공연작품들 가운데 村山知義 作, 이병찬 연출의 《全線》이 문제가 된다. 1929년 7월 16일자 동아일보와 조선일보, 7월 26일 자 동아일보는 《全線》을 공연 목록으로 제시하나, 1929년 7월 26일자 조선일보에는 빠져 있다.
동아일보, 1929.7.16, 26., 조선일보, 1929.7.16, 26.
53) 金政明 編, 『朝鮮獨立運動Ⅳ』, 1054面.
54) 카프동경지부의 해체와 무산자사로의 합류에 관한 이론적인 토대는 김두용이 제공

에 합류한다. 무산자사는 그 산하 전문극단으로 무산자극장[55])을 설치하나 별다른 성과를 남기지 않고 1931년 8월 무산자사와 함께 해산된다.

1929년 5월에서 1931년 8월에 이르기까지 무산자극장의 활동 시기는 일본 각 지역에서 조선어극단들이 결성되는 시기[56])이다. 당시 일본 주요 도시마다 자립적인 혹은 전문적인 조선어극단이 결성되고 있으며, 1930년 대판 전기좌 산하에 조선어부가 설치되어 직장으로 이동공연을 하고 그 결과 독립적인 극단으로 결성 준비를 하고 있었고, 동경프롤레타리아연예단 산하에도 조선어부가 설치되었고, 名古屋에 조선어극단 革新劇團이 활동하고 있었다.

이러한 상황 속에서 같은 해, 1931년 6월 무산자사의 일원인 윤상열, 이화삼, 최병한, 한홍래 등이 '무산계급운동의 일부분인 프롤레타리아 연극운동에 의해서 봉건적 계급관념과 자본주의적 관념을 철저히 배격하고 전피압박민중의 해방을 기한다'는 목적 아래 동경조선프롤레타리아연극연구회[57])를 조직한다. 연구회는 별다른 성과없이 한, 두 차례 이동공연으로 그친다.

2.3 동지사와 동경조선어극단

1931년 11월 무산자사의 주도세력으로서 일제의 검거를 피한 김두용, 이북만 등은 조선프롤레타리아연극연구회를 중심으로 카프동경지부,

---

한 바, 「재일본 조선노동운동은 어떻게 전개해야 하나」가 그것이다.
앵봉산인, 「조선프롤레타리아예술운동소사」, 『예술』, 1945.8, 65쪽.

55) 신고송, 「재일본 조선노동자 연극운동」, 『연극운동 · 1』, 1932.5
56) 신고송, 「재일본 조선노동자 연극운동」, 『연극운동 · 1』, 1932.5
57) 金政明 編, 『朝鮮獨立運動IV』, 1034~1037面.

동경 유학생들과 함께 동지사를 결성한다.

동지사[58]는 카프(KAPF)와 코프(KOPF)를 지지하고 강화하기 위해서 결성된 문화운동체이다. 서기국에는 김파우, 박노갑, 홍 황으로, 편집부에는 소 성, 신고송, 이여수, 이 찬으로, 조직부에는 김정한, 박석정, 임장춘, 최병한으로, 경영부에는 박길문, 신석영, 오천석으로 구성되어 있으며, 산하에 작가, 영화, 연극, 음악, 미술의 5개 부문을 설치했다.

이 가운데 연극부문은 동경조선프롤레타리아연극연구회가 개칭한 1931년 10월 동경조선어극단에 의해 주도된다.

동경조선어극단[59]도 이동극장 형식으로 연극운동을 시작한다. 그 첫 공연은 1931년 11월 23, 24일 築地小劇場에서 제 1회 공연을 갖는 바, 동경프롤레타리아연예단, 프로키노 조선부, 프로음악동맹 조선부의 지원으로 열린다. 레프터리는 '자체의 역량과 경제적 조건'으로 단막극 《荷車》, 《도적놈》, 《森林》이 선택된다. 이어서 1931년 12월 31일부터 1월 12일까지 築地小劇場에서 열린 左翼劇場의 제 22회 공연 《붉은 메카폰》의 제 11장 조선어극 《泥棒》에 이춘남, 전일검이 참여한다. 1932년 1월 중 토목노동자집회에 2, 3차례 이동 공연을 하고 品川에서 소공연을 가지며, 2월 중 동경 근교 4곳에서 소공연을 가진다.

1932년 2월에 이르러 동경조선어극단이 프롯트 동경지부 활동에 참가하기 시작하여 곧 프롯트에 가입한다. 프롯트 가입은 동지사의 해체와 코프 가입에 관련된다.

1932년 2월 동지사는 이른바 코민테른의 12월 테제의 영향으로 해체를 선언한다. '일본 내의 조선인 노동자들의 문화적 욕구를 충족시키기

---

58) 朴慶植 編, 『在日朝鮮人關係資料集成(2-1)』, 478面.
59) 신고송, 「재일본 조선노동자 연극운동」, 『연극운동 · 1』, 1932.5

위한 투쟁과 조선 내에서의 프롤레타리아 문화운동을 적극적으로 원조하기 위한 투쟁'이 자신의 임무이고 곧 일본프롤레타리아문화연맹과 그 산하 각 동맹의 임무이므로 동지사는 해산을 선언하고 '일본프롤레타리아문화연맹원으로서 조선협의회의 확립과 그 확대 강화를 위한 투쟁[60]'에 올라선다. 이에 따라서 모든 재일 조선인 사회문화운동체들은 일본프롤레타리아운동체에 가입하게 된다.

즉, 동지사는 코프에, 동지사 회원들은 산하 동맹에 들어가고, 코프는 조선협의회를, 산하 각 동맹은 조선위원회를 설치한다. 아울러 동경조선어극단도 프롯트에 가입하게 된다.

2.4 노동계급사의 해체와 3·1극장

동경조선어극단의 프롯트 가입은 재일 조선인 민족해방운동의 방향전환이라는 틀 속에서 이루어진 것이다. 이러한 전환기에 있어서 연극운동 주도세력들 가운데서 김두용과 이북만은 서로 다른 방향성을 견지한다.

김두용과 이북만[61]은 코프 가입에 관련하여 그 방향이 서로 달라진다.

---

60) 고준석, 『조선공산당과 코민테른』, 공동체, 1989, 90~91쪽.

61) 즉 재일 조선인 사회주의 문화운동체인 동지사가 1932년 2월 해체 선언을 하고 코프(KOPF:일본프롤레타리아문화연맹)에, 그 회원들이 연극동맹, 미술가동맹, 작가동맹, 사진동맹, 영화동맹, 전투적 무신론자 동맹에 가입한다. 이 때 가입은 조직의 차원이 아니라 회원 개인의 차원에서 이루어지며 동지사의 모든 회원이 코프와 산하 동맹에 가입하는 것은 결코 아니다. 뿐만 아니라 '동지사' 해체에 관련하여 해체론자인 김두용과 해체반대론자인 김동하를 중심으로 대립적인 구도가 만들어진다. 동지사와 마찬가지로 프로연극운동체인 동경조선어극단도 프롯트(PLOT:일본프롤레타리아연극동맹)에 가입하여 그 명칭을 3.1극장으로 개칭한다. 이것은 코민테른 제 6 회 대회와 프로핀테른 제 4 회 대회의 결의인 일국일당주의의 결과에 의한 것이지, 민족문화의 독자성과 민족해방을 포기하기 위한 결과는 아니다. 오히려 사회

무산자가 해체되자 문화운동체인 동지사를 함께하면서도 무산자사의 후신으로 노동계급사를 결성하는데 김두용은 불참하고 이북만은 참여한다. 김두용의 불참과 이북만의 참여는 일국일당주의를 규정한 이른바 '12월 테제'의 전면적 수용과 부분적 수용에 관련되는 것이다.

김두용은 재일 조선인 운동체들의 해체를 통하여 일본공산당으로 가입을 지지하는 반면 이북만은 재일 조선인의 당 재건운동을 지지한다. 무산자사와 마찬가지로 표면상 출판사로 위장하여 조선공산당 재건운동을 하는 노동계급사의 존재에 대해서 김두용은 부정하는 반면, 이북만은 서기부 책임 역할을 한다. 이에 김두용은 코프의 조선협의회 위원장을 하면서 연극운동을 주도한 반면, 이북만은 귀국하여 국내에서 연극운동을 비롯한 정치운동을 한다.

아울러 노동계급사는 1932년 9월 자진 해체를 결의하고 일본공산당도 해체를 결의함에 따라서 결국 해산된다. 노동계급사의 해체는 김두용이 재일 조선인 운동과 연극운동을 주도하는 것을 의미하며, 김두용이 주도하여 1932년 2월 프롯트에 가입한 동경조선어극단도 그 정당성을 인정받는 근거가 된다.

동경조선어극단은 3・1극장으로 개칭하고 프롯트 산하 일본 극단에

문화운동체의 경우, 조직 내부에서 민족문제와 식민지 문제에 관한 불일치와 민족차별로 인하여 '민족허무주의에 의해 국제적 연대의 공동화'가 일어난다는 사실을 염두에 둘 필요가 있다. 따라서 민족 연극의 독자성을 전제로 할 때 재일 조선인 연극운동사는 한국 연극운동사의 일부가 되며, 그렇지 않을 경우 한일연극운동사에서 모두 배제되는 것이다.

고준석, 『조선공산당과 코민테른』, 90~91쪽.

김인덕, 『식민지시대 재일 조선인운동 연구』, 260~261쪽.

金政明, 『朝鮮獨立運動Ⅳ』, 241~242, 1054面.

朴慶植, 『在日朝鮮人運動史硏究(8・15解放前)』, 三一書房, 1979, 224面

朴慶植 編, 『在日朝鮮人關係資料集成(2-1)』, 767面

참여하고 있는 조선 극인들, 예컨대 新築地 극단의 안영일, 이인재, 홍태모, 메자마시대의 김파우 등과 함께 '프롯트 동경지부 조선위원회'의 산하 극단으로 활동하게 된다.

3 · 1극장은, 가입 당시, 위원장에는 이홍종, 서기국 책임자에는 한원래, 교육부 책임자에는 정명원, 문예부 책임자에는 최병한, 이동부 책임자에는 이화삼, 기획재정부 책임자에는 이석원, 조직부 책임자에는 유철, 경영부 책임자에는 송수찬을 중심으로 '낮에는 직장에서 일하고 밤에는 무대에서 피땀 흘려가며 싸우고 있는 자유노동자'로 조직, 구성[62] 된다. 이러한 조직 구성으로 1933년 5월 프롯트 제 5회 전국대회에서 결의된 운동 방침인 '국제혁명연극동맹 극동서기국의 확립, 동양 제 민족의 혁명적 연극운동발전, 기업내 아지프로대 활동'에 따라서 적극적인 활동을 펼치자, 위원장 이홍종을 비롯하여 일부 책임자들이 검거된다.[63] 이에 따라서 1933년 12월 3 · 1극장은, 위원장에는 김파우, 서기장에는 조우적, 교육부장에는 안영일, 문예부장에는 전일검, 기획재정부장에는 이홍종으로 조직[64]을 재편한다.

그 조직 구성에서도 알 수 있는 것과 같이, 3 · 1극장은 이동공연과 연극써클 조직을 중심으로 극장 공연 8회, 지구 공연 16회, 이동공연 수 백회에 이르는 연극운동[65]을 전개한다. 이 가운데 확인된 공연활동을 살

---

62) 포서구, 「3 · 1극장과 국제연극 10일간」, 조선일보, 1933.3.3
金政明 編, 『朝鮮獨立運動Ⅳ』, 1046面

63) 1933년 프롯트 동경지부에서 활동하다가 검거된 조선인은 코프 조선대만협의회 소속 김두용, 김필선, 박영근, 윤증열, 은무택, 프롯트 본부 소속 김파우, 이홍종, 동경지부 소속 3 · 1극장의 김영희, 안영일, 이영수, 이화삼, 전일검, 조우적, 新築地극단의 안영일, 이인재, 홍태모, 메자마시대의 김파우, 성남지구의 김석준 등이다.
金政明 編, 『朝鮮獨立運動Ⅳ』, 411面.

64) 金政明 編, 『朝鮮獨立運動Ⅳ』, 1046面

펴보면 다음과 같다.

1932년 2월 14일부터 23일까지 프롯트 동경지부 주최로 築地小劇場에서 열린 'IATB데이 기념 경연' 대회에 左翼劇場, 新築地 극단, 메자마시대, 前衛座, 横積青年劇場과 함께 출전하여 《荷車》[66]를 공연한다. 그리고 1932년 9월 15일에 국제연극올림피아드에 독일 스테친의 '적색각성' 극단의 상대극단으로도 참여할 계획도 가진다.

1932년 9월 20일에서 25일까지 築地小劇場에서 열린 국제노동자연극올림피아드파견 송별프롯트 공동공연[67]에 3·1극장의 이화삼과 전일검은 大澤幹夫 작, 松原卓一 연출의 《村の工事場》에 출연하고, 메자마시대의 김파우는 村山知義 작, 佐野碩 연출의 《勝利の記錄》에 출연한다.

1933년 2월 23, 24일 3·1극장은, 築地소극장에서 열린 '노동자소인연극대회'와 이어서 2월 25, 26일 '극동민족 연극의 밤'을 주최하여 《굶은 날》, 《국경》, 《외쳐라 중국》을 가지고 참여한다.[68] 1934년 2월 15일 3·1극장은, 芝浦會館에서 '재동경 조선인 위안의 밤'을 개최하여 《飼豚》, 《萬頃村》, 《아버지들》을 공연한다.[69] 1934년 5월

---

65) 전일검, 「재동경 조선극단」, 조선일보, 1936.5.15

66) 참고로 작품 공연 참가자들을 보면 다음과 같다.
번역 - 최병한, 연출-이 선, 장치-윤상열, 의상-이화선
배역 : 수레꾼-이춘남, 귀부인-김정숙, 청년단원-조영준, 중학생-황인봉, 목사-아상월, 여공-이화선, 노동자-전일검.
신고송, 「재일본 조선노동자 연극운동」, 『연극운동·1』, 1932.5
포서구, 「3·1극장과 국제연극 10일간」, 조선일보, 1933.3.3
倉林誠一郎, 『新劇年代記』, 447面.

67) 倉林誠一郎, 『新劇年代記』, 492面.

68) 전일검, 「재동경 조선극단」, 조선일보, 1936.5.15
포서구, 「3·1극장과 국제연극 10일간」, 조선일보, 1933.3.3

69) 金政明 編, 『朝鮮獨立運動Ⅳ』, 501面.

25, 26 양일간 3 · 1극장은, 築地소극장에서 村山知義 작, 최병한 역 · 연출의 《阿片戰爭》, 유치진 작, 김파우 연출의 《빈민가》를 공연한다.[70] 3 · 1극장의 이러한 공연활동은 프롯트의 지도 아래서 이루어졌기 때문에 1934년 4월 코프 해산과 이어서 같은 해 7월 프롯트 해산으로 침체에 빠지다가 10월에 '새로운 출발'을 모색하게 된다.

3 · 1극장은 '재일본 조선민족연극의 독자성과 장래의 발전 방향을 확정하고 순연한 예술가집단으로서 갱신하여 일본에 있는 조선민족연극의 선두 부대가 될 것을 기약하고자' 김파우, 유 철, 이화삼, 최병한, 한홍규 등이 발기인이 되어서 '규약통과, 기관재편성, 극단 명칭 개명 기타 공연예정'을 의제로 1934년 10월 9일 임시 총회[71]를 연다.

총회에서 극단명칭을 고려극단으로 개칭하고 '조선민족연극 유산의 새로운 탐구와 진보적 민족예술의 창조 수립'을 목적으로 내세우면서 '프로파간다 본위의 연극을 지양하여 조선민족의 문화적 유산의 섭취와 빈약하였던 예술성의 배양을 꾀하려[72]' 한다.

이를 위해서 간사회를 중심으로 경영부와 기술부로, 경영부는 사무국과 기선계로, 기술부는 연기반, 연출발, 문예반, 조명반, 의상반, 미술반, 음향효과반으로 다시 나눈다. 간사회는 김파우, 유 철, 이화삼, 최병한, 한홍규로 구성되며, 경영부는 유 철, 기술부는 최병한이 책임자를 맡는다. 사무국은 유 철을 책임자로 하여 윤북양으로, 기선계는 조우적을 책임자로 하여 김일영으로 구성한다. 연기반은 전일검을 책임자로 하여 남해주, 박 학, 석동암, 오정민, 유 철, 윤북양, 이화삼, 조우적, 한예환,

70) 동아일보, 1934.5.22

71) 金政明 編, 『朝鮮獨立運動Ⅳ』, 501-502面.
동아일보, 1934.10.19, 10.20

72) 유치진, 「동경문단 극단 견문초」, 동아일보, 1935.5.18

한홍규로, 연출반은 이서향을 책임자로 하여 김파우, 박민천, 오정민, 이홍종, 최병한, 황명순으로, 문예반은 석동암을 책임자로 하여 김파우, 남해주, 박민천, 오정민, 이서향, 전일검, 최병한으로 구성된다. 조명반은 윤 창을, 의상반은 김일영을, 미술반도 김일영을, 음향효과반은 이서향을 책임자로 구성된다[73]. 이러한 조직과 구성원에서 보면 3 · 1극장의 주도세력들이 그대로 고려극단을 주도한 것이다.

고려극단은 1935년 1월 그 주도세력들이 좌익 성향을 극복하지 못하고 있으며, 가장 중요한 지도적인 극작가도 없고, 기술자로 부족하며 그 전망이 불투명하다는 이유[74]로 자진 해산한다.

2.5 동경신극연구회와 조선예술좌

고려극단이 해산되자 최병한을 중심으로 한 동경신극연구회와 김두용을 중심으로 한 조선예술좌가 설립된다.

동경신극연구회는 1935년 2월 최병한을 중심으로 각 지구 연극청년들이 결성한 연극운동체이다. 연구회는 창립 목적을 '종래의 연극 운동이 대개 정치주의의 편중 희곡에 대한 이데올로기의 과중한 평가로 말미암아 드디어 희곡의 고정화를 초치하여 예술적 가치를 함살하고 신연극의 매력을 손상함이 적지 않음에 남하여 그러한 비예술적인 태도를 피하고 정당한 예술의 영역을 더듬어 조선민족의 고유한 문화를 재연구하고 신연극의 확고한 수립을 기하고자 하며, 민족 고전예술의 국제적 소개와 신연극운동의 정당한 이론적 연구에 힘써 신연극예술의 창조 수립을 기

73) 金政明 編, 『朝鮮獨立運動Ⅳ』, 503面.
74) 金政明 編, 『朝鮮獨立運動Ⅳ』, 559面.

하고자 함[75]'에 둔다. 이러한 목적을 수행하기 위해서 상임위원회를 중심으로 경영부, 기술부, 문예부, 교육부로 나누고, 경영부를 서무반, 재정반, 선전반으로, 기술부를 연출반, 연기반,장치반, 조명반, 의상반, 효과반으로 다시 나눈다. 그 활동으로 '제 1회 지구 시연'[76]을 1935년 3월 16, 17일 양일 간 동경 본소 구역 소공회당에서 최병한 작 《우옥의 춘향》과 문예부 작 《회사원 각하》, 《가을의 밤》으로 하지만, 《우옥의 춘향》은 상연이 중지된다. 이후 거의 활동을 하지 못하고 1936년 1월 조선예술좌로 통합된다.

조선예술좌는 1935년 5월 동경신극연구회에 참여하지 않은 김두용을 중심으로 김일영, 김파우, 박민천, 손육보, 안영일, 오정민, 윤북양, 이화삼, 장계원, 장두쾌, 전일검, 차영사, 차응세, 하영주, 한홍규, 황명순, 황소 등을 좌원으로 하여 결성된 '재동경 조선인 대중의 연극적 위안과 욕구에 충실히 성찬하여 온 3 · 1극장과 고려극장의 전통을 계승한 연극인과 새로운 연극기술자층의 결합 단체[77]'이다. 그 설립 목적은 '민족연극연구로 진보적 예술적 방면을 확보하면서 조선 민족의 오랜 연극적 전통을 이어 받으면서 새로운 연극을 창조하고, 널리 일본 조야에 소개하고자 함'[78]에 있다.

조선예술좌는 이러한 목적을 달성하기 위하여 창립 준비 공연을 시도하는 가운데 재정문제로 인한 내분으로 조직을 재편한다. 김파우를 제

---

75) 金政明 編, 『朝鮮獨立運動Ⅳ』, 560面.
동아일보, 1935.2.9, 1936.1.1.

76) 金政明 編, 『朝鮮獨立運動Ⅳ』, 560面.
동아일보, 1935.2.9

77) 동아일보, 1936.1.1

78) 金政明 編, 『朝鮮獨立運動Ⅳ』, 562~563面.
조선일보, 1935.6.4

명하고 재편한 조직[79]은, 위원장에 김두용, 경영부에 김일영, 문예부에 한홍규, 기술부에 안영일, 재정부에 김삼규, 좌원에 박대철, 박선길, 박예환, 박한구, 석동암, 안기석, 오철영, 윤해덕, 장숙녀, 조우적, 차응세, 포서구, 하영주, 허 원, 황동식, 황명순, 황성택 등으로 구성된다. 이러한 조직으로 제 1회 창립공연을 하게 된다.

창립 공연을 포함하여 그 준비 공연을 정리하면 다음과 같다[80].

1935년 3월 3, 4일 제 1회 준비 공연은, 芝浦會館에서 허 원의 《울릉도》, 村山知義 작, 오정민 각색의 《普通學校先生》 그리고 《調停裁判》으로 열린다. 1935년 3월 18일 제 2회 준비 공연은, 玉川소비조합 총회의 여흥을 겸해서 허 원의 《울릉도》, 村山知義 작, 오정민 각색의 《普通學校先生》 그리고 이운방의 《선술집》으로 열린다. 1935년 3월 23, 24일 제 3회 준비 공연은, 王子區 宮仲俱樂部에서 이운방의 《선술집》, 村山知義 작, 오정민 각색의 《普通學校先生》 그리고 유치진의 《빈민가》로 열린다. 1935년 4월 26일 제 4회 준비 공연은 澁谷公會堂에서 조선인 단체 친목회의 위안을 겸하여 유치진의 《서울의 지붕밑(=원제: 빈민가)》로 열린다. 1935년 5월 4일 제 제 5회 준비 공연은 中野園會館에서 조선인 단체 中野親睦會의 후원으로 '대만 진재 구제의 밤'에 참여하여 유치진의 《빈민가》로 열린다.

총 5회에 걸친 준비 공연을 끝내고 재편한 조직으로 제 1회 창립 공연[81]이 열린다. 1935년 11월 25, 26일 築地소극장에서 이기영 작, 이홍

---

79) 金政明 編, 『朝鮮獨立運動Ⅳ』, 1049~1050面.
80) 金政明 編, 『朝鮮獨立運動Ⅳ』, 563~564面.
81) 동아일보, 1936.1.1
전일검, 「재동경 조선극단」, 조선일보, 1936.5.15
황동식, 「조선예술좌의 제 1회 공연을 앞두고」, 조선일보, 1935.11.25

진 연출의 《서화》[82]와 한태천 작, 안영일 연출의 《서낭당》이 공연된다.

창립공연에 이어서 위원장 김두용을 중심으로 재정부장 김삼규[83]와 함께 동경신극연구회와의 통합문제를 제기한다.

김두용과 김산규는 무산자사의 위원장을 번갈아 하면서 동지사의 해체와 코프 가입을 주도한 무산자계열의 주도세력으로서 코프 해산 이후 '합법적인 범위 내에서 연극운동을 통하여 조선 미조직 대중의 민족적 계급적의식 양양과 해방전선의 통일[84]'을 주장한다. 이에 근거하여 조선예술좌는 동경신극연구회를 흡수, 통합하여 3・1극장의 혁명적 연극의 전통을 계승하게 되고 김두용을 중심으로 조직이 재편된다.

재편 조직[85]은 기관으로서 총회와 위원회를 설치하고 위원회 산하에 서무부, 문예부, 기술부, 교육부, 기획부를 두는 것이며, 그 활동으로 연극운동과 연구회를 병행하기로 규정한다. 위원회는 김두용을 위원장으로, 김일영, 안영일, 오정민, 윤북양, 최병한, 한홍규를 위원으로, 서무부는 윤북양을 책임자로, 안기석, 하영주는 부원으로, 문예부는 한홍규를 책임자로, 김두용, 김삼규, 김선홍, 석동환, 오정민, 한예환, 홍경운을 부원으로, 기술부-연출반은 오정민을 책임자로, 김두용, 안영일, 최병한, 허야호, 황명순을 반원으로, 연기반은 안영일을 책임자로, 고영기, 김택

---

82) 특히 《서화》는 전일검에 의해서 '조선 신극의 최고봉'이라고 격찬을 받고, 돌쇠 역할을 한 이화삼의 연기도 村山知義에 의해서 격찬을 받는다.
전일검, 「재동경 조선극단」, 조선일보, 1936.5.15

83) 김삼규는 김두용이 중심이 되어서 조직한 무산자사의 초대 위원장 겸 서기국 책임을 맡게 된다.
언론인 김삼규 간행위원회, 『언론인 김삼규』, 1989, 24, 264쪽.

84) 金政明 編, 『朝鮮獨立運動Ⅳ』, 1049~1050面.

85) 金政明 編, 『朝鮮獨立運動Ⅳ』, 614面.

영, 박달모, 안기석, 윤북양, 윤소엽, 이화삼, 장계원, 조우적, 최민희, 하영주, 한예환, 허 원을 반원으로 미술반은 김일영을 책임자로 김억섭, 김일수, 오 일을 반원으로, 효과 · 조명반은 박의달을 책임자로 신기영을 반원으로, 의상은 윤소영을 책임자로 구성한다. 조직 재편이후 김일영, 오정민, 이화삼, 전일검 등[86]은 귀국하여 국내에서 연극운동을 한다.

이러한 조직 재편을 통하여 1935년 11월 25, 26일 築地小劇場에서 행한 창립공연에 이어서 '공연활동의 약진과 재정적 타격의 만회'를 위하여 1936년도 제 1 공연을 地區 공연[87]으로 결정하여 1936년 1월 29일 浦田 谷演劇場에서, 30일 神奈川 鶴見岩戸館에서, 31일 神奈川 玉川 高津館 그리고 2월 4일 芝浦 青年會館에서 유치진의 《소》, 한태천의 《토성낭》를 공연한다. 이어서 제 2회 중앙 공연용 각본 작성에 착수하여 4월 김두용의 《농촌의 봄》, 최병한의 《아리랑고개》와 《춘향전》 비판회를 개최했으나 내용이 부적당하다는 이유로 상연을 중지하기로 한다. 아울러 1936년 10월 30일과 11월 1일에 걸쳐서 제 2회 대공연[88]으로 김상복의 《漂浪》과 이태준의 《산사람들》을 결정하지만 공연은 하지 못한다.

---

86) 귀국파들 가운데 김일영, 전일검, 허 전 등은 극예술연구회에 참여하여 연극활동을 하다가 오정민, 이화삼 등과 함께 1936년 8월 극단 조선연극협회를 조직하여 프로연극운동을 지속한다.
박영정, 「극단 조선연극협회 연구」, 『한국극예술연구 · 5』, 한국극예술학회, 1995, 97~127쪽.

87) 양승국과 박영정이 그 근거를 밝히지 않고 공연했다던 이기영의 《서화》는 김두용에 의하면 1936년도 제 1회 지구 공연에서 공연되지 않은 것 같다.
김두용, 「朝鮮藝術座の近況, 『テアトロ』, 1936.5, 108쪽
박영정, 「민족수난기 재일본 조선인 연극운동 연구」, 129쪽.
양승국, 『한국근대연극비평사연구』, 79쪽.

88) 許 達, 「朝鮮藝術座 第二回 公演 を迎へて」, 『テアトロ』, 1936.11, 62面

그리고 연구회 활동[89])은 1936 중순에서 8월 초순까지 16, 7회에 걸쳐서 이루어지는 바, 문예부는 극작품의 분석을 중심으로 연극이론을, 연기부는 무대 실기를 중심으로 연극 기술을 연구하는 것이다.

이러한 운동과정에서 1936년 8월 그 주도세력 김두용, 김삼규, 김봉원이 좌익사상을 선전한 죄로 경시청에 검거되고 이어서 10월 김상복, 김시창, 김용제, 박달모, 박찬봉, 안기석, 안영일, 이홍종, 한홍규, 허창환, 황명순 등[90])도 검거됨으로써 조선예술좌도 해체된다.

2.6 동경학생예술좌

3・1극장의 혁명적 연극 전통이 전문 연극인들에 의해서 조선예술좌로 계승되었다면 유학생들에 의해서는 동경학생예술좌로 계승된다. 재동경 유학생들에 의해서 계획되었던 그 지지 단체 '재일본향토예술가협회'가 3・1극장의 해체로 무산되자, 그 후신으로 1934년 6월 동경학생예술좌가 결성된다.

동경학생예술좌는 1934년 6월 24일 동경 유학생 주영섭을 비롯하여 김영화, 김용하, 마완영, 박계순, 박동근, 이진순, 임방일, 임호권, 최규홍, 한 수, 홍남제, 황 소를 회원으로 하여 결성된 '순수한 연극연구단체, 연극연구생의 집단, 연극인을 양성하는 연구단체[91])'이다.

---

89) 金政明 編, 『朝鮮獨立運動Ⅳ』, 616~617面.

90) 조선일보, 1936.10.30
金政明 編, 『朝鮮獨立運動Ⅳ』, 1051面.

91) 당시 국내에서는 동경학생예술좌를 '주영섭, 윤영련, 한적선, 한 수, 김병진, 전일영 등 일본 早稻田大學 法大 등에 재적을 둔 학생을 중심으로 된 연극연구단체'로 소개하고 있다.
동아일보, 1936.1.1
「학생예술부감도」, 『막・1』, 1936.12, 6~8쪽.

연구 단체로서 동경학생예술좌는 '극단의 지도이론과 조직'을 숙제로 남겨둔 채, '창작극을 통한 극작가의 양성과 신극의 건설, 세계연극문화의 흡수, 번역극의 현대적 · 조선적 해석[92]'을 선언한다. 그 실천 사업으로 무엇보다도 먼저 '세계 연극 수준에 달한 동경극단에서 적극적으로 연극을 배우는 것'으로서 연극 공연의 참가와 연구소 활동 및 각본낭독회[93]을 행한다.

공연 참가는, 1934년 9월 신축지 극단의 공연작품 몰리에르의 《따르튀프》와 1934년 11월 신협의 창립 공연작품 島崎藤村의 《동트기 전》, 1935년 11월 築地座의 공연작품 內村直也의 《秋水嶺》에 엑스트라로 찬조 출연하는 것 등이다.

연구소 참가는, 1934년 겨울 金曜會에서 연극과 음악의 결합에 의한 새로운 연극장르의 창조를 목표로 하여 제 1회 연구소를 열 때에 참여하고, 동경 각 극단의 공연 연구소에서 접촉하여 연구 수준을 높이며, 1935년 여름 新協극단의 제 1회 연구생으로 참가하는 것 등으로 이루어진다.

각본낭독회는 1935년 1월부터 '각본 낭독회'를 행하는 바, 1935년 11월 이무영의 《예술광사 사원과 오월》, 1936년 여름 이태준의 《산사람들》과 체홉의 《백조의 노래》 낭독회를 가진다.

이러한 실천과정에서, 특히 1935년 6월 창립공연을 마치고 동경학생예술좌는 극단의 지도이론과 조직을 결성한다.[94] 그 설립 목적을 '조선

---

92) 「학생예술부감도」, 『막 · 1』, 1936.12, 6~8쪽.
93) 이해랑, 『허상의 진실』, 새문사, 1991, 260~261쪽.
「학생예술부감도」, 『막 · 1』, 1936.12, 6~7쪽.
94) 창립 당시 그 목적과 조직을 국내에서는 다음과 같이 보도하고 있다.
목 적 : 조선신극운동의 일익인 학생극운동의 일 부대로 참가하여 건전한 연극 발전을 기하기 위하여
발기인 : 동경에 있는 조선학생

의 참다운 현대극의 수립, 회원 상호간의 종합적 예술연구, 연극인과 연극기술자의 양성, 조선 방문 공연 및 향토예술의 일본 소개'[95]에 둔다. 궁극적으로는 '세계 연극 수준에 달한 동경극단에서 적극적으로 연극을 배워 가지고 장차 조선에 가서 신극에서 나아가서 참다운 현대극을 수립하는 것[96]'에 두고 있다.

설립 목적을 실천하기 위하여 조직을 구성하는 바, 문예부, 연출부, 연기부, 미술부, 계획부를 설치하고 1936년에 영화부를 신설한다. 문예부는 책임자 박동근과 한처니로, 연출부는 책임자 주영섭과 최규홍으로, 연기부는 책임자 마완영과 김영화, 박계순, 박동근, 이진순, 임방일, 임호권, 한처니, 홍남제, 황 소로, 미술부는 책임자 김용하와 황 소로, 계획부는 책임자 주영섭과 마완영으로, 그리고 영화부는 책임자 김영화와 이진순[97]으로 구성된다.

극단의 지도이론과 조직 결성의 근거가 된 제 1회 창립공연[98]은 '조선

조 직 : 문예부 - 김정호, 김진수, 송기영, 주영섭, 황순원
연출부 - 김영수, 김동혁, 김정호, 김진순, 이순갑, 이용준, 이기창, 박은식, 송관섭, 최춘선
의장부 - 김정항, 김병일, 장오평
서무부 - 이진주, 주영섭
사무소 : 동경
보 도 : 동아일보, 1934.7.18, 조선중앙일보, 1934.7.13

95) 「동경학생예술좌의 규약 제 3조」.
「학생예술부감도」, 『막 · 1』, 1936.12, 10~11쪽.
金政明 編, 『朝鮮獨立運動Ⅳ』, 1047面.

96) 「학생예술부감도」, 『막 · 1』, 1936.12, 6, 11쪽.

97) 『막 · 1』, 1936.12, 54~55쪽.

98) 제 1회 공연 때, 그 조직을 국내에서는 다음과 같이 보도하고 있다.
작 품 : 《나루》(주영섭 작, 연출), 《소》(유치진 작, 한 수 연출)
출 연 : 김일영, 김정호, 윤화춘, 이정석, 하옥희 등등
조 직 : 문예부 - 김의호, 김정호, 김진수, 박동철, 박영복, 손정숙, 윤영련, 이석중, 한적선, 황순원,

의 신극 수립은 창작극에서'라는 슬로건으로 1935년 6월 4일 築地小劇場에서 개최되는 바, 주영섭 작, 연출의 《나루》와 유치진 작, 한 수 연출의 《소》99)를 공연한다. 1937년 6월 22, 23일 築地소극장에서 제 2회 공연이 열리는 바, 유치진 작, 주영섭 연출의 《춘향전》이 상연된다. 1938년 6월 4, 5일 築地소극장에서 제 3회 공연으로 유진 오닐 작, 주영섭 연출의 《지평선》, 주영섭 작 허남실 연출의 《벌판》을 상연한다. 1939년 6월 제 4회 공연으로 이서향 작, 주영섭 연출의 《문》, 함세덕 작, 박동근 연출의 《유명》을 상연하려 하나, 《문》이 문제가 되어 상연하지 못한다.

이 때, 동경학생예술좌는 궁극적인 목적인 '조선의 참다운 현대극의 수립'을 실천하기 위하여 '제 4회 창립 6주년 기념공연을 마치고 귀향하여 새로운 극단 조직의 역할을 할 동무들'100)을 귀국시키기로 계획한다. '제 1기 귀향 좌원'은 문예부의 임호권과 한적선, 연출부의 주영섭, 연기부의 김동혁, 마완영, 이진순, 이해랑, 장계원, 미술부의 홍성인, 음악부의 박용구, 효과부의 신 영, 조명부의 박의원, 기획부의 허남실이다.

연출부 - 김영수, 주영섭, 한 수, 한적선
연기부 - 김동혁, 김의호, 김정호, 마완영, 박영복, 송관섭, 윤영련, 이원근, 장계원, 전용길, 홍남제
의장부 - 김병기
서무부 - 주영섭
극 장 : 축지소극장
보 도 : 동아일보, 1935.6.2, 조선중앙일보, 1935.5.22, 조선일보, 1935.6.1

99) 《소》의 공연으로 연출자와 출연자 및 작가 유치진은 종로경찰서에 검속되어 구류를 살다가 집행유예로 풀려나고, '농촌의 비참상을 그려서 일제의 농촌정책에 부정적이라는 이유'로 상연될 수 없었다.
『동랑유치진전집 · 9』, 서울예대출판부, 1993, 318쪽.

100) 「학생예술부감도」, 『막 · 1』, 1936.12, 6, 11쪽.
「제 1기 귀향 좌원」, 『막 · 3』, 1939.6, 57쪽.

아울러 이 과정에서 공연 예정 작품 《문》의 문제로, 1939년 10월 이른바 '좌익연극단사건'[101]이 일어나자 마완영, 박동근, 이서향, 주영섭이 구속된다. 《문》의 인쇄건으로 좌익 성향으로 판정받으면서 1940년 12월 동경학생예술좌는 해산하게 된다.

동경학생예술좌에 이어서 일본대학 예술과 유학생을 중심으로 1939년 10월 형상좌[102]가 결성되지만, 아무런 활동도 못 하고 1940년 5월 그 주도자 서만일과 허 집이 사회주의자로 검거됨으로써 바로 해산된다.

이로써 민족수난기 재일 조선인 연극운동은 끝을 맺게 된다.

---

101) 당시 국내에서는 조선일보가 '동경학생예술좌 6주년 기념 공연예정 중지'의 이유로 '일본 내에서 조선말 연극 금지'를 들고 있으나, 실제 죄명은 '치안유지법 및 출판법 위반' 이다.
조선일보, 1939.5.18, 6.8
『思想彙報 · 23』, 1940.6, 173~179面.

102) 坪江油二, 『朝鮮民族運動秘史』, 高麗書林, 1968, 398面.

Ⅲ. 재일 조선인 연극운동의 극 텍스트 구조

1. 희곡 텍스트의 구조와 의미 구조

1.1 일어체 희곡텍스트 목록

재일 조선인 연극운동의 주도세력들이나 개별적인 극작가들에 의해서 생산된 희곡작품 혹은 언어로 발표된 인쇄된 텍스트 가운데 일어체로 된 희곡 텍스트[103]는 다음과 같다.

극 작 가	극작품명	발표사항	비 고
金熙明	光を求むゐ人々	『野獸群』(1926.7)	
張赫宙	春香傳	『新潮』(1938.3)	『沈淸傳・春香傳』(赤塚書房,1941)재수록
金丹美	黃氏の村	『テアトロ』(1938.6)	
張赫宙	加藤淸正	『テアトロ』(1939.11)	
朴在成	晩秋	『赤門文學』(1942.5,6)	

103) 참고로 조선 극작가들이 일어체로 발표한 희곡텍스트 목록은 다음과 같다.

일본에서 발표된 일어체 희곡텍스트들은 재일 조선인 연극운동이나 그 주도세력들과 연관을 맺지 않은 개별적인 극작가들에 위해서 창작된 작품들이다. 아울러 장혁주를 제외하고는 국내 희곡사를 비롯하여 연극사에 전혀 알려지지 않은 극작가와 극작품들이며, 특히 金熙明은 희곡뿐만 아니라 시와 소설, 문예비평 등 문학 장르 전반에 걸쳐서 활발한 작품활동을 한 인물이다.

이 희곡텍스트들 가운데서 공연된 작품은 장혁주의 《春香傳》 뿐이며, 다른 네 작품은 전혀 공연되지 않았다.

장혁주의 《春香傳》은 일본 연극운동체 新協 극단에 의해 1938년 3

극작가	극작품명	발 표 사 항	발표 지역	비고
金熙明	光を求むゐ人タ	『野獸群』(1926.7)	일본	
張赫宙	春香傳	『新潮』(1938.3)	일본	
金丹美	黃氏の村	『テアトロ』(1938.6)	일본	
金承久	希望の家	『東洋之光』(1939.7)	조선	
張赫宙	加藤淸正	『テアトロ』(1939.11)	일본	
李東珪	樂浪公主(上,下)	『綠旗』(1940.11,12)	조선	玄武 번역
張赫宙	『沈淸傳・春香傳』	赤塚書房(1941.2)	일본	단행본
李東珪	落花圖(上,下)	『東洋之光』(1941.12~1942.1)	조선	
朴在成	晩秋	『赤門文學』(1942.5,6)	일본	
林庸均	春の嵐	『國民文學』(1942.7)	조선	
吳泳鎭	ババンイ巫祭	『國民文學』(1942.8)	조선	
西原延根	歌劇 太平洋	『春秋』(1942.9)	조선	
咸世德	ェミレェの鍾	『國民文學』(1943.1,2)	조선	
吳泳鎭	猛進士邸の慶事	『國民文學』(1943.4)	조선	
李源庚	海賊プリイ、ヘイズ	『國民文學』(1943.5,6)	조선	
金健	瓢(ペカチ)	『文化朝鮮』(1943.8.15)	조선	
趙容万	礦山の夜-移動慰問演劇團のためにー	『國民文學』(1944.11)	조선	
咸世德	町は秋晴れ	『國民文學』(1944.11)	조선	

월 23일에서 약 20일 간 축지소극장에서 공연되며, 동년 10월 25일에서 27일에 걸쳐 경성 부민관에서 시작하여 원산, 평양, 대전, 전주, 군산, 광주, 부산, 진주, 대구 등에서 순회 공연된다. 이 순회 공연[104]은 최승일의 '마네지멘트 메트로폴리탄 아트 뷰로' 초청으로 이루어지며, 공연 기념행사로 秋田雨雀의 '내선문화 융합의 필요성', 村山知義의 '신극과 《춘향전》', 장혁주('논제 미정')의 문예강연회와 무대사진전람회도 열린다.

아울러 이 순회공연은 한일 연극인들, 村山知義, 仁木獨人, 안영일, 장혁주 등이 협력하여 만든 작품이며, 그 공연 내용[105]은 '당시 사회제도와 현실비판에 대한 소극적, 영보적인 것, 적극적으로 형상화하지 못한 것'에 있다.

공연되지 않은 네 작품들 가운데서 특히, 金丹美의 《黃氏の村》는 동

---

104) 일본 신협극단에 의한 《춘향전》의 조선 순회공연은 그 공연 내용이나 기념행사로 이루어진 연제 등에서 본다면 '내선일체'의 사상을 전파하기 위한 것이라고 추측된다.
동아일보, 1938.9.1, 10.23, 조선일보, 1938.10.25

105) 新協의 《春香傳》 공연에 관련하여 한일 연극인들의 논의는 다음과 같다.
이해경, 「新協 극단과 《춘향전》」, 조선일보, 1938.2.15
윤영련, 「新協 극단 상연의 《춘향전》을 보고」, 조선일보, 1938.4.3~6
이원조, 「新協 극단 공연의 《춘향전》 관극평」, 조선일보, 1938.11.3
유치진, 「《춘향전》의 동경 상연과 그 번안 대본의 비평」, 『유치진전집.8』, 342~346 쪽.
이서향 외, 「新協 《춘향전》 좌담회」, 『비판・68』, 1938.12, 28~34쪽.
李永錫, 「《春香傳》 朝鮮公演を見て」, 『テアトロ』, 1938.12, 39~40쪽.
秋田雨雀, 「朝鮮巡廻公演を終見えて」, 『テアトロ』, 1938.12, 33쪽.
村山知義 外, 「《春香傳》 批判座談會」, 『テアトロ』, 1938.12, 66~81쪽.
이 공연비평들 가운데 『비판・68』의 좌담회에는 김남천, 박향민, 서광제, 이무영, 이원조, 『テアトロ』의 좌담회에는 秋田雨雀, 村山知義, 安倍能成, 三吉明, 서항석, 송석하, 심 영, 유진오, 장혁주, 정인섭, 최승일, 현 철, 홍해성이 참석했다. 참석자들에서 본다면 《春香傳》 공연이 동시대에 일으킨 반향을 짐작할 수 있다.

시대 농촌 현실을 담아낸 작품이라는 점에서 주목할만 하다.

1.2 金丹美의 《황혼의 마을》과 농민계급의 몰락

먼저 텍스트[106]가 제목과 극작가명에 이어서 보여주는 것은 등장인물표이다.

등장인물표는 다음과 같이 제시된다.

인 물

김씨		45세
그의 처		40세
同 장남 인해		15세
同 차남 인종		12세
이씨	┐	45세
허씨	│촌의 빈농	45세
최씨	│	50세
박노인	┘…원래 자작농	60세
글방 선생		30세 (89面)

등장인물표[107]에서 본다면 텍스트는 김씨 가족을 중심으로 그의 마을 빈농과 글방 선생이 관련된 사건들의 전개로 짜여져 있음을 짐작할 수

106) 작품은 『テアトロ』(1938.6, 89~106面)에 수록되어 있으며, 본고에서 원문을 인용하고자 할 때에는 한글로 번역하여 인용의 말미에 쪽수만을 표기할 것임.

107) 등장인물표의 드라마에서의 기능에 관해서 다음을 참조할 것.
M.Pfister, *Das Drama*, Wilhelm Fink Verlag, 1982, S.229.

있다. 이 사건들은 시간-공간 표지[108]에서 본다면 '봄날 황혼' 무렵 '남조선의 어느 읍 가까이 있는 촌'에서 일어난다. 시간표지 '봄의 황혼'과 공간표지 '읍 가까이 있는 촌'이 이미 내포하고 있듯이 텍스트는 김씨 가족을 중심으로 하여 빈농이나 자작농에서 전락한 빈농들의 삶과 글방에 관련된 삶을 다루고 있는 것으로 추측된다.

이것은 무대지시문에서 확인된다.

> 무대 언덕 위
>
> 마을에서 읍으로 가는 비탈길이 위쪽에서부터 중앙을 지나고 언덕 위에서 아랫쪽으로 길과, 읍으로 가는 길로 나눠져 있다.
>
> 길을 중심으로 윗쪽은 잔디가 무성하고 아랫쪽은 절벽이고 그 절벽이 울타리 대신으로 김씨의 집 일부와 뜰을 둘러싸고 있다.
>
> 막이 열리면 뜰에서 김씨와 그의 처가 짐을 챙기고 있다. 소박한 흰 옷을 입고 있다. 멀리 길을 떠난다는 것을 곧 알 수 있는 분장.
>
> 고요한 봄의 황혼 무렵 일하고 있는 농부의 노랫소리가 멀리서 한가하게 들리는 것도 어쩐지 쓸쓸하다.(89~90面)

인용에서와 같이 김씨 가족의 '멀리 길을 떠난다는 것'은 텍스트가 빈농의 이농에 관련된 사건을 김씨 가족을 중심으로 하여 보여 주는 것이다. 김씨 가족의 이농 사건은 줄거리 층위들 가운데 전사에 해당된다.

텍스트 줄거리 층위[109]를 전사와 극적 사건진행, 극적 사건진행을 행

108) 시간-공간표지의 드라마에서의 기능에 관해서 다음을 참조할 것.
민병욱, 『한국근대희곡론』, 부산대출판부, 1997, 25~47쪽.
109) 민병욱, 『현대희곡론』, 삼영사, 1997, 75~89쪽.

위줄거리와 보고줄거리와 나누어 살펴보면 다음과 같다.

㉠ 김씨가 김부자에게 빼앗길 집을 미리 팔아서 여비로 마련해 두고 일본 여행권이 나오지 않자 만주이민단에 가입하다.

㉡ 인해와 인종이 글방 선생님에게 이별의 인사를 하러 가다.

㉢ 선생님에게 작별 인사를 간 인해와 인종이 돌아오지 않자 김씨와 그의 처가 만주로 가는 이민단 기차를 놓칠까 걱정하며 기다리다.

㉣ 그의 처가 꿈에 어머니를 본 것을 이야기하면서 낯선 곳에 가는 두려움과 아이들의 공부를 걱정하자 김씨는 어머니가 사위인 자기를 좋아하시지 않으며, 굶어 죽지 않으려고 떠남을, 아이들을 학교에 보낼 것임을 이야기하다.

㉣-1. 글방 선생님이 아이들을 무료로 가르쳐 주고 보살펴 주다.

㉤ 이웃 빈농 허씨와 최씨가 김씨 가족의 만주행 소문을 확인하면서 이씨가 화를 내면서 뛰쳐 나갔음을 알리자, 김씨와 그의 처는 만주행을 확인해 주면서 이씨 걱정을 하다.

㉤-1. 허씨의 아내가 이씨와 장기를 두고 있는 남편에게 김씨 가족의 만주행을 알리고, 허씨는 최씨에게 그 소문을 알리다.

㉤-2. 이씨가 김씨 가족의 만주행 소문을 듣고 화를 내면서 뛰쳐나가다.

㉥ 김씨가 아이들이 늦게 돌아옴을 나무라자, 인해와 인종은 선생님을 기다리다 늦었다고 하면서 사모님의 선물을 자랑하며 작별 편지를 쓰리라 하고, 김씨의 처도 선생님의 은혜를 잊지 않겠다고 다짐하다.

㉥-1. 선생님이 돈을 융통하러 어젯밤부터 읍내에 가서 돌아오지 않고, 사모님도 이를 걱정하다.

㉦ 허씨와 최씨가 오늘 하루밤 같이 있자고 하자, 김씨가 김부자에게 빼앗

길 집을 팔아서 만주로 갈 수밖에 없음을 이야기하면서 이민단 사람들과 함께 읍의 역에서 모여서 가기로 했음을 알리다.

ⓞ 김씨가 만주행을 숨기지 않고 말하려다가 결국 알리지 못했음을 변명하자, 술에 취한 이씨는 자기 일을 자기 마음대로 하는 것이 아니냐고 말하다.

ⓞ-1. 김씨와 이씨가 어떤 약속을 하다.

ⓞ-2. 이씨가 (장기판을 뛰쳐나가) 술에 취하다.

ⓩ 박씨가 선생님댁에 들려다 오면서 술과 마른 도미로 김씨의 환송회를 열다.

ⓩ-1. 박씨가 일본에서 온 딸의 편지를 읽어달라고 선생님댁에 들리다.

ⓩ-2. 선생이 읍에 가서 아직 돌아오지 않다.

ⓩ-3. 박씨가 어제 아버지 1년제를 지내다.

ⓒ 이씨가 소작료문제를 선생에게 부탁하여 법으로 해결하자고 하면서 도망가지 말라고 하자 김씨는 고향을 떠나지 않겠다고 약속을 했지만 소작료를 착취당하고 나서 굶어 죽지 않기 위해 만주로 간다고 하다.

ⓒ-1. 김씨와 이씨가 고향을 떠나서 어디도 가지 않겠다고 약속하다.

ⓒ-2. 김씨가 소작료를 착취당해서 얼굴이 부을 정도로 죽만 먹다.

ⓚ 김씨가 울고 있는 아내를 나무라면서 감정을 억누르지 못하여 술을 병체 마시고는 권주가를 불러주길 요구하자 이씨는 어떤 일이 있어도 고향을 지키자는 약속을 상기하면서 술을 따르고 권주가를 부르다.

ⓚ-1. 엄마가 집안에서 울고 있다.

ⓚ-2. 작년 마을 사람들이 홍수 때문에 마을을 떠나다.

ⓚ-3. 김씨와 이씨가 작년에 어떤 일이 있어도 고향에 남아 있자고 약속하다.

㉪-4. 이씨의 동생이 작년에 마을을 떠나다.

㉫ 선생이 돈을 빌리러 김부자에게 갔다가 거절당하고 글방을 계속 할 수 없다고 하면서 스스로 건강을 걱정하자, 김씨를 비롯하여 박씨, 이씨, 최씨, 허씨 등 마을 사람들이 모두 반대하고 고향을 떠나 흩어짐을 안쓰러워하다.

㉫-1. 선생이 도평의원이면서 지주인 김부자에게 돈을 빌리러 가자, 김부자가 농민이 글을 읽을 수 있게 되면 건방져 진다고 거절하다.

㉫-2. 선생이 학교를 졸업하고 이 마을에 와서 아이들에게 글을 가르치다.

㉫-3. 선생이 글방의 문 닫는 것을 피하려고 돈 나올 곳을 일일이 다니다.

㉫-4. 박씨는 홍수로 땅도 잃고 아이들까지 잃다.

㉫-5. 마을 사람들이 글을 읽을 필요가 없다고 아이들을 글방에 보내지 않다.

㉫-6. 김씨가 아이들이 글방에 갔다고 하룻밤 집에 못 들어오게 하다.

㉬ 선생이 인해와 인종에게 고향을 잊지 말고 고향을 위해서 일하라고 당부하고 김씨의 처에게도 지식이 제일 큰 힘이라고 하면서 아이들을 학교에 보내라고 당부하다.

㉭ 선생이 내일 김부자집에 다시 가서 돈을 빌리겠다고 하면서 마을 사람들의 도움으로 글방을 계속하겠다고 하자, 김씨는 만주행 여비 20원을 주고, 이씨는 자력갱생으로 글방을 일으키자고 하며, 모두가 글방을 도우겠다고 하다.

㉭-1 선생이 소작료 1할이 오르자 마을 사람들에게 자력갱생을 강조하다.

㈎ 김씨와 그 가족들이 떠나자 허씨와 최씨가 해골이라도 마을을 지키자 이야기하고,허씨가 숲 속에서 울고 박씨는 아리랑 노래를 부르다.

전사는 ㉠, ㉡이다. 전사에서 본다면 텍스트는 김씨 가족의 만주이민단 가입으로 인하여 고향을 떠난다는 상황을 전제로 하여 극적 사건이 진행됨을 알려 준다. 즉 텍스트는 김씨 가족의 만주 이민행을 극적 상황으로 설정하고 이에 관련된 '어쩐지 쓸쓸한' 극적 분위기를 통하여 사건을 전개한다. 전사 김씨 가족의 가난으로 인한 이농은 텍스트에서 전개될 극적 상황을 설정하면서 극적 분위기까지 환기하고 있다.

전사의 이러한 극적 상황과 분위기에서 전개되는 사건이 극적 사건진행, ㉢에서 ㉮까지이다. 이 가운데 행위줄거리는 ㉢에서 ㉮까지, 보고줄거리는 ㉣-1에서 ㉭-1 까지이다.(보고줄거리는 ㉠에서 ㉮까지 가운데 '-'와 숫자가 붙여진 것들이다.)

텍스트의 극적 사건진행은 김씨 가족을 중심으로 한 만주행 사건과 선생을 중심으로 한 글방 사건으로 짜여져 있다. 만주행 사건이 행위줄거리 ㉢㉣㉤㉦㉧㉨㉩㉪㉮와 보고줄거리 ㉤-1,2, ㉧-1,2 ㉩-1,2, ㉪-1,2,3,4로 이루어져 있다면, 글방 사건이 행위줄거리 ㉥㉫㉭와 보고줄거리㉣-1, ㉥-1, ㉨-1,2, ㉫-1,2,3,4,5,6, ㉭-1로 이루어져 있다. 말하자면 텍스트는 만주행 사건을 주요 줄거리로 하고 글방 사건을 부차 줄거리로 하고 있으면서 그 사건들을 행위줄거리와 보고줄거리 전반에 걸쳐서 보여 주고 있다.

행위줄거리에서 본다면, 텍스트는 김씨 가족이 마을 사람들에게 인사를 하는 것에서부터 만주행 기차를 타기 위해서 마을을 떠나는 순간까지를 글방의 폐쇄와 재개 사건과 함께 다루고 있다.

보고줄거리에서 본다면 텍스트는 김씨 가족의 만주행 원인과 글방의 폐쇄 및 재개의 원인을 다루고 있다.

첫째, 김씨 가족의 만주행 사건에 있어서 행위줄거리는 김씨 가족과 이웃 빈농 간의 이별과정이며, 보고줄거리는 김씨와 이씨 간의 고향을 지키겠다는 약속과 그 약속을 배반하게 된 원인인 지주의 소작료 문제이다.

ⓐ 金 : 여기서 이렇게 얼굴이 부을 정도로 죽만 먹어도, 그것도 붓는 것만 이라면 좋겠지. 가을부터 소작료를 착취당해봐. 정말 굶어서 죽고 말꺼야.

李 : 그런 것 내지 않으면 되잖아?

金 : 무슨 소리야?

李 : 아무리 지주라 해도 터무니없는 짓은 할 수 없도록 법이라는 것이 생겼다니까. 재판에 걸어, 설령 우리들이 할 수 없더라도 선생님께 부탁하자.

金 : 그래서 해결될까? (96面)

ⓑ 李 : 나는 자네가 갈 줄은 생각 못 했네. 다른 사람이 모두 떠나도 김씨, 난 어떻든 자네만은 나와 함께 여기 남아서 여기서 죽을거라고 생각했어. 그런 자네마저 가버리면(크게 한숨 쉰 다) 자네도 기억하고 있겠지. 작년 그 홍수 소동 속에서도 마을사람들이 모두 그 언덕을 넘어 어디론가 가버릴 때도 이 언덕 위에서 자네는 내 손을 잡고 말하지 않았나, 우리들은 어떤 일이 있어도 여기서 함께 있자고. 여보게, 그때부터 난 얼마나 굳게 생각했나 몰라. 모두들 사라져 버려도 …동생이 떠나버렸을 때조차도 나는 그렇게 외롭지 않았어. 그때도 난 자네를 생각하고 얼마나 굳게 믿었는데 그런 자네가 이렇게 되나…

金 : (고개를 숙이고 듣고 있지만 감정을 억누르지 못하고 술을 병째로 마신다.)

李 : 마실까? 좋지, 내가 마지막으로 따라주지.(97~98面)

ⓐ는 김씨 가족의 만주행의 원인을 드러내는 행위줄거리이며, ⓑ는 김씨와 이씨 간에 고향을 지키자는 언약을 한 보고줄거리이다. ⓐ에서 본다면 김씨 가족의 만주행은 육체적인 생존을 보존하기 위해서이다. ⓑ에서 본다면, 김씨의 약속 배반과 이에 대한 이씨의 묵시적인 허용도 육체적 생존의 보존에 있다. 따라서 김씨 가족의 만주행 사건은 도평의원이면서 지주인 김부자와 빈농이면서 소작인 김씨 간의 계급 대립이 아니라 같은 빈농이면서 마을을 떠나는 김씨와 마을을 지키려는 이씨 간의 대립에 초점을 두고 있다. 그 사건은 도평의원 · 지주/농민 · 소작인 간의 계급대립과 계급 갈등을 극의 배경으로 설정하고 이를 바탕으로 빈농의 이농현상에 초점을 두고 있다는 것이다. 말하자면 텍스트는 지주 및 친일자본가계급에 의해 육체적 생존마저 보존하기 빈농들의 삶을 이농현상을 통해서 보여주고 있다.

둘째, 글방의 폐쇄와 재개 사건에 있어서, 행위줄거리는 선생을 중심으로 마을 사람들의 '자력갱생'으로 글방이 계속 열리게 되는 과정이며, 보고줄거리는 글방을 처음 열기까지의 과정과 폐쇄 위기에 온 원인, 글방을 다시 열기까지의 선생의 노력과정이다.

ⓐ 李 : 우리의 손으로 글방을 꼭 계속하게 할 겁니다. 그러면 가축, 집을 팔아서라도 연공미를 받지 않더라도 오기로라도 합니다. 그리고 글방을 위해 어떻게 되는지 얼마만큼 건방져 질 수 있는지 보여 줍시다.

崔 : 그렇습니다. 합시다. 김씨가 자기의 피같은 돈을 내놓았는데 남아있는 자가 아무 것도 하지 않고 있어서는 안 됩니다.

先生 : 그렇습니까, 그 정도로 힘을 모아 주시면 저도 한 번 더 다시 하겠습니다.

金 : 꼭 그렇게 해 주십시오. 그러면 (준비를 한다.) (103~104面)

ⓑ 先生 : (모두를 보며) 그 사람(=김부자)은 '돈이 아까운 게 아니라 낼 필요가 없다'라고 확실히 말했습니다. 점점 제가 글방에서 아이들을 가르치는 것이 마음에 들지 않는다고 했습니다. 여러분이 글방에 모여 노는 것이 눈에 거슬린다구요.

朴 : 글방에 가는 게?

先生 : 글따위를 읽을 수 없어도 밭을 갈 수 있다고, 농민이 글을 읽을 수 있게 되면 건방져져서 못쓴다고 하더군요.(99~100面)

ⓐ는 김씨를 중심으로 마을 빈농들의 도움으로 선생이 글방을 다시 열겠다는 의지를 드러내는 행위줄거리이며, ⓑ는 김부자의 거부로 글방이 폐쇄되는 위기에 처해 있는 것을 보고한 보고 줄거리이다.

ⓐ에서 본다면 빈농의 '자력갱생'으로 글방이 다시 열린다는 것은 '지금 세상은 뭐니뭐니해도 지식이 제일입니다. 아는 것이 살아가기 위해 가장 큰 힘이 됩니다.(102쪽)'에서 선생의 말과 같이, 세상을 살아가기 위한 수단으로서 지식을 선택한다는 것이다. 또한 지주에게 '얼마 만큼 건방져질 수 있는지 보여 줍시다'는 李씨의 말과 같이, 빈농으로서의 계급적 자각과 계급행동을 실천하기 위한 수단으로서 지식을 선택한 것이다. 곧 지식은 세상을 살아가기 위한 수단으로서 삶의 기회 선택[110]과

계급의식의 자각을 보장해 주는 것이다. 말하자면, 빈농들은 교육 기회를 통해서 생존을 보존하면서 계급적 자각과 실천에 이르기 위해서 글방을 다시 여는 것이다.

ⓑ에서 본다면, 김부자의 거부도 지주 · 도평의원으로서 자기 계급의 보존의식에 의해 열방의 재개를 거부하는 것이다. 글방을 다시 여는 것에 대한 거부는 친일부르주아계급의 계급의식의 실현이며, 역시 지식을 계급적 자각과 실천의 수단으로서 여기는 것이다.

따라서 김씨 가족의 만주행 사건과 글방의 폐쇄 및 재개 사건에서 본다면, 텍스트는 이농현상을 통해서 지주 및 친일자본가계급에 의해 육체적 생존마저 보존하기 어려운 빈농들의 삶을 보여주고, 교육 기회의 선택을 통해서 프롤레타리아계급의 계급적 자각에 이를 수 있음을 보여주는 것이다.

말하자면 金丹美의 《황혼의 마을》은 동시대 이농현상을 통하여 친일자본가계급의 억압과 농촌현실의 궁핍함을 보여주면서 그 대안으로 교육 기회의 선택에 의한 계급적 자각에 이를 수 있음을 제시하고 있다.

2. 공연 텍스트의 유형과 의미

2.1 공연텍스트의 특성

1927년 9월 카프동경지부 연극부에서 1940년 5월 동경학생예술좌 해산에 이르기까지 재일 조선인 연극운동체에서 공연한 극 텍스트는 다음과 같다.

110) R.Darendorf, 『삶의 기회 선택』, 김병서 역, 이화여대출판부, 1986, 120~121쪽.

공연텍스트	극작가 (각색자)	연출가	공연극단	공연사항	비고
가을의 밤	문예부		조선예술좌	1935.3.16, 17	
국경			3 · 1극장	1933.2.25, 26	
굶은 날			3 · 1극장	1933.2.25, 26	
나루	주영섭	주영섭	동경학생 예술좌	1935.6.4	
농촌의 봄	김두용		조선예술좌	1936.4	공연 취소
泥棒			동경조선어 극단	1931.11.31 ~1932.1.12	
도적놈	쉴러		동경조선어 극단	1931.11.23, 24	
萬頃村			3 · 1극장	1934.2.15	
문	이서향	주영섭	동경학생 예술좌	1939.6	각본 불허 공연 취소
백조의 노래	체홉		동경학생 예술좌	1939.6	여름 각본 낭독회
벌판	주영섭	허남실	동경학생 예술좌	1938.6.4, 5	
普通 學校 先生	村山 知義 (오정민)		조선예술좌	1935.3.3, 4 1935.3.18 1935.3.23, 24	

빈민가	유치진	김파우	3·1극장 조선예술좌	1934.5.25, 26 1935.3.23, 24	
서울의 지붕밑			조선예술좌 조선예술좌	1935.4.26 1935.5.4	
飼豚			3·1극장	1934.2.15	
산사람들	이태준		조선예술좌 동경학생 예술좌	1936.10.30 ~11.1 1936.	 여름 각본 낭독회
森林		오스트로프스키	동경조선어극단	1931.11.23, 24	
서낭당	한태천	안영일	조선예술좌	1935.11.25, 26	
서화	이기영	이홍진	조선예술좌	1935.11.25, 26	
선술집	이운방		조선예술좌 조선예술좌	1935.3.18 1935.3.23, 24	
소	유치진	한 수	동경학생 예술좌 조선예술좌	1935.6.4 1936.1.29,30,31,2.4	
아리랑 고개	최병한		조선예술좌	1936.4	공연 취소

아버지들	스트린드베리		3・1극장	1934.2.15	
阿片戰爭	(村山知義)	최병한	3・1극장	1934.5.25, 26	
어머니를 구하라	高田保	안 막	카프동경지부	1929.7.28, 29	각본불허 공연취소
예술광사 사원과 오월	이무영		동경학생 예술좌	1935.11	각본 낭독회
외쳐라 중국	트레차코프		3・1극장	1933.2.25, 26	
우옥의 춘향	최병한		조선예술좌	1935.3.16, 17	공연취소
울릉도	허 원		조선예술좌	1935.3.3,4, 18	
월출	그레고리	최병한	카프동경지부	1929.2.17	
유명	함세덕	박동근	동경학생 예술좌	1939.6	공연취소
이계의 남	싱클레어	최병한	카프동경지부	1927.10.29, 1929.2.17	
全線	村山知義	이병찬	카프동경지부	1929.7.28, 29	
朝鮮	김두용		카프동경지부	1927.겨울 1928	각본불허 공연취소
調停裁判			조선예술좌	1935.3.3, 4	

지평선	유진 오닐	주영섭	동경학생 예술좌	1938.6.4, 5	
춘향전	(최병한) 유치진	최병한 주영섭	조선예술좌 동경학생 예술좌	1936.4 1937.6.22, 23	공연 취소
炭坑夫	루 멜던	이병찬	카프동경 지부	1929.7.28, 29	각본 불허 공연 취소
토성낭	한태천		조선예술좌	1936.1.29, 30, 31, 2.4	
漂浪	김상복		조선예술좌	1936.10.30 ~11.1	
荷車	오토 뮤라	안 막	카프동경 지부 동경조선어 극단 3 · 1극장	1929.7.28, 29 1931.11.23, 24 1932.2.14~ 23	
회사원 각하	문예부		조선예술좌	1935.3.16, 17	

공연 목록에서 본다면 재일 조선인 연극운동에서 공연된 작품들 가운데 현재까지 그 내용이 알려져 있는 작품들이 그리 많지 않다.

공연사에서 본다면 재일 조선인 연극운동의 공연 작품들은 대체로 일본극단에서 공연한 서구 근대 번역극으로 시작되어 창작극으로 바뀌어 간다. 오토 뮤라와 루멜튼의 서구 근대극을 번역, 공연하다가 村山知義

를 비롯한 일본 근대극작품 공연을 거쳐서 유치환을 비롯한 김상복, 이기영, 이태준, 한태천, 허 원 등 국내 창작극을 공연하기에 이른다.

공연 과정에서도 재일 조선인 연극운동체에서는 이미 일본 극단에서 검열을 통과하고 그 성과를 검증받은 작품들을 선택하여 재공연하다가 국내 창작극의 초연과 재공연에 이른다.

이에 따라서 공연 내용도 서구 현실을 동시대 현실로 비유하여 간접 전달하다가 점차 동시대 현실에 바탕을 둔 작품을 창작하여 재일 조선인에게 직접 전달하며, 그 전달과정도 메시지 전달에서 무대미학적 전달로 바뀌어간다.

따라서 동시대 공연사의 특성은 서구 번역극에서 국내 창작극으로, 서구 현실의 비유에서 동시대 현실의 직접적 무대실연화로, 연극의 정치적 사회적 가치 선택에서 무대미학적 효과를 고려한 예술적, 미적 가치 선택으로 바뀌어간 것이다.

이것은 물론, 연극운동체에 따라서 그 운동 방향을 결정한 주요 레퍼터리의 변화에 의해서 확인된다. 카프동경지부는 《朝鮮》와 《炭坑夫》, 동경조선어극단은 《荷車》, 3·1극장의 《빈민가》와 《외쳐라 중국》 및 《阿片戰爭》, 조선예술좌의 《漂浪》, 동경학생예술좌의 《소》 등이다.

2.2 창작극의 구조와 의미

2.2.1 김두용의 《朝鮮》

카프동경지부 연극부에서 공연한 국내 창작극은 김두용의 《朝鮮》이 유일하지만 1927년과 1928년 카프동경지부 연극부에서 공연하려다가

'불온'하다는 이유로 각본이 불허가 되며 공연이 취소된 작품이다. 그 작품은 '학생들의 동맹 휴업, 공산당 사건, 토지매수 사건, 만주이민사건, 일본이주민사건 등 당시 일본의 크나큰 사회문제들을 배경으로 하여 재일 조선인들의 현실을 사실적으로 반영한 작품[111]'으로 알려져 있으나, 그 진위를 알 수 없는 현존하지 않는 작품이다.

2.2.2 유치진의 《빈민가》

카프동경지부 연극부에서 시작하여 동경조선어극단을 거치면서 3·1극장에 이르러서 비로소 국내 창작극이 처음으로 공연되는 바, 유치진의 빈민가이다. 이 작품은 재일 조선인 연극운동사에서 공연된 첫 국내 창작극이며, 3·1극장의 정신을 계승한 조선예술좌에서도 공연된다. 즉, 1934년 5월 25, 26일 양일 간 3·1극장에서, 1935년 3월 23, 24일, 4월 26일, 5월 4일, 조선예술좌에서 공연된다.

> 우리는 이래 3년 동안에 대공연과 소공연과 이동활동을 합하여 백 수십회의 연극장활동을 실천해 왔으나 한 번도 조선의 현실을 목마른 관객에게 가히 침을 삼킬만한 각본을 아직 상연하지 못했다. 그러므로 금번에 상연한 《빈민가》는 이데올로기적으로는 다소의 미흡한 점이 있다하더라도 그것이 현실에 근사한 점이 많다는 것이었다.[112]

에서와 같이 이 작품은 '재일 조선인에게 조선의 현실'을 보여주기 위하

---

111) 이러한 내용에 관해서 이강열은 그 근거도 없이 소개하고 있다.
이강열, 『한국사회주의연극운동사』, 동문선, 1992, 30쪽.

112) 김파우, 「우리는 《빈민가》를 어떻게 상연하였나」, 『예술·1』, 1935.1, 52쪽.

여 선택된 것이다.

3·1극장에서 이 작품을 선택한 것은 '이데올로기적으로는 다소의 미흡한 점이 있다하더라도 그것이 현실에 근사한 점이 많다는 것'에서이다. 말하자면 희곡 작품 자체가 동시대 '조선 현실과 분위기'에 근사하기 때문에 선택된 것이지만, 공연 과정에서는 '이데올로기적 수정'이 가해진다.

그 이데올로기적 수정은 작품의 원 제목을 찾는 것에서부터 시작된다. 극작가 유치진이 '잡지『중앙』에 게재하기 위하여 조선에 여러 가지 외부적 주목과 객관적 정세를 염려하여 할 수 없이, 하는 수 없이[113] 《서울의 지붕 밑》으로 개제하지만, 1935년 4월 26일 조선예술좌에서 공연할 때를 제외하고는 원 제목 《빈민가》로 공연된다.

원 제목을 찾으면서 작품 내용의 수정도 가해지는 바, 그 연출 의도에서 미루어 짐작할 수 있다.

> 유치진씨는 《빈민가》에 있어서 스트라잌 승리를 취급하였다. 그러면서 결국은 스트라잌을 拒진하고 말았다. 하루에 삯전이 일 전 혹은 이 전이 오른댓자 그것은 결코 노동자의 승리가 아니라는 것을 말하였다. 물론 일 전 혹은 이 전의 삯전이 오른댓자 이것으로 단순히 노동자 생활의 전체가 승리한 것이며 자유가 있다는 것은 아닐 것이다. 다시 이 세상에서도 한 개 공장에 노동자가 스트라잌에 승리를 하여 일 전 혹은 이 전의 삯전이 올랐다고 전적으로 그들의 승리를 승인한다는 그러한 바보같은 상식에 벗어난 똑똑한 조선 사람은 없으리라고 믿는다. 그러나 그것을 거부하는 것은 역시 잘

113) 김파우, 「우리는 《빈민가》를 어떻게 상연하였나」, 51쪽.

못이 아닐까. 근본적으로 봐서 처음부터 그것을 거부하는 것은 객관적 정세와 그들에 현실적 생활이 여하에 불구하고 일 전 혹은 이 전의 삯전을 거부하는 그 사람은 첫 술에 배부르기를 요하는 격이며 감나무 밑에 누워서 바람불기만 기다리는 오만부의 행동이 아니될까 무수한 시간을 허비하여 바람불기만 기다리기 보다 직접 그 나무 위에 올라가서 한 개라도 따 먹을 용기가 필요하지 않을까.(………………) 그러므로 나는 차라리 작가와 반대적 이데올로기 밑에서 이에 연출을 시험하였는 고로 더욱이나 이 작품에 대하여 레디가 필요하게 된 것이다.[114)]

연출 의도에서 본다면, 원래 희곡작품의 내용은 삯전을 올리려는 스트라익이 승리하여 삯전을 올렸지만 결코 노동자의 승리가 아니라는 것이다. 반면 공연 작품의 내용은 삯전을 올리려는 스트라익이 승리하여 삯전을 올린 것이 노동자의 승리라는 것이다.

말하자면 스트라익에 의해서 삯전을 올린다는 것이, 희곡 작품에서는 노동자의 현실적인 삶 자체에 결코 변화를 가져다 주지 않는 것인 반면, 공연 작품에서는 '객관적인 정세 아래서' 노동자의 현실적인 삶이 그러한 점진적인 방법에 의해 변화될 수 있다는 것이다.

바꾸어 말하면, 희곡작품은 노동자는 여하튼 노동자로서 삶을 살아갈 수밖에 없다는 것인 반면, 공연 작품은 노동자는 단결의식과 현실 개선의식에 의해서 노동자로서의 삶을 변화시켜갈 수 있으리라는 것이다.

따라서 공연 작품은 희곡 작품의 '인생관이 더욱이 허허막막한 천외로 난산하게 되며 생에 대한 애착심과 프롤레타리아적 용기를 상실하게 된

114) 김파우, 「우리는 《빈민가》를 어떻게 상연하였나」, 51~52쪽.

다[115]'는 '반대적 이데올로기' 밑에서 연출한 것으로서 노동자로서의 계급의식과 의지를 강화시킨 것이다.

이런 의미에서 《빈민가》는 '재일 조선인'에게 '조선의 현실과 분위기'를 보여 주기 위해서 선택된 희곡 작품[116]이면서, '노동자의 계급의식과 그 실천의지'를 전달하기 위해서 공연된 작품이다.

2.2.3 김상복의 《漂浪》

3 · 1극장에서와 같이 '조선의 현실'을 보여주고자 한 국내 창작극의 선택은 조선예술좌에서도 그대로 지속된다.

조선예술좌는 허 원의 《울릉도》(제 1, 2회 준비 공연), 이운방의 《선술집》(제 2, 3회 준비공연), 유치진의 《빈민가》(제 3, 4, 5회 준비공연), 이기영의 《서화》(제 1회 창립공연), 한태천의 《서낭당》(제 1회 창립공연), 유치진의 《소》(제 1회 지구공연), 한태천의 《토성낭》(제 1회 지구공연), 김두용의 《농촌의 봄》(제 2회 중앙공연 준비용-공연취소), 최병한의 《아리랑고개》(제 2회 중앙공연 준비용-공연취소)와 《춘향전》(제 2회 중앙공연 준비용-공연취소), 김상복의 《漂浪》(제 2회 중앙공연 준비용-공연취소), 이태준의 《산사람들》(제 2회 중

115) 이것은 작품의 결말 부분에서 그대로 드러난다. 결말에서 삯전 인상에 승리했음에도 불구하고 석회공장에 다니다가 병 걸려 죽어가고 있지만 감독을 신용있다고 하면서 공장에 다닐려고 하는 쇼우슨이 결국 죽고, 스트라익을 주도한 그의 형 따슨이 잡혀간다. 이러한 노동자의 승리에도 불구하고 작품의 결말은 노동자의 죽음과 구속이라는 비극적인 사건으로 결말 맺는다.
김파우, 「우리는 《빈민가》를 어떻게 상연하였나」, 『예술 · 1』, 1935.1, 52쪽.
유치진, 『동랑 유치진전집.1』, 96쪽.

116) 이 작품의 연출에서는 '조선적 색체를 농후하게 보이기 위하여 지게, 갓, 짚신' 등과 같은 소도구와 '상투짠 사람'을 등장시키기도 했다.
김파우, 「우리는 《빈민가》를 어떻게 상연하였나」, 『예술 · 1』, 1935.1, 53쪽.

앙공연 준비용-공연취소)을 선택한다.

이 가운데 이기영의 《서화》와 한태천의 《토성낭》은 '조선예술좌가 과거에 예술성이 빈곤한 정치적 주의 내용만 다분히 포함된 극만 상연하다가 인간 생활의 정서를 그린 작품을 상연하게 됨으로써 연출자와 연기자의 기교가 일신할 뿐더러 따라서 그 스타일도 일변한[117]' 작품이며, 특히 '이화삼의 연기와 김일영의 무대미술'이 뛰어난 성과를 얻은 작품이다. 이 작품들을 비롯하여 조선예술좌는 '조선의 현실과 조선인의 생활, 정서'을 다룬 작품들을 선택한 것에는 변함이 없다.

특히 김상복의 《漂浪》[118]은 '芝浦 노동자 출신' 극작가가 '동경 芝浦에 와 있는 조선인으로 문자그대로 표랑하는 생활이 묘사되어 있고 일본에 와 있는 조선인의 생활을 묘사한' 첫 번째 작품이다.

> 그 내용은 고향을 떠나 살아가기 위해 멀리 생활의 안주 장소를 구해 온 청년을 중심으로 그 주변 인물이 등장한다.
>
> 그 주인공 落鉉은 어릴 때 부모의 이해없는 결혼에 견딜 수 없어서 일본에 와서 10년의 긴 세월을 보내지만 절망적인 분위기 속에서 도박, 술, 여자로 인생의 향락적 꿈을 꾸고 있을 때 갑자기 아버지와 처가 동경역에 도착한다는 사실을 전보 한 장으로 통보받는다.
>
> 落鉉은 처음부터 애정에 없었던 처를 학대하고 아버지와 처(이름뿐인 처)와 함께 2개월을 보낸다. 어느날 落鉉은 아직 30세를 넘기지 않은 젊은 나이에 인간이 살아갈 희망을 잃고 허무한 생활로부터 목숨을 아낌없이 버린

117) 김두용, 「일본 문단 극단의 동향」, 조선일보, 1936.3.8
전일검, 「재동경 조선극단」, 조선일보, 1936.5.15
황동식, 「조선예술좌의 제 1회 공연을 앞두고」, 조선일보, 1935.11.25

118) 許 達, 「朝鮮藝術座 第二回 公演 を迎へて」, 『テアトロ』, 1936.11, 62~63面.

다.

고향에서조차 변하지 않는 세상을 탄식하고 멀리에서 자식을 찾아간 아버지는 급사한 자식의 불효를 욕하고 낙담한다. 아버지는 落鉉의 처인 여자의 미래를 걱정하고 자신이 신세진 飯場인 주인을 신용해서 그 주인의 중매로 어떤 사람의 처로 재가시키게 된다. 악독한 주인의 계략을 몰랐던 아버지는 1 개월 남짓 길게 소식이 없는 것에 이상히 느껴 주인에게 재가한 곳을 물어 찾아갔지만 의외인 곳에 있다는 것을 알고 주인을 욕했지만 이미 때는 늦어 며느리의 아버지로부터 경찰서에 고소된 고소장에 의해 포박되는 몸이 되는 것이 최후의 막이다.

이 작품이 '재일 조선인의 현실'을 '재일 조선인'에게 보여 주기 위한 작품으로 선택된 것은 다음과 같은 문맥 속에 있다.

동경신극연구회와 통합한 후 위원장을 맡았던 김두용은, 조선예술좌가 1936년 1월 29일에서 2월 4일까지 제 1회 지구공연을 마치고 행한 반성에서 '각본 선정에 대한 명확한 예측[119]'을 세운다. 그는 제 1회 지구 공연에서 행한 《토성낭》 1막과 《소》 3막을 '레프터리 선정 상에 있어서 하나의 명확한 사실은 창작극 2막은 조선의 현실 2막은 일본의 현실을 도입했으면 좋았다고 생각한다'라고 하면서 '각본의 내용이 근로 대중의 생활 경험에 있고 거기에 입각해서 더욱더 역사의 발전을 명확하게 한다면, 그리고 그 스토리가 간단하고 누구라도 알기 쉬운 것이면 그 연극은 반드시 경이와 긴장으로 받아들여질 것'이라고 한다. 그는 앞으로 조선예술좌의 공연작품들이 조선과 일본의 현실을 동시에 보여

119) 金斗鎔, 「朝鮮藝術座の近況」, 『テアトロ』, 1936.5, 107~109面.

주어야 한다고 강조한 것이며, 그러한 문맥에서 《漂浪》이 선택된 것이다.

따라서 《漂浪》은 '재일 조선인의 현실'을 '재일 조선인'에게 보여 주기 위해서 선택한 첫 번째 작품이며, '재일조선인의 생활을 사실적으로 묘사한' 첫 번째 작품이다.

2.2.4 유치진의 《소》

조선예술좌에 이어서 동경학생예술좌도 국내 창작극을 선택하여 공연한다. 주영섭의 《나루》(제 1회 공연), 유치진의 《소》(제 1회 공연)가 선택, 공연되고, 그 결과 지도이론과 극단조직을 확립하여 유치진의 《춘향전》(제 2회 공연), 주영섭의 《벌판》(제 3회 공연), 이서향의 《문》(제 4회공연-공연취소), 함세덕의 《유명》(제 4회공연-공연취소)을 선택한다.

이 가운데 '조선의 신극 수립은 창작극에서'라는 슬로건 아래서 선택한 작품은 유치진의 《소》와 주영섭의 《나루》이며, '동경연극계에 조선의 최대 고전을 소개한다'는 설립 목적 아래서 선택된 것은 유치진의 《춘향전》[120]이다.

---

120) 유치진의 《춘향전》은 1937년 6월 22, 23 양일 간 제 2회 공연으로 선택된다. 이 작품의 선택으로 '일본 내지 재유 일반 조선동포의 문화적 욕구가 전적으로 집중한 것'이기 때문에 '일반 노동자관객의 증가'는 있었지만, '조선빈곤자를 위하여 되도록 아름답게 그려진 조선의 그림'으로 '결코 성공된 연극이라고는 하기 어려운 것'이다. '동경연극계에 조선의 최대 고전을 소개한다'는 것에 그 선택 동기가 있음을 미루어 본다면, 이 작품은 실패한 공연임에도 불구하고 일본 新協 극단에서 장혁주의 《춘향전》을 가지고 '조선 순회공연'을 하는 하나의 계기로 작용한 것 같다. 유치진의 《춘향전》과 장혁주의 《춘향전》에 관련된 연극학적 문제는 다음 기회에 살펴 볼 것이다.
박동근, 「동경학생예술좌 공연을 앞두고」, 동아일보, 1937.6.22.

이 가운데 주영섭의 《나루》 공연과 유치진의 《춘향전》 공연은 동시대 연극비평가들에 의해서 공통적으로 '실패한 공연'121)으로 규정되고 있다.

반면 유치진의 《소》는 1935년 6월 4일 동경학생예술좌 공연 이래 조선예술좌의 주요 레프터리로서 1936년 1월 29일, 30일, 31일, 2월 4일에 이동극장 양식으로 공연된다. 이 작품은 희곡으로서 뿐만 아니라 그 문학적 가치만을 보더라도 획기적 작품'122)으로 평가되지만, 동경학생예술좌 공연과 조선예술좌 공연에 대해서는 '실패한/성공한 공연'이라는 상반된 평가123)를 받고 있다.

그 내용은 다음과 같다.

> [제 1 막] 소는 소작농의 전 재산이다. 일 농가의 존망이 소 한 마리에 달렸다 해도 과언이 아니다. 소는 농가의 목숨이라고 국서는 늘 말한다. 국서의

이서향, 「동경학생예술좌 제 2회 공연을 보고」, 동아일보, 1937.7.7
張赫宙, 「春香傳」, 『新潮』, 1938.3, 2~68面.
李永錫, 「春香傳朝鮮公演を見て」, 『テアトロ』, 1938.12, 39~40面.
秋田雨雀, 「朝鮮巡廻公演を終見えて」, 『テアトロ』, 1938.12, 33面.
村山知義 外, 「春香傳批判座談會」, 『テアトロ』, 1938.12, 66~81面.

121) 주영섭의 《나루》에 관해서는 전일검과 전용길이, 유치진의 《춘향전》에 관해서는 이서향이 부정적인 평가를 내린다.
전용길, 「동경학생예술좌 제 1회 공연을 끝내고」, 조선중앙일보, 1935.6.9~14.
전일검, 「동경학생예술좌 제 1회 공연을 보고서」, 동아일보, 1936.6.11~15.
이서향, 「동경학생예술좌 제 2회 공연을 보고」, 동아일보, 1937.7.7

122) 전일검, 「동경학생예술좌 제 1회 공연을 보고서」, 동아일보, 1935.6.12

123) 전용길, 「동경학생예술좌 제 1회 공연을 끝내고」, 조선중앙일보, 1935.6.9~14.
전일검, 「동경학생예술좌 제 1회 공연을 보고서」, 동아일보, 1936.6.11~15.
박동근, 「동경학생예술좌 공연을 앞두고」, 동아일보, 1937.6.22.
이서향, 「동경학생예술좌 제 2회 공연을 보고」, 동아일보, 1937.7.7
金斗鎔, 「朝鮮藝術座の近況」, 『テアトロ』, 1936.5, 107面.

맏아들 말똥이는 자기가 사랑하는 동리 처녀 귀찬이가 체납된 소작료 때문에 일본으로 팔려 가게됨을 알고 타작하는 날에도 일을 하지 않고 번둥번둥 논다. 또 둘째 아들 개똥이는 암만 일을 해도 남지 않는 농사는 그만 집어 치우고 소 팔아서 만주로 갈려고 계책을 꾸민다. 이날 이 형제의 비밀은 기여이 폭로되고 만다.

[제 2 막] 일 막의 이튿날 아침 국서는 드디어 그들의 목숨인 소를 팔아서 귀찬이와 말똥이를 결혼시켜 주려고 결심한다. 그러나 한편 개똥이도 자기의 욕망을 채우기 위해서 소를 팔려고 한다. 이 두 개의 욕망- 귀찬이를 얻으려는 말똥이, 만주행을 실현하려는 개똥이. 드디어 개똥이는 형에게 소를 팔았다는 오해를 받아 낫으로 상처를 입어 넘어지고 만다. 불행에 뒤를 따르는 불행-사음은 체납된 소작료 대신으로 소를 끌고 간다.

[제 3 막] 보름이 지난 후. 소를 빼앗긴 까닭에 귀찬이는 일본으로 팔려 가고 말똥이는 또 농사를 돌보지 않고 개똥이는 형에게 받은 상처로 신음하고 국서는 병상에 눕게 된다. 그래서 국서는 지주와 사음에 대한 원한을 풀려고 그의 아우 국진으로 하여금 소송을 걸도록 부탁한다. 그러나 소송 비용은 소값의 2배 3배나 된다. 말똥이는 필경 논 임자 곡간에 불을 지른다. 개똥이는 이 환경 중에도 말 한 마디 "나는 걸어서라도 만주로 갈테야, 넓은 북쪽으로 떠나야지………"[124]

이 작품에서 문제가 된 것은 희비극으로 공연되었다는 것이다. 공연에서 관객들에게 전달되는 과정에 문제가 된 것은 작품의 '유머러스' 부분이다. 그 부분은 중심인물 말똥이에게 드러나는 부분인 바, '그가 귀찬이

124) 전일검, 「동경학생예술좌 제 1회 공연을 보고서」, 동아일보, 1935.6.12.

로 인해서 상사병이 나서 부모에게 투정을 부리는 장면, 소를 담보로 귀찬이와의 결혼이 가능한 것을 알게 된 후의 희희낙락하는 장면, 소에게 절하는 장면, 노래를 부르는 장면'[125] 등이다. 결말에 이르서는 말똥이는 논 임자 곡간에 불을 지르고 잡혀가게 되고, 그의 동생 개똥이는 형과 싸워 깨어진 머리를 싸 쥐고 돈을 벌러 만주로 떠나야 한다는 공상에 사로잡혀 있게 된다.[126]

중심인물 말똥이와 개똥이의 이러한 행위는 '현대 농촌 청년을 대표해야 될 자라고는 상상하기 곤란한 일'이며, '관중을 실컷 웃겼을 뿐이고 아무런 감명을 주지 못한 작품, 흥미있게 사건을 전개시켰을 뿐이고 관중으로 하여금 감명과 쇼크를 줄만한 힘은 끝까지 없은 것'[127]으로 평가되는 것이다.

따라서 이 작품은 '진실한 농촌의 현실을 보여주지 못한 동시에 조선의 현실도 잘못 보여준 작품'이며, 관객들은 '극이 유모러스한데서 그 한밤 창자가 아프리만큼 웃었을 뿐이고 그 외 그들이 무엇을 느끼고 무엇을 얻은 바는 조금도 없다.[128]' 이런 의미에서 유치진의 《소》는 '현대 조선 농촌 청년의 전형'을 창조하기 위하여 선택된 작품으로서 공연 자체는 실패로 끝나지만, 적어도 동경학생예술좌가 지도이론과 극단 조직을 확립하는 계기로 작용하여 '조선의 신극 수립은 창작극에서'의 구체적인 창작 방향성과 공연 방향성을 설정한 준거가 된 작품이다.

---

125) 서연호, 『한국근대희곡사연구』, 고려대민족문화연구소, 1982, 232쪽
126) 《소》는 다섯 번 개작되었는데, 이 사건들은 첫 판인 1935년 1월 30일부터 2월 22일까지 동아일보에 연재된 작품에만 수록되어 있다. 이에 관련된 이본 연구는 다음을 참고하기 바람.
김일영 편저, 『《소》 이본 연구』, 중문출판사, 1998.
127) 전용길, 「동경학생예술좌 제1회 공연을 끝내고」, 조선중앙일보, 1935.6.9~14.
128) 전용길, 「동경학생예술좌 제1회 공연을 끝내고」, 조선중앙일보, 1935.6.9~14..

2.3 번역극의 구조와 의미

2.3.1 《이계의 남》과 《炭坑夫》

카프동경지부 연극부는 1929년 2월 17일 싱클레어(Sinclaire)의 이계의 남과 그레고리 부인(Lady Gregory)의 《월출》(The Rising of the Moon) 상연을 마치고 국내 순회 공연을 계획한다. 연극부는 1929년 7월 28, 29일 경성 경운동 천도교기념회관에서 루 멜던의 《炭坑夫》, 오토 뮤라의 《荷車》, 村山知義의 《全線》, 高田保의 《어머니를 구하라》를 순회 공연하고자 한다. 이 가운데 《荷車》만 검열에 통과하게 되자 순회공연을 취소한다. 순회 공연에서 박영희, 안 막, 윤기정, 이병찬, 임 화, 한재덕을 연사로 내세우고 있는 것을 보면, 그 목적이 프롤레타리아사상을 선전하려는 것에 있음을 짐작할 수 있다.

공연작품들 가운데 일본프로극운동과 국내 프로극운동에 영향을 미친 작품들은 村山知義의 《全線》과 싱클레어의 《이계의 남》, 루 멜던의 《炭坑夫》, 오토 뮤라의 《荷車》 등이다.

村山知義의 《暴力團記》(「戰旗」1929.7)를 개제한 《全線》은 좌익극장 제 12회 공연(1929.6.27~7.3)에서 초연되어 성공을 거둔 작품으로서 프롯트의 연극적 실천전략으로 채택된 드라마리그를 구체화 하는 계기가 된 작품이다. 그 내용은 '1923년 2월 7일 중국 경한 철도 전선으로 생긴 노동조합의 쟁의에 대한 군벌의 탄압과 이로 인한 조합 붕괴과정을 그린 작품[129]'이다. 이 작품은 심좌의 제 11회 (1929.10.26~27), 좌익극장 제 16 회(1930.5.24~6.11), 좌익극장과 신축지극단 합동(1933.2.13~20) 공연과 같이 일본 연극운동체의 중요한 레프터리이다.

129) 倉林誠一郎, 『新劇年代記』, 279面.

《이계의 남》, 《炭坑夫》, 《荷車》는 1930년 9월 14일 미나도좌에서 공연됨으로써 국내 프로극의 첫 출발점인지 아닌지에 대한 논쟁을 불러일으킨 작품들[130]이다.

《이계의 남》은 '자본가 변호사와 노동자 간의 대립을 통하여 자본가의 탐욕을 비판하는 작품[131]'이다. 공연은 '재동경지방 조선노동자 위안회'에서 열린 것으로서 당시 관객들은 '지배계급에 대한 분격과 이에 대해 용감히 싸울 분위기로 가득했다[132].' 이러한 공연 성과를 거둔 이래 이 작품[133]은 국내에서는 《이층의 사나이》로 1930년 9월 29일에서 10월 2일에 걸쳐 미나도좌에서, 1931년 3월 8일 개성대중극장에서, 1933년 2월 6일 불전 북악회에서, 일본에서는 1926년 9월 27일에서 29일에 걸쳐 심좌에서, 1926년 12월 26일에서 28일에 걸쳐 전위좌에서, 1927년 9월 26, 27일 프롤레타리아극장에서 공연된다.

따라서 《이계의 남》은 재일 조선인 연극운동사에서 첫 공연 작품이면서 근대연극사에서 상연된 첫 프로극이다.

《炭坑夫》도 역시 프로극으로서 그 내용은 다음과 같다.

> 딸이 폐병에 걸려 있는데 아들의 간청으로 탄갱조합의 간부인 후루겔은 연설회에 간다. 아들과 딸은 지금의 고통을 이겨나가자고 이야기한다. 그런데

130) 이 작품들은 최승일의 연출에 의해서 미나도좌에서 공연된다. 그 공연에 관해서 '프롤레타리아연극의 첫 행진'이라는 박영희의 평가를 둘러 싼 민병휘, 박영호, 선풍아, 신고송의 논쟁이 일어난다.
민병욱, 「카프 연극비평의 소통론적 연구」, 『한국민족문화 · 10』, 부산대 한국민족문화연구소, 1997.12, 17~18쪽.

131) 倉林誠一郎, 『新劇年代記』, 119面.

132) 李北萬, 「朝鮮勞動者慰安會の記錄」, 『プロレタリア藝術』, 1927.12, 52面.

133) 민병욱 편저, 『한국연극공연사연표』, 국학자료원, 1997, 139쪽.
倉林誠一郎, 『新劇年代記』, 118, 122, 185面.

돌연히 딸이 죽는다. 회에서 돌아 온 아버지는 딸의 죽음을 보고 괴로워 하는데 탄갱이 폭발한다. 설상가상으로 동지를 구하러 간 아들마저 죽게된다. 잃은 것은 다 잃은 아버지는 모든 것을 깨칠 수 있는 힘이 생겼다며 조합원들 앞에서 죽을 때까지 투쟁하자고 얘기하는데 아들의 시체가 돌아온다.[134)]

이 작품은 경성 순회공연에서는 상연되지 못하지만, 국내에서는 1930년 9월 29일에서 10월 2일에 걸쳐 미나도좌에서, 1931년 4월 해주연극공장에서, 일본에서는 1929년 9월 27일에서 10월 1일에 걸쳐 극단 축지소극장에서 공연된다. 미나도좌에서 공연될 당시, 이 작품은 '중산적 자본가의 제작, 소부르주아층 룸펜 배우, 중산계급의 자제, 기생, 부랑자, 모던 보이, 변호사, 신문기자 등의 관객층[135)]'의 결합으로 인하여 결코 프로극이 될 수 없다는 것이다. 마찬가지로 축지소극장에서 공연된 작품도 '노동자의 가정비극으로서 작품 자체의 부르조와적인 요소, 개인적인 환경묘사, 계급집단성의 배경화, 프로극으로서 새롭게 개척된 특수성의 미비(=이동식 소형극장)[136)]'등으로 인하여 상연작품으로서 부족하다는 평가를 받는다. 따라서 《炭坑夫》는 재일 조선인 프로연극운동과 국내 프로극운동을 연결시켜주기 위해서 선택된 작품이긴 하지만 공연되지 못함으로써 그 기능을 다하지 못한다.

---

134) 이석만, 「1930년대 프로극단의 공연작품 분석」, 『한국극예술연구·1』, 한국극예술학회, 1991.3, 162쪽 재인용.
135) 민병휘, 「박씨의 프로극관과 포영씨의 '깨어진 거울'」, 조선일보, 1931.2.11
136) 倉林誠一郎, 『新劇年代記』, 292面.

2.3.2 오토 뮤라의 《荷車》

1929년 2월 17일 카프동경지부 연극부에서 첫 공연을 시작한 荷車는 서구 근대 번역극만을 상연한 동경조선어극단의 가장 중요한 레퍼토리이다. 1931년 11월 23, 24일 오스트로프스키(N.Ostrovski)의 《森林》(The Forest), 쉴러(F.Schiller)의 《도적놈》(Die Räuber), 오토 뮤라의 荷車를, 1931년 12월 31일에서 1932년 1월 12일까지 한국어극 《泥棒》을 공연한다.

오스트로프스키(N.Ostrovski)는 러시아 사실주의 희곡의 효시자이며, 그의 《森林》은 러시아 서민들의 일상적 생활을 중간계급의 어리석고 숨겨진 관습적인 삶과 대비하여 사실적인 수법과 완만한 구성으로 묘사한 작품[137]이다.

쉴러(F.Schiller)는 자유의식과 자아의식 및 감정의 해방을 강조한 질풍노도 시대의 대표적인 극작가이며, 그의 《도적놈》(Die Räuber)은 형제 갈등을 통하여 자유와 그 도의적 책임의 중요성을 강조하면서 사회의 부정과 전제에 항거하며 자유를 부르짖는 군도를 그린 작품[138]이다.

이 두 작품 가운데 《森林》은 동경조선어극단보다 먼저 1929년 9월 27일에서 10월 1일에 걸쳐 극단 축지소극장에서 공연한 바 있으며, '러시아 신경제정책이 1924년 실시되면서 새로운 부르주아층이 대두하여 일어난 민중들의 반성을 그린 작품이지만 동시대 일본 관객들에게 이해

137) G.프리들렌제르, 『러시아 리얼리즘론』(이항재 역), 열린 책들, 1989, 293~297, 303~307쪽.
A.Nicoll, *World Drama*, George G. Harrap & Company LTD , 1959, pp.512~515.

138) 이근삼, 『서양연극사』, 탐구당, 1989, 144~147쪽.
A.Nicoll, *World Drama*, George G. Harrap & Company LTD , 1959, pp.419~429.

되기 어려운 작품[139]'이란 비판을 받는다.

조선어극 《泥棒》은 좌익극장 제 22회 합동 공연에서 村山知義의 편집, 연출, 장치에 의해서 만들어진 《붉은 메카폰》 전 18경 가운데 11경에 해당되는 것으로서 그 내용은 알려진 바 없다.

오토 뮤라의 《荷車》는 재일 조선인 프로극운동사와 국내 프로극운동사에 있어서 매개역할을 하면서 가장 많이 공연된 작품이다.

우선 그 내용은 다음과 같다.

> 구루마꾼이 구루마를 끌고 가면서 고개를 넘지 못하고 지나가던 귀부인에게 도와 달려고 하자, 귀부인은 자신이 훌륭한 귀부인이기 때문에 무겁겠다고 비웃면서 도와주지 않고 오히려 모욕을 당했다고 경관에게 이야기한다. 경찰관이 교통방해라고 하면서 야단을 치자, 구루마꾼은 구루마를 밀어달라고 하면서 고갯길에 서 있다. 구루마꾼이 자기 가족들이 죽 한 그릇 못 먹고 고생만 하다고 하면서 구루마를 밀어 달라고 하자 목사는 무거운 짐을 지고 고개를 넘는 것이 육신에게는 해가 되지 않도록 하느님이 주셨다면서 영혼에 해를 받지 않도록 명심하고 노동과 신앙은 신성하다고 하면서 그냥 가 버린다. 구루마꾼이 구루마가 너무 무겁다고 하면서 밀어달라고 하자 교수는 구루마의 내용을 인식비판적으로 고찰하고 신체의 체적을 힘과 관련하여 고찰하여 짐을 덜어 내리라고 하면서 가 버린다. 구루마꾼이 구루마를 밀어달라고 하자, 학생은 삯을 받고 구루마를 밀고 있으며, 자기에게 무례하기 때문에 거절한다고 하면서 가 버린다. 구루마꾼이 계속 힘들어 하자 조합에 있는 사람들이 밀어주면서 같이 힘을 합쳐서 간다.[140]

139) 倉林誠一郎, 『新劇年代記』, 293面.

140) 여기에 소개하는 것은 박영희가 번역을 요약한 것이다. 이 대본은 '카프동경지부

이 작품은 노동계급의 연대의식과 이를 실현시킬 수 있는 '조합'의 중요성을 강조한 작품이다. 1931년 11월 23, 24일 동경조선어극단에서 공연할 당시, 일본 연극비평가 染谷格에 의해서 '성공적이며, 극단의 발전이 기대된다'는 평가[141]를 받는다.

이 작품[142]은 동경조선어극단에 이어서 1932년 2월 14일에서 23일에 걸쳐 3·1극장에서 공연된 바 있다. 국내 프로연극운동의 경우, 1930년 9월 7일 미나도좌에서, 1932년 개성 대중극장에서, 1931년 봄 해주연극공장에서, 1932년 6월8일 메가폰에서, 1933년 12월 23일 통영 문화좌에서 공연된다. 그리고 1932년 4월 23일 조선연극사에서, 1932년 12월 8일 보전연극회에서도 공연된다.

이런 의미에서 《荷車》는 재일 조선인 프로연극운동과 국내 프로연극운동에서 공연된 가장 중요한 레퍼터리이다. 이 작품은 국내 창작극 공연을 중심으로 한 조선예술좌에서부터 거의 무대실연되지 않았다.

2.3.3 《외쳐라 중국》과 《阿片戰爭》

동경조선어극단은 프롯트에 가입하여 3·1극장으로 명칭을 바꾼다. 이것은 또한 3·1극장이 프롯트의 지도 아래 연극운동을 전개한다는 것이다. 3·1극장은 1932년 2월 14일에서 23일에 걸쳐 오토 뮤라의 《荷車》, 1933년 2월 25, 26 일 《국경》, 《굶은 날》, 트레차코프의 《외

연극부의 일역과 조선(어)역만 있고 그 외의 원문이나 혹은 참고되는 다른 역이 없으므로 우선 그냥 다소간 개역, 정정을 가하여 발표한' 것이다.
오토 뮤라, 「《荷車》」, 박영희 역, 『조선지광·92』, 1930.8, 51~59쪽.

141) 倉林誠一郎, 『新劇年代記』, 449面.

142) 민병욱 편저, 『한국연극공연사연표』, 국학자료원, 1997, 177~178쪽.
倉林誠一郎, 『新劇年代記』, 449面.

쳐라 중국》, 1934년 2월15일 《萬頃村》, 《飼豚》, 《아버지들》, 1934년 5월 25, 26일 村山知義 각색의 《阿片戰爭》을 공연한다.

이 작품들 가운데 프롯트와 그 지도 아래에 있는 3·1극장에서 동시에 공연된 주요한 레프터리는 《외쳐라 중국》과 《阿片戰爭》이며, 극단 축지소극장에서 1929년 8월 31일부터 9월 4일에 걸쳐 첫 공연된 작품들이다. 이 작품들은 프롯트의 지도 아래 공연되었기에 1933년 5월 프롯트 제 5회 전국대회에서 결의된 운동 방침인 '국제혁명연극동맹 극동서기국의 확립, 동양 제 민족의 혁명적 연극운동발전, 기업내 아지프로대 활동[143]'에 부합되는 공연이다.

《외쳐라 중국》의 내용은 다음과 같다.

제 1 경 : 미국무역상 호레이가 인부들이 말을 듣지 않기 때문에 임금을 내린다고 선언하자 티이가 대들고 뇌물을 먹은 경찰이 말린다. 그 장면을 관객들이 사진찍는다.

제 2 경 : 호레이가 영국군함에서 상담을 마치고 돌아가려 하고, 부관 코츠벨이 불러도 뱃사공이 오지 않아 총을 쏘려고 하자, 뽀이가 말리다가 떼밀려 바다에 떨어지다. 영국 해군은 구명대를 던져 주지 않자 인부들이 뽀이를 구출한다. 뽀이는 코츠벨에게 사과하고, 호레이에게서는 욕을 듣는다.

제 3 경 : 티이의 배에서 서로 싸우다가 배가 뒤집히자, 호레이는 익사를 하고 티이는 도망간다.

제 4 경 : 영국인들은 호레이의 죽음으로 흥분하여 범인을 다음날 아침 9시

143) 본고의 《II-2.4》 참고

까지 사형하라고 요구하고 그렇지 않으면 쿨리조합(하급노동자 조합)에서 2 명을 뽑아서 사형하라고 협박한다.

제 5 경 : 사장이 경관에게 티이의 처자를 잡아서 보내어 티이를 잡아오라고 시킨다.

제 6 경 : 함장은 모여 떠들고 있는 쿨리조합원들에게 티이 대신에 2명이 죽어야 한다고 말한다.

제 7 경 : 함장은 시장, 대학생, 쿨리조합장이 죄없는 인부를 살려달라고 하자 거절하고, 뽀이가 함장실 문에 목 매달아 죽는다.

제 8 경 : 티이 대신에 늙은 쿨리와 젊은 쿨 리가 죽게 되자, 보일러맨은 격한 말을 외친다.

제 9 경 : 호레이의 장례식이 끝나자 삼해에 폭등이 일어났다는 전보를 받고 함장이 떠나고, 보일러맨과 대학생들은 함께 '외쳐라 중국, 외쳐라 중국' 절규를 한다[144].

이 작품의 원작가는 트레차코프(S.M.Tretyakov)이며, 원제목은 《Roar, China!》 가이다. 그는 프롤레트쿨트(Proteult:프롤레타리아문화협회)의 일원으로서 프롤레타리아문학운동을 주도한 시인이면서 극작가이며, 그의 대표적인 희곡 《외쳐라 중국》은 처음에 시로 발표했다가 연출가 메이어홀드와 상의하여 희곡으로 만든 작품[145]이다.

이 작품은 '선전적인 목적을 위해서 씌여진 멜로드라마적인 작품으로서 중국 하급노동자와 영국제국주의자들 사이의 격렬한 갈등을 보여 준

144) 이석만, 「1930년대 프로극단의 공연작품 분석」, 161쪽 재인용.

145) P.Hartnoll, *The Oxford Companion to the Theatre*, Oxford University Press, 1983, p.839.
倉林誠一郎, 『新劇年代記』, 288面.

역사적인 기록'으로서, 극단 축지소극장의 1929년 8월 31일에서 9월 4일에 걸친 초연때, '현재 중국의 완전하고 진실한 레뷰[146]'라는 평가를 받는다. 이 작품은 1930년 6월 14일에서 6월 24일에 걸쳐 신축지극단 제 14회 공연, 1931년 1월 1일에서 1월 15일에 걸쳐 제 18회 공연에 올려진 것[147]으로서 프롯트의 대표적인 레퍼토리이기도 하다. 따라서 3 · 1극장에서의 공연은 재일 조선인 프로연극운동에서 프롤레타리아 국제주의에 따른 유일한 공연이다.

《阿片戰爭》의 내용은 다음과 같다.

제 1 막 :

제 1 장 : 아편중독자 장사가가 딸 아매를 팔아 받은 돈으로 아편을 사려고 하자, 아편굴 책임자가 금령이 내려서 못 산고 하다.

제 2 장 : 총독이 아편 금령을 내리자 영국 영사 엘리옷은 뇌물을 주려고 한다.

제 3 장 : 영사는 뇌물을 거절한 총독을 욕하면서 런던호에서 아편 5만 상자를 들여와 중간상인 오영소에게 숨기도록 하자, 중국관헌이 병사를 데리고 와 영사를 영사관에 감금하고 관내의 아편을 몰수할 것임을 알린다.

제 2 막 : 딸 월진이 아버지 오영소에게 아매를 집에 데려달라고 호소한다.

제 3 막 :

제 1 장 : 추방된 엘리옷은 중국과 전쟁할 것을 하밀톤과 상의하고 본국에 서신을 띄우나 거절당하자 오히려 자신들을 지지하는 것이라고

146) 倉林誠一郎, 『新劇年代記』, 288面.
147) 倉林誠一郎, 『新劇年代記』, 355, 382面.

하면서 흑인군대를 모아서 광동으로 향한다.

제 2 장 : 영국 하원의회에서 의원들과 육군대신이 전쟁에 대한 찬, 반 싸움을 하다.

제 4 막 :

제 1 장 : 영국 병사들이 영국 수사제독을 살해하려던 만주병 및 장사가와 그의 처를 살해하고 부모의 시체에 매달린 아매와 월진마저 살해한다.

제 2 장 : 영국의 침략이 90년 동안 계속되고, 중국 프롤레타리아트는 '중국절대비간섭'을 외치면서 일어선다.[148)]

이 작품은 원래 姜馬修의 원작을 村山知義가 각색한 것을 최병한이 번역, 연출한 것이다. 원작은 작가가 자연주의계열에서 프롤레타리아문학계열로 전환한 이후에 씌여진 작품으로서 《동인도회사의 역사》(제1부), 《보아의 다이아몬드갱》(제 3부)과 함께 3부작을 이루고 있다.

극단 축지소극장의 1929년 8월 31일에서 9월 4일에 걸친 유일한 공연 때, '세계의 시장에 내놓아도 의식적인 작품으로서 결코 부끄럽지 않는 것[149)]'이라는 평가를 받는다. 이 작품은 국내에서 1931년 봄 해주연극공장에서 공연한 바 있다.

따라서 3 · 1극장에서의 공연은 《외쳐라 중국》과 함께 재일 조선인 프로연극운동에서 프롤레타리아 국제주의에 따른 유일한 공연이다.

148) 이석만, 「1930년대 프로극단의 공연작품 분석」, 158쪽 재인용.
149)倉林誠一郎,『新劇年代記』, 288쪽.

Ⅳ. 재일 조선인 연극운동의 연극사적 의의

동시대 재일 조선인 연극운동은 재일 조선인의 문화적 욕구를 충족시키고 재일 조선민족의 독자적인 연극뿐만 아니라 조선 근대극과 현대극을 수립하고 궁극적으로는 민족해방운동에 이바지하는 것이다.

동시대 재일 조선인 연극운동의 주체는 물론 그 대상도 재일 조선인이다. 동시대 조선어 연극은 대다수 노동자와 소수의 유학생 그리고 극소수의 소상인, 회사원, 관리 등의 중간계급으로 구성되어 있는 재일 조선인에게 가장 중요한 문화활동이며, 민중집단을 감정상으로 쉽게 인도하는 수단이다. 이런 의미에서 재일 조선인 사회운동체들은 재일 조선인들의 정치문화적 성향을 훈련하거나 대중 교육의 전략으로서 연극을 선택한다. 뿐만 아니라 동시대 재일 조선인 연극운동은 재일 유학생들 가운데 연극을 전공하거나 연극 관련 활동에 참여하고 있는 전문 연극인들이 조선 근대극과 현대극을 수립하기 위한 연극적 훈련이 된다.

따라서 재일 조선인 연극운동은 재일 노동자계급의 정치문화적 훈련양식으로서, 민족해방운동을 위한 대중교육의 실천적 전략으로서, 조선 근대극과 현대극을 수립하기 위한 연극적 훈련과 수용의 방법론으로서 선택되고 형성된다. 이런 의미에서 재일 조선인 연극운동은 연극운동으로서뿐만 아니라 사회문화운동으로서 그 역할도 수행한다.

재일 조선인 연극운동체의 전개 과정은 재일 조선인 사회운동체의 전개과정에 상응하는 바, 카프동경지부연극부와 고려공산당 일본부, 무산자극장과 무산자, 동경조선어극단과 동지사, 3 · 1극장과 노동계급사의 해체 및 코프, 고려극단과 코프 해산, 조선예술좌 이후와 코프 해산 이후의 과정이 그것이다. 이런 의미에서 재일 조선인 연극운동은 사회운동의 이념을 대중에게 전달하기 위한 문화운동의 부문운동으로 전개되며, 이에 따라서 연극운동의 이념과 공연양식 및 공연작품도 변모한다.

재일 조선인 연극운동의 이념은 '예술을 무기로 한 프롤레타리아 계몽운동의 실천'에서 시작하여 '전피압박민중을 해방하고자 하는 프롤레타리아적 혁명의 실천'을 거쳐서 '프롤레타리아국제주의'에 이르며, 코프 해산 이후 '극 예술성의 배양과 진보적 민족연극의 창조 수립 및 전통 연극의 일본 소개'에서 '민족 연극 연구, 진보적 연극의 확보 및 조선 민족의 연극적 전통의 계승과 새로운 연극 창조 및 일본 소개'를 거쳐서 '조선의 참다운 현대극의 수립, 종합적 예술연구, 연극인과 연극기술자의 양성, 조선 방문공연 및 향토예술의 일본 소개'에 이른다.

연극운동의 이러한 이념 변화는 코프 해산을 전후로 하여 일어난 것으로서, 기본적으로는 무산계급운동으로서의 프롤레타리아연극운동에서 예술운동으로서의 근대극 수립운동으로 변화한 것이다. 이러한 변화는 연극운동의 이념이 프롤레타리아혁명의 실천에서 연극의 예술적 실천으로 바뀐 것이며, 한국 민족연극과 근대연극의 수립 및 전통 연극의 일본 소개가 덧붙여진 것이다. 이것은 재일 조선인 연극운동이 코프 해산을 전후로 하여 연극의 정치적 사회적 가치에서 예술적 미적 가치를 확보해 가면서 한국민족연극의 독자성을 체계화 하고 한국 근대극을 수립하고자 하는 예술적인 태도이다. 따라서 연극이념에서 본다면 재일 조선인 연극운동은 서구 근대극을 수용한 일본 근대극과 프롤레타리아연극의 추수주의에서 벗어나서 한국연극의 독자성을 확보하여 근대극과 현대극을 수립하려는 창조적인 과정이며, 일본 근대극의 훈련과수용에서 벗어나서 한국 전통연극을 소개, 보급하려는 과정이기도 하다.

물론 연극이념의 이러한 변화는 공연 양식의 변화를 가져 온다. 코프 해산을 전후로 하여 이동극장을 중심으로 지구 공연이나 지역 순회공연 혹은 준비공연을 하다가 극장공연 중심으로 바뀌어진다. 이동극장은 재일 조선인이 거주하고 있는 東京을 비롯하여 岡山, 京都, 大阪, 兵庫, 福岡, 山口, 神戸, 愛知 도시지역 등이며, 극장 공연은 築地小劇場에서 이루어진다.

공연작품에 있어서도 서구 번역극에서 국내 창작극으로, 서구 현실의 비유에서 동시대 한국 현실의 직접적 무대실연화로, 연극의 정치적 사회적 가치 선택에서 무대미학적 효과를 고려한 예술적, 미적 가치 선택으로 바뀌어간 것이다.

공연작품에 있어서 연극운동의 방향을 결정한 주요 레프터리는 번역극에 있어서 《이계의 남》, 《荷車》, 《외쳐라 중국》이며, 창작극에 있어서 김두용의 《朝鮮》, 김상복의 《漂浪》, 유치진의 《빈민가》와 《소》 등이다. 아울러 작품 공연과 달리, 개별 극작가들도 희곡작품의 창작을 통하여 동시대 재일 조선인과 한국사회의 현실을 담아내고 있다.

창작 희곡 가운데 김상복의 《漂浪》은 노동자 출신 극작가가 동경 芝浦에 살고 있는 조선인의 표랑하는 생활을 사실적으로 묘사한 첫 번째 작품이며, 金丹美의 《黃昏の村》은 동시대 이농현상을 통하여 친일자본가계급의 억압과 농촌현실의 궁핍함을 보여주면서 그 대안으로 교육기회의 선택에 의한 계급적 자각에 이를 수 있음을 제시한 작품이다.

공연작품들 가운데 村山知義의 《全線》와 《阿片戰爭》, 싱클레어의 《이계의 남》, 루 멜던의 《炭坑夫》, 오토 뮤라의 《荷車》, 트레차코프의 《외쳐라 중국》 그리고 유치진의 《빈민가》와 《춘향전》, 이운방의 《선술집》, 이태준의 《산사람들》, 최병한의 《아리랑고개》 등은 국내 연극운동체와 연극계의 주요한 레프터리가 된다.

이러한 재일 조선인 연극운동은 카프동경지부 연극부에서 시작하여 동경학생예술좌의 해산에 이르기까지, 즉 1929년 9월에서 1940년 12월까지 10년 정도 일본에서 연극훈련을 받은 전문 연극인에 의해서 주도된다.

일본 연극의 훈련을 받은 전문 연극인은 세 유형으로 나누어진다.

첫 번째 유형은 일본 연극 훈련을 받고 즉시 귀국하여 국내 연극운동를 주도한 경우로 이기세, 김우진, 김정진, 유치진, 현 철 등이다.

두 번째 유형은 일본에서 연극훈련을 받고 일정 기간 조선인을 대상으로 하여 연극운동을 주도하다가 귀국 후 국내 연극운동에 이바지한 경우이며, 김동혁, 김영화, 김일영, 김파우, 마완영, 박계순, 박동근, 박의원, 박 한, 신 영, 안영일, 오정민, 윤북양, 이진순, 이화삼, 임호권, 전일검, 조우적, 주영섭, 최규홍, 최병한, 한적선, 허남실, 허 진, 홍해성 등이다.

세 번째 유형은 일본에서 연극훈련을 받고 일본 연극계에 참여하거나 재일 한국연극계에 참여하다가 귀국하지 않고 해방 직후에도 계속 잔류하여 연극활동을 하는 경우이며, 金丹美, 金熙明, 朴在成, 張赫宙 등이다.

이 가운데 두 번째 유형에 속하는 재일 조선인 연극운동의 주도세력들은 귀국하여 극예술연구회(1931년 7월~1938년 2월)에 참여하고 조선연극협회(1936년 8월~1937년 6월)에 참여하면서 국내 연극운동을 주도하게 된다.

지금까지 살펴 본 바와 같이 민족수난기 재일 조선인 연극운동은 동시대 재일 조선인 운동 및 국내 연극운동과의 상호유기적인 관련 속에서 일본이라는 지역적 특수성에 기인하여 전개된 연극운동이며, 조선 근대극과 현대극을 수립하기 위한 연극적 훈련과 수용의 과정으로서 국내 연극운동사에 그 위치를 자리매김할 수 있다.

V. 결론

본고는 실증주의적 방법론에 의해 재일 조선인의 전반적인 운동과의 관련성 속에서 연극운동의 실체를 재구성하고, 분석비평적 방법론에 의해 그 주도세력들이나 개별극작가들이 공연하고 생산한 극 텍스트의 구조와 의미 구조를 밝혀냄으로써 재일 조선인 연극운동의 연극사적 위치를 살펴 보았다.

그 결과를 요약하여 결론으로 삼으면 다음과 같다.

1) 민족수난기 재일 조선인 연극운동은 동시대 재일 조선인의 문화적 욕구를 충족시키고 재일 조선민족의 독자적인 연극뿐만 아니라 조선 근대극과 현대극을 수립하고 궁극적으로는 민족해방운동에 이바지하는 것에 그 목적을 두고 있다.

2) 재일 조선인 연극운동은 재일 조선인 노동자의 정치문화적 훈련 양식으로서, 민족해방운동을 위한 대중교육의 실천적 전략으로서, 일본 연극의 훈련을 받고 수용을 거친 전문 연극인들에 의해서 선택되고 형성된다. 그 결과 재일 조선인 연극운동은 조선 근대극과 현대극을 수립하기 위한 연극적 훈련과 수용의 방법론적 역할을 한다.

3) 재일 조선인 연극운동은 동시대 재일 조선인 운동과 전반적인 관계를 맺는바, 카프동경지부연극부와 고려공산당 일본부, 무산자극장과 무

산자, 동경조선어극단과 동지사, 3·1극장과 노동계급사의 해체 및 코프 가입, 고려극단과 코프 해산, 조선예술좌 이후와 코프 해산 이후이 그것이다.

4) 재일 조선인 연극운동의 이념은 코프 해산을 전후로 무산계급운동으로서의 프롤레타리아연극운동에서 예술운동으로서의 근대극 수립운동으로 변화한다. 이러한 변화에서 본다면 재일 조선인 연극운동은 서구 근대극을 수용한 일본 근대극과 프롤레타리아연극의 추수주의에서 벗어나서 조선연극의 독자성을 확보하여 근대극과 현대극을 수립하려는 창조적인 과정이며, 일본 근대극의 훈련과수용에서 벗어나서 한국 전통연극을 소개, 보급하려는 과정이기도 하다.

4) 재일 조선인 연극운동의 주도세력들이나 개별적인 극작가들에 의해서 생산된 희곡작품 혹은 언어로 발표된 인쇄된 텍스트 가운데 일어체로 된 희곡 텍스트는 金丹美의 《黃昏の村》(『テアトロ』, 1938.6), 金熙明의 《光を求むる人々(빛을구하는사람들)》(『野獸群.1-1』, 1926.7), 朴在成의 《晩秋》(『赤門文學.2-5,6』, 1942.5,6), 張赫宙의 《春香傳》(『新潮.35-3』, 1938.3)과 《加藤淸正》(『テアトロ.6-19』, 1939.11)이다.

이 가운데서 공연된 작품은 장혁주의 《春香傳》 뿐이며, 다른 네 작품은 전혀 공연되지 않았다.

특히 金丹美의 《黃昏の村》는 동시대 이농현상을 통하여 친일자본가계급의 억압과 농촌현실의 궁핍함을 보여주면서 그 대안으로 교육 기회의 선택에 의한 계급적 자각에 이를 수 있음을 제시하고 있는 작품이다.

5) 재일 조선인 연극운동체에서 공연한 극 텍스트는 40 편에 이른다.

공연양식에서 본다면 재일 조선인 연극운동은 코프 해산을 전후로 하여 이동극장을 중심으로 지구 공연이나 지역 순회공연 혹은 준비공연을 하다가 극장 공연 중심으로 바뀌어진다. 이동극장은 재일 조선인이 거주하고 있는 東京을 비롯하여 岡山, 京都, 大阪, 兵庫, 福岡, 山口, 神戸, 愛知 도시지역 등이며, 극장 공연은 築地小劇場에서 이루어진다.

공연작품에서 본다면 재일 조선인 연극운동은 서구 번역극에서 국내 창작극으로, 서구 현실의 비유에서 동시대 한국 현실의 직접적 무대실연화로, 연극의 정치적 사회적 가치 선택에서 무대미학적 효과를 고려한 예술적, 미적 가치 선택으로 바뀌어간다.

6) 연극운동체에 따라서 그 운동 방향을 결정한 주요 레퍼토리는 카프 동경지부연극부의 《朝鮮》와 《炭坑夫》, 동경조선어극단의 《荷車》, 3·1극장의 《빈민가》와 《외쳐라 중국》 및 《阿片戰爭》, 조선예술좌의 《漂浪》, 동경학생예술좌의 《소》 등이다. 아울러 村山知義의 《全線》와 《阿片戰爭》, 싱클레어의 《이계의 남》, 루 멜던의 《炭坑夫》, 오토 뮤라의 《荷車》, 트레차코프의 《외쳐라 중국》 그리고 유치진의 《빈민가》와 《춘향전》, 이운방의 《선술집》, 이태준의 《산사람들》, 최병한의 《아리랑고개 》 등은 국내 연극운동체와 연극계의 주요한 레프터리가 된다.

7) 일본 연극의 훈련을 받은 전문 연극인은 세 유형으로 나누어진다.

첫 번째 유형은 일본 연극 훈련을 받고 즉시 귀국하여 국내 연극운동를 주도한 이기세, 김우진, 김정진, 유치진, 현 철 등이며, 두 번째 유형은 일본에서 연극훈련을 받고 일정 기간 조선인을 대상으로 하여 연극운동을 주도하다가 귀국 후 국내 연극운동에 이바지한 김동혁, 김영화, 김일영, 김파우, 마완영, 박계순, 박동근, 박의원, 박 한, 신 영, 안영일, 오정민, 윤북양, 이진순, 이화삼, 임호권, 전일검, 조우적, 주영섭, 최규홍, 최병한, 한적선, 허남실, 허 진, 홍해성 등이며, 세 번째 유형은 일본에서 연극훈련을 받고 일본 연극계에 참여하거나 재일 한국연극계에 참여하다가 귀국하지 않고 해방 직후에도 계속 잔류하여 연극활동을 하는 金丹美, 金熙明, 朴在成, 張赫宙 등이다.

특히 두 번째 유형의 경우, 귀국하여 극예술연구회와 조선연극협회 등에 참여하면서 국내 연극운동을 주도하게 된다

8) 지금까지 살펴 본 바와 같이 민족수난기 재일 조선인 연극운동은 동시대 재일 조선인 운동 및 국내 연극운동과의 상호유기적인 관련 속에서 일본이라는 지역적 특수성에 기인하여 전개된 연극운동이며, 조선 근대극과 현대극을 수립하기 위한 연극적 훈련과 수용의 과정으로서 국내 연극운동사에 그 위치를 자리매김할 수 있다.

*** 본 제 1부는 『일제 강점기 재일 한국인의 연극운동』(연극과 인간사, 2000, 7~95쪽)을 수정 보완한 것임.**

참고문헌

1) 텍스트

김인덕, 『植民地時代 民族運動史 資料集 : 일본지역편』(전 7권), 국학자료원, 2005.

김준엽 · 김창순, 『한국공산주의운동사 1-자료편』, 고려대학교 아세아문제연구소, 1979.

______ · ______, 『한국공산주의운동사 2-자료편』, 고려대학교 아세아문제연구소, 1980.

독립운동사자료편찬위원회, 『독립운동사자료집(별집 · 3)-재일본 한국인 민족운동자료집』, 고려서점, 1973.

독립운동사편찬위원회, 『독립운동사자료집 · 12-문화투쟁사 자료집』, 고려서점, 1984.

____________________, 『독립운동사자료집 · 17- 재일본 한국인 민족운동자료집』, 고려서림, 1984.

『1930년대 한국문예비평자료집』(영인본, 전 18권), 한일문화사, 1985.

양승국 편, 『한국근대연극영화비평자료집』(영인본, 전 17권), 태동, 1991.

히로시마 한국 · 조선사회연구회, 동북아역사재단, 『(해방 전 재일동포 관련) 신문기사 자료집 : 1937-1944 [컴퓨터 파일]』, 동북아역사재단, 2009 .

野間 宏 編, 『日本プロレタリア文學大系』(全8卷), 三一書房, 1969.

金正柱 編, 『朝鮮統治史料(7)』, 宗高書房, 1970.

朴慶植 編, 『在日朝鮮人關係資料集成(戰前編 5卷)』, 三一書房,

1975.
기타 1920, 30년대 신문 잡지들

2) 논저

강동진, 『일제의 한국침략정책사』, 한길사, 1980.
고준석, 『조선공산당과 코민테른』, 공동체, 1989.
김인덕, 『식민지시대 재일 조선인 운동연구』, 국학자료원, 1996.
민병욱, 『한국희곡사연표』, 국학자료원, 1994.
______, 『한국연극공연사연표』, 국학자료원, 1997.
서연호, 『한국근대희곡사연구』, 고려대민족문화연구소, 1982.
양승국, 『한국근대연극비평사연구』, 태학사, 1996.
______, 『김우진, 그의 삶과 문학』, 태학사, 1998.
언론인 김삼규 간행위원회, 『언론인 김삼규』, 1989, 24, 264쪽.
유민영, 『우리 시대 연극운동사』, 단국대출판부, 1990.
이강열, 『한국사회주의연극운동사』, 동문선, 1992.
이근삼, 『서양연극사』, 탐구당, 1989.
이두현, 『한국신극사연구』, 서울대출판부, 1966.
이원경, 『문예총감-연출(개화기-1975)』, 한국문화예술진흥원, 1976.
이해랑, 『허상의 진실』, 새문사, 1991.
임영태 편, 『식민지시대 한국사회와 운동』, 사계절, 1985.
장한기, 『한국연극사』, 동국대학교 출판부, 1986.
재일한국유학생연합회, 『일본유학100년사』, 재일한국유학생연합회, 1988.
조동걸, 『일제하 한국농민운동사』, 한길사, 1979.

한 효, 『조선연극사 개요』, 국립출판사, 1956.
P.Hartnoll, *The Oxford Companion to the Theatre*, Oxford University Press, 1983.
A.Nicoll, *World Drama*, George G. Harrap & Company LTD , 1959.
M.Pfister, *Das Drama*, Wilhelm Fink Verlag, 1982.
G.프리들렌제르, 『러시아 리얼리즘론』(이항재 역), 열린 책들.
R.Darendorf, 『삶의 기회 선택』, 김병서 역, 이화여대출판부.
管井幸雄, 『築地小劇場』, 未來社, 1976.
金政明, 『朝鮮獨立運動 : 共産主義運動篇』, 原書房, 1966.
______, 『朝鮮獨立運動 : 民族主義運動篇』, 原書房, 1986.
朴慶植, 『在日朝鮮人運動史研究(8・15解放前)』, 三一書房, 1979.
倉林誠一郎, 『新劇年代記(戰前編)』, 白水社, 1972.
坪江油二, 『朝鮮民族運動秘史』, 高麗書林, 1968.
平凡社 版, 『演劇百科大事典』(全六卷), 平凡社, 1961.
河竹繁俊, 『日本演劇全史』, 岩波書店, 1959.
管井幸雄, 『新劇の歷史』, 新日本出版社, 1984.

김두용, 「일본문단 극단의 동향」, 동아일보, 1936.2.28~3.10
김승구, 「동경 신극계의 근황」, 조선일보, 1937.7.2~7.4
김연수, 「극단 야화」, 매일신보, 1931.5.22~30.
김파우, 「우리는 《빈민가》를 어떻게 상연하였나」, 『예술・1』, 1935.1, 52쪽
민병욱, 「카프 연극비평의 소통론적 연구」, 『한국민족문화・10』, 부산대 한국민족문화연구소, 1997.12, 265~312쪽.

박동근, 「동경학생예술좌 공연을 앞두고」, 동아일보, 1937.6.22.

박영정, 「극단 조선연극협회 연구」, 『한국극예술연구.5』, 한국극예술학회, 1995, 97~127쪽.

______, 「일제 강점기 재일본 조선인 연극운동 연구」, 『한국극예술연구・3』, 1993, 101~137쪽.

신고송, 「국제 연극운동의 전망」, 중앙일보, 1932.3.22~3.28

______, 「일본프로극장동맹 제3회 전국대회 방청기」, 조선일보, 1931.5.27~5.31

______, 「재일본 조선노동자 연극운동」, 『연극운동.1』, 1932.5

오토 뮤라, 「《荷車》」, 박영희 역, 『조선지광・92』, 1930.8, 51~59쪽.

유치진, 「동경문단-극단견문초」, 동아일보, 1935.5.12~5.23

______, 「최근 10년간의 일본 신극운동」, 조선일보, 1931.11.27

______, 「프로극의 몰락과 그 후보-일본 신극의 별견기」, 동아일보, 1934.10.1~10.5

윤영련, 「新協 극단 상연의 《춘향전》을 보고」, 조선일보, 1938.4.3~6

이기세, 「신파극의 회고」, 매일신보, 1937.7.2~7

이병찬, 「이동극장」, 『무산자・3-1』, 1929.5, D-1쪽.

이서향 외, 「新協 《춘향전》 좌담회」, 『비판・68』, 1938.12, 28~34쪽.

이서향, 「동경 학생예술좌 제2회 공연을 보고」, 동아일보, 1937.7.

이석만, 「1930년대 프로극단의 공연작품 분석」, 『한국극예술연구

·1』, 한국극예술학회, 1991.3, 141~164쪽.
이원조, 「新協 극단 공연의 《춘향전》 관극평」, 조선일보, 1938.11.3
이해경, 「新協 극단과 《춘향전》」, 조선일보, 1938.2.15
전용길, 「동경학생예술좌 제 1회 공연을 끝내고」, 조선중앙일보, 1935.6.9~14.
전일검, 「동경학생예술좌 제 1회 공연을 보고서」, 동아일보, 1936.6.11~15.
전일검, 「재동경 조선극단」, 조선일보, 1936.5.15
최승일, 「경성 대판 동경-극계만담(1)」, 조선일보, 1933.9.21
최재서, 「동경 통신- 신극운동의 전환」, 조선일보, 37.8.3
포서구, 「3·1극장과 국제연극 10일간」, 조선일보, 1933.3.3
함세덕, 「동경연극계의 동향」, 매일신보, 1941.5.2~5.13
현 철, 「연극과 오인의 관계」, 매일신보, 1920.6.30.
황동식, 「조선예술좌의 제 1회 공연을 앞두고」, 조선일보, 1935.11.25
金斗鎔, 「朝鮮藝術座の近況」, 『テァトロ』 1936.5.
李北萬, 「朝鮮勞動者慰安會の記錄」, 『プロレタリア藝術』, 1927.12.
李永錫, 「《春香傳》 朝鮮公演を見て」, 『テアトロ』, 1938.12.
李永錫, 「春香傳朝鮮公演を見て」, 『テアトロ』, 1938.12.
張赫宙, 「春香傳」, 『新潮』, 1938.3.
村山知義 外, 「《春香傳》 批判座談會」, 『テアトロ』, 1938.12.
村山知義 外, 「春香傳批判座談會」, 『テアトロ』, 1938.12.

秋田雨雀, 「朝鮮巡廻公演を終見えて」, 『テアトロ』, 1938.12.
秋田雨雀, 「朝鮮巡廻公演を終見えて」, 『テアトロ』, 1938.12.
許　　達, 「朝鮮藝術座 第二回 公演 を迎へて」, 『テアトロ』, 1936.11.

제2부

민족대립기 재중 조선족의 三老人 운동

제2부 민족대립기 재중 조선족의 三老人 운동

Ⅰ. 三老人 시기 중국 동북지역의 연극사적 상황

1. 문제의 제기

三老人는 1950년 중국 동북지역 조선족집거지역에서 발생하여 1958년 창작 대본으로 장착한 중국 조선족 설창예술의 역사적 극 장르이다. 그 발생에서 30년이 지난 뒤, 그 창제의 주도적 역할을 한 홍성도는 다음과 회상하고 있다.

> 《삼로인》이 연변에서 무대예술로 등장한 지도 벌써 30여년이 되었다. 그동안 《삼로인》은 온돌로부터 무대에, 그리고 즉흥으로부터 대본화로, 단순한 정치선전으로부터 예술작품으로, 이러한 복잡한 경로를 거쳐서 오늘에 이르렀다.[1)]

三老人의 '복잡한 경로'[2)]는 다음과 같다.

---

1) 홍성도, 「《삼로인》에 대한 소감」, 『문학과 예술』, 1982년 3기, 27面

2) 三老人의 장르 생성 및 정착과정에 관해서는 다음 논문에서 상론한 바 있다.
민병욱, 「三老人의 장르 생성과 정착과정 연구」, 『한중인문학연구·25』, 한중인문학회, 2008.12, 279~303쪽.

첫째, 三老人의 '온돌로부터 무대'로의 변화는 공연시설과 공연지역의 변화이다. 공연시설에 있어서는 일반 가정집이나 공공건물과 같은 무대 밖의 공간에서 공공시설이나 전문적인 극장의 공연무대, 문화예술회관으로의 변화, 공연지역에 있어서는 중국 동북 조선족집거 농촌지역에서 도시지역을 거쳐서 동북 전역으로의 변화이다. 이러한 변화는 1949년 중국인민공화국 성립 이후, 당의 문예정책에 의한 전문공연예술단과 공연진흥단(문화관)의 설립[3]과 무관하지 않다. 특히 연변지역을 비롯한 동북지역에서는 1950년 이후 市, 縣지역에 이르기까지 전문공연예술단과 공연진흥단(문화회관)의 설립이 이루어진다. 그 설립으로 인하여 三老人 뿐만 아니라 동북지역 지방극의 공연이 널리 확산된다. 이러한 확산은 1951년 희곡개혁[4]의 '改制' 문제에 관련된다.

둘째, 三老人의 '즉흥으로부터 대본화'는 1950년 民間戲曲으로 즉흥공연 되다가 1958년 창작 대본에 의한 공연으로 변화한 것이다. 이러한 변화는, 중국 설창예술의 장르변화 과정[5], '民間傳承文化→ 民間文學

---

3) 이 훈, 『중국 조선족 공연단체에 관한 음악사회학적 연구』, 서울대 대학원 박사학위논문, 2005, 88~124쪽.

4) 1951 5월 5일 주은래에 의하여 발표된 「政务院关于戲曲改革工作的指示」는 '改戲, 改人, 改制'로 집약된다. 이에 관하여는 본고의 「I-2.2 '희곡개혁사업에 관한 지시'의 이론체계」에서 상론할 것임.

5) 중국학계에서는 설창예술을 구연예술과 동의어로 본다. 설창예술이란 이야기(說 또는 講-산문)과 노래(唱-운문)을 섞어서 연출하는 연예적 성격을 가진 예술양식으로서, 戲曲과 더불어 중국 공연예술을 대표하는 특징적인 민간예술 장르이다. 이러한 설창예술의 생성 및 정착과정은 일반적으로 '民间傳承文化→民间文學→民间戏曲→戏剧 혹은 曲艺'의 과정을 거친다. 이와 관련하여 戲曲은 음악(曲)을 사용하는 전통적인 연극(戲), 戏剧(戲劇)은 일반적 의미에서 공연되는 연극, 曲艺란 설창예술을 총칭하는 용어로 사용된다.
徐万邦, 祁庆富, 『中國少數民族文化通论』, 中國中央民族大學出版社, 1996, pp.219~220.
章诒和 主编, 『中国戲曲』, 文化藝術出版社, 1998, pp.29~32.

→ 民間戲曲→ 戲劇 또는 曲藝' 가운데 '民間戲曲→ 戲劇 또는 曲藝'의 과정이다. 三老人과 달리, 1951년 정무원의 희곡개혁으로 인하여 이미 戲劇 또는 曲藝 과정을 거친 중국 설창예술- 동북지역 지방극[6]은 다시 장르 변이과정을 겪는다. 곧 三老人과 같은 시기, 같은 지역, 중국 동북지역의 지방극도 1951년 희곡개혁의 '改戲' 문제 속에 놓여 있게 된다.

셋째, 三老人의 '단순한 정치선전으로부터 예술작품으로'의 변화는 그 장르의 생성과 정착과정 기간에는 수락하기 어렵다. 1950년에서 문화혁명(1966~1976)직전까지는 모택동의 '연안문예강화', 주은래의 '희곡개혁'에 기반한 '百花齊放, 推陳出新'의 원칙에 의하여 三老人뿐만 아니라 모든 문화예술은 당의 통제 속에 놓여 있는 '정치적 이데올로기'이기 때문이다. 그 시기는 이른바 중국문화예술사에서 비평적 도그마로

---

6) 동북지역 지방극은, 중국극의 일반적인 생성 및 정착과정과 마찬가지로, '제의→ 鄕村연극(唐宋 이래로 縣級 이하의 행정단위로서 농촌지역과 그 하부조직에서 행한 연극)→會館연극(明靑代 省, 府, 縣 및 그 인접지역에 상인조직에 의해서 설립된 회관에서 공연된 연극)'을 거치면서 역사적 극 장르로서 정착하여 공연된다. 이러한 상인들은 회관을 지어서 사무공간, 주거공간, 神殿, 상설무대(戲臺), 객석(看樓)를 설치하여 연극을 공연함으로써 지연, 혈연, 동업의 조직관계를 강화하고 일반 주거민에게 개방하여 연극의 발전과 문화교류에 이바지 하는 것이다. 이에 각 지역의 지방극 6종이 전국에 널리 유행한다.

동북지역 상인들은 字號商店(한 지역에서 상권의 우세를 확보한 뒤 인적 자원-지연, 혈연관계 등을 이용하여 다른 지역에 분점을 내세워 계속 상권의 우세를 유지하는 형식)에 이어서 중국에서 가장 먼저 聯號商店(字號商店이 지역경제과 조화를 이루어서 분점이 아니라 연쇄상점으로 조직하는 형태)을 성립하고 발전시킨다. 이러한 동북상인에 의하여 동북지역 지방극도 널리 공연되고 확산된다.

이화승, 「청대 동북지역의 상점조직에 관한 연구」, 『명청사연구 · 12-1』, 명청사학회, 2000, 115~140쪽.

차미경, 「회관연극의 형성과 공연예술적 특성」, 『중국학보 · 57』, 한국중국학회, 2008, 99~117쪽.

홍영림, 「명청대 향촌연극과 제의공동체」, 『중국희곡 · 8-1』, 한국중국희곡학회, 2000, 111~132쪽.

받아들이고 있는 '건국 후 17년'(1949～1966)의 시기[7], 사회주의적 사실주의 시기이다. 이 시기는 三老人뿐만 아니라 동북지역 지방극도 1951년 희곡개혁의 '改人' 문제 속에 놓여 있게 된다.

첫째, 둘째, 셋째에서와 같이, 三老人의 생성 및 정착 과정의 '복잡한 경로'는, 동시대 중국 동북지역 지방극의 '복잡한 경로' 보다는 상대적으로 단순하다. 三老人은 1950년 즉흥극에서 1958년 창작(대본)극의 과정으로 일단 '경로'를 마치지만, 동북지역 지방극은 1951년 희곡개혁의 직접적인 통제 속에서 '改戲의 경로'를 거친다. 곧 1951년에서 문화혁명(1966~1976) 직전까지, 三老人의 '경로'는 역사적 장르로서의 창작(대본)극 시기이지만, 동북지역 지방극의 '경로'는 역사적 장르로서 '改戲'의 인위적인 장르생성, 전이, 소멸 시기이다.

이에 본고는 三老人의 생성 및 정착 시기, 동북지역에서 공연된 지방극의 문제를 살펴보고자 한다. 이것은 조선족(소수민족) 설창예술의 역사적 극 장르로서 三老人과 중국 설창예술의 역사적 극 장르로서 동북지역 지방극 간의 상호영향관계를 올바르게 이해하기 위해서이다. 이것은 三老人이 1958년 일단 장르 정착의 경로를 마친 것과 동북지역 지방극이 인위적인 새로운 장르로의 생성, 전환과정을 겪고 있다는 것을 전제로 하는 것이다. 이러한 전제를 설정하면 三老人과 동북지역 지방극 간의 상호영향관계를 해명하기 위한 준비단계로 1951년 희곡개혁과 이를

7) '건국 후 17년'은 1949년 중화인민공화국의 건국에서 1966년 문화대혁명 직전까지의 시기이다. 중국문학예술학계를 비롯한 중국조선족학계에서는 당대 역사를 일반적으로 '건국 후 17년'(1949~1966), 문화대혁명시기(1966~1976), 개혁개방시기(1977~)로 구분한다. 이러한 연대기적 시기구분 방법은 중국연극사의 일반적인 현상이다. 널리 일반화 된 사례가 중국전통연극사를 '기원, 先秦시대, 隋, 唐, 宋, 金, 元, 明, 靑' 등 왕조별로 나누고 있다. 이것은 한국중국학계에서도 마찬가지로 지역극이나 지방극에 관한 선행 연구나 참고문헌은 거의 한정되어 있다.

전제로 한 동시대 동북지역 지방극의 연극사적 상황을 먼저 살펴볼 필요가 있다.

2. 동시대 희곡개혁의 이론체계

2.1 '연안예좌담회연설'의 이론체계

三老人의 생성 및 정착 시기는 이른 바 '건국후 17년'에 속하며 이 시기 중국의 문예정책은 1942년 5월 모택동이 발표한 '연안문예좌담회연설(在延安文藝座談會上的講話)'[8]이다. 이른바 '연안문예강화'는 중일전쟁기간 중 중국공산당해방구(陝甘寧邊區)에서 중국공산당의 삼정풍운동- 당풍에 있어서 종파주의 비판, 학풍에 있어서 주관주의 비판, 문풍에 있어서 黨八股 비판과 함께 시작된 문예정풍운동[9]이다.

그 가운데 문풍운동은 소자산계급에 속하는 羅烽, 馬加, 蕭軍, 舒群, 雷加 등으로 대표되는 동북지역 작가들과 國共분열 이후 중국공산당에 치우친 작가들을 대상으로 하여 문화예술에 있어서 자유주의와 형식주의

8) 毛澤東, 『毛澤東選集 · 3』, 北京外文出版社, 1972.
毛澤東, 이등연 역, 『연안문예강화 : 당팔고에 반대한다』, 두레, 1989.
毛澤東, 이욱연 역, 『모택동의 문학예술론』, 논장, 1989
중국공산당 중앙문헌편집위, 『모택동선집 Ⅰ, Ⅱ』, 전인, 1989.

9) 문예강화와 삼풍운동, 연안문예정풍운동에 관해서는 특별한 언급이 없는 한 다음의 논저를 참고로 함.
백정희, 김상원, 『중국 현·당대문학의 이해』, 한국학술정보, 2003, 107~110쪽.
조영규, 『20世紀 中國 프로文學』, 인하대학교출판부, 2001, 224~255쪽.
김시준, 「중국의 문예정책 수립 및 변화과정연구」, 『중국문학 · 24-1』, 한국중국어문학회, 1995, 337~360쪽.
이윤아, 「모택동의 《문예강화》 연구」, 인하대학교 교육대학원 석사논문, 2002.2, 11~22쪽.

를 비판한 것이다. 그 결과 모택동의 '연안문예강화'가 발표된다.

'연안문예강화'는 정풍운동의 방향성을 제시한 '引言'과 문예계의 당면과제에 대한 '結言'으로 짜여져 있다. '引言'과 '結言'에서 제시된 바, '연안문예강화'는 무산계급혁명에 봉사하는 문예를 전제로 하여 형식에 있어서는 민족문예형식을, 내용에 있어서는 무산계급의 생활체험을 담아야 한다고 강제하고 있다.

이에 따라, 희곡의 당면과제[10)]는, 형식에 있어서 '서구적인 연극을 지양하고 구극을 민족 민간형식으로 개조하거나 새롭게 창조하는 것'이며, 내용에 있어서는 '당시 무산계급의 생활체험인 토지개혁투쟁을 실천하는 것'이다. 이를 모택동은 1942년 10월 연안평극원을 위한 題詞로 '推陳出新'를 제기한다. '推陳出新'이란 '과거의 것을 버리고 새로운 것을 산출하는 것'인 바, 평극에서는 구형식의 토대를 유지하면서 제왕장상, 재자가인을 버리고 노동자, 농민, 병사와 이들에 대립되는 일제 및 매국노를 등장시켜 인민주체의 현실생활체험과 혁명투쟁의 역사를 담는 것이다. 예컨대 《逼上梁山》, 《三打祝家莊》, 《白毛女》 등이 대표적인 사례이다.[11)] 이것이 곧 '구극을 민족 민간형식으로 개조하거나 새롭게 창조하는 것'의 의미이다.

'연안문예강화'의 이러한 문예정책은 중화인민공화국의 수립 직전 열린 제 1차 중화전국문학예술공작자대표 대회(1949.7.2～7.19)에서 주은래의 정치보고(「在中華全國文學藝術工作者代表大會上的政治報告」[12)]

---

10) 陳白塵 · 董健 主編, 한상덕 역, 『中國現代戲劇史』, 한국문화사, pp.507~546.

11) 양회석, 「중국 신가극의 형성과 특질」, 『중국문학 · 27-1』, 한국중국어문학회, 1997, 353~373쪽.
    안영은, 『新秧歌運動研究』, 북경대 박사학위논문, 2004, pp.38~43.

12) 北京師範大學中文系 編, 『中國現代文學史參考資料 · 3』, 高等教育出版社,

에서 그대로 이어진다. 그 보고에서 문학예술계의 지향 방향성에 관한 보고는 '문예공작자들의 단결, 사업의 분배와 안배, 조직문제, 문예작품의 보급과 향상문제, 인민을 위해 봉사하는 문제, 구문예의 개조문제'로 나누고 있다. 이 보고에서 가장 중요한 문제는 조직과 문예개조의 문제이다.

희곡계에 있어서 조직과 문예개조의 문제는 곧 희곡개혁의 문제이다. 조직문제는 정무원 문화부 희곡개진국 희곡개진위원회가 주도하여 1949년 7월 中國戲曲開進會와 1950년 全國戲曲工作會議를 개최하면서, 그 이념으로 전자는 경극을 대상으로 '推陳出新'을, 후자는 경극은 물론 지방희(地方戲)도 대상으로 '百花齊放'을 설정한다. 희곡개혁의 문제는 먼저 내용을, 다음 형식을 개조하여 그 조화와 통일을 이루어야 한다는 것인 바, 내용에 있어서는 인민주체들의 생활체험을, 형식에 있어서는 민족형식을 강조하고 있다. 이것은 '연안문예강화'에서 제시한 문예정책을 확인하면서 희곡개혁의 이념으로 경극을 포함한 지방극을 그 대상으로 한 '百花齊放 推陳出新'을 제시한 것이다.

2.2 '희곡개혁사업에 관한 지시'의 이론체계

희곡개혁은, 三老人이 처음 공연된 다음 해 1951년 정무원에서 「희곡개혁사업에 관한 지시」(關於戲曲改革工作的指示)[13]를 발표함으로써

1959.

번리 외, 유세종 역, 「주은래의 문예사상」, 『9인의 문예사상』, 청년사, 1991, pp.437~463.

김시준, 「第一次 中華全國文學藝術工作者代表大會의 意義와 反響」, 『중국문학・25-1』, 한국중국어문학회, 1996, 305~326쪽.

13) 周恩來, 「中央人民政府政務院關於戲曲改革工作的指示」(1951年5月5日), 『中國戲曲誌・北京卷』, 中國戲曲誌編委會, 中國ISBN中心, 1999, p.1328.

구체화 된다. 그 지시는 다음과 같이 이루어진다.

○ 인민 희곡은 민주정신과 애국정신으로 광대한 인민을 교육하는 무기이다. 희곡개혁운동에서 가장 중요한 것은 극목의 결함을 통일화, 표준화시키는 것과 극본 개편 공작과정에 나타나는 일부 반역사주의, 공식주의의 경향을 바로 잡는 것이다.

1. 희곡은 인민의 새로운 애국주의정신을 발양하고 인민의 혁명투쟁과 생산노동 과정에서 영웅주의를 고무시키는 것을 첫 번째 임무로 삼는다.
2. 희곡개혁공작에 있어서 핵심 과제는 가장 광범위하게 알려진 기존의 극목을 심사하는 일이다. 기존의 곡목을 수정할 때는 역사적 진실과 인민의 교육에 대한 효과에 위배되지 않도록 주의를 기울인다.
3. 중국 희곡의 종류는 매우 풍부하므로 보편적으로 수용하고 개조하고 발전시켜야 한다. 각종 희곡 형식의 자유로운 경쟁을 부추기고, 희곡예술의 백화제방을 촉발시켜야 한다.
4. 희곡예술인은 오락과 인민을 교육하는 사업에서 막중한 책임을 지고 있는 바, 정치, 문화 및 업무에 관한 학습을 강화하고 자신을 제고시켜야 한다.
5. 기성 희곡단체들은 몇몇 불합리한 제도, 예를 들면 도제제도, 양녀제, 경려과제도 등은 엄중하게 인권과 예술인들의 복리를 해치는 고로 단계적으로 개혁하여야 한다.
6. 희곡공작은 각 지역 문화교육기관의 영도에 따라 통일적으로 진행한다.

인용에서와 같이 희곡개혁의 기본 원칙은 '百花齊放 推陳出新'이다. '百花齊放'이란 희곡개혁의 대상으로 경극뿐만 아니라 지방극을 비롯한 민간의 '小戱', 민간예술이면서 설창예술인 곡예 등을 전부 포함한다는 것이며, '推陳出新'이란 구극을 정리하고 새로운 민간적 민족적인 극으로 창조한다는 것이다. 곧 '百花齊放 推陳出新'은 모든 중국 희곡뿐만 아니라 민간극이나 곡예를 대상으로 하여 구극적인 것을 버리고 새로운 민간적 민족적인 극으로 창조한다는 것이다.

그 핵심은 '改戱, 改人, 改制'[14)]이다.

'改戱'는 '가장 광범위하게 알려진 기존의 극목을 심사하여 수정하는 것'인 바, 그 기준은 '역사적 진실과 인민의 교육에 대한 효과'이다. 이에 따라서 수정은 '불량한 내용, 심각한 해를 끼치는 사상내용, 불량한 연출방식, 야만적, 공포적, 외설적 자기민족의 모욕, 반애국주의적 요소'를 제거하고 '건강하고 진보적이고 미려한 요소'를 계승, 발양하여 '민족전통의 극목'으로 인정하는 것이다. 아울러 희곡에 있어서 '봉건노예 도덕, 야만과 공포 및 외설과 음란한 행위, 노동인민의 모욕'을 반대하고 '침략을 반대하고 악제를 반대하고 조국을 사랑하고 자유를 사랑하고 인민의 정의를 발양할 것을 선전하는 선량한 품성'을 찬성한다.

'改人'은 '희곡예술인들이 정치, 문화, 업무에 관한 학습을 강화하고 자신을 제고시키는 것'인 바, 문화예술교육기관과 희곡개혁공작 간부들에 의한 예술인 교육과 기성 예인집단의 교육이다.

'改制'는 '예인들 스스로의 자각에 의한 제도의 개혁'인 바, 극단과 극장의 제도 개혁이다. 극단의 제도 개혁은 '인권과 복리를 기준'으로 한 희곡단체의 불합리한 제도의 개혁이며, 극장의 제도 개혁은 '기업화의 원칙' 아래서 극단, 극장을 건립, 관리하는 것이다.

14) 양회석, 「중국희곡개혁운동연구」, 『중국현대문학 · 32』, 한국중국현대문학학회, 2005, 377~404쪽.

'改戲, 改人, 改制'에서 본다면 희곡개혁의 궁극적인 목적은 '改戲'이며 '改人, 改制'는 그 수단에 지나지 않는다. 그 결과 희곡개혁은 '구극의 개편, 신편 역사극의 제작, 현대극의 공연'15)으로 나타난다.

이러한 '改戲' 가운데 '지방희(地方戲)'의 개혁에 관해서 다음과 같이 구체적으로 지시된다.

> 지방희 중에서도 더욱이 민간의 '小戲'는 형식이 비교적 간단하면서도 생동적이어서 현재의 생활을 반영하기 좋으며 게다가 군중들이 수용하기도 쉬워서 특별히 주목해야 한다. 금후 각 지역 희곡개혁공작은 그 지역의 군중들에게 영향력이 큰 극종을 중요한 개혁과 발전의 대상으로 삼아야 할 것이다. 이를 위해 광범위하게 민간 '小戲'의 신구 극본을 수집, 기록, 간행하도록 한다. 가능한 조건 하에 매년 전국적인 희곡 경쟁 공연을 한 차례 거행하고 각종 극종이 개선 성과를 전시하는 한편 우수한 작품과 연출자를 장려하고 발전을 지도하도록 한다.16)

인용에서 지시는, 첫째, 지방희 가운데 '그 지역의 군중들에게 영향력을 큰 극종' 민간 小戲를 대상으로 하여 '신구 극본의 수집, 기록, 간행'하는 것이며, 둘째, '매년 전국적인 희곡 경쟁 공연을 한 차례 거행'하는 것이다.

첫째의 경우, 동북지역17)은 동북평원을 비롯한 토지자원을 기반으로

---

15) 김학주, 『중국의 희곡과 민간연예』, 明文堂, 2002, 378~409쪽.
부효항, 이용진 역, 『中國戲曲理論史』, 중문출판사, 1999, 501~514쪽.
김명학, 「20세기 중국 전통희곡의 계승과 개혁」, 『中國學論叢·11』, 한국 중국문화학회, 2001, 1~33쪽.

16) 주 13)과 같음.

한 농촌문화를 형성하고 있으므로 지방희와 민간 小戱들도 대체로 농촌문화에 직접적인 연관을 맺고 있다. 동북지역 지방희와 민간 小戱는 동북 농촌지역을 떠돌아다니면서 널리 공연된 것으로 대체로 모내기 노래인 秧歌[18]에 기원을 두고 있다. 이러한 秧歌에 기원을 둔 대표적인 민간 小戱가 二人轉[19]이다. 동북지역이 농촌문화권이고, 동시대 인민의 주체가 노동자, 농민, 병사라는 의미에서, 농업노동요 秧歌에 기반을 二人轉은 '형식이 비교적 간단하면서도 생동적이어서 현재의 생활을 반영하기 좋으며 게다가 군중들이 수용하기도 쉽고 그 지역의 군중들에게 영향력이 큰 극종'이다. 二人轉 뿐만 아니라 민간 小戱로 널리 유행하다가 '1949년에서 1985년 사이 중국 동북지역, 지구에서 유행한 발전적이고 새로이 형성된 戱劇'[20]에는 河北梆子, 吉劇, 呂劇, 新城戱, 黃龍戱, 滿族新城戱, 海城喇叭戱, 辽南戱, 凌源影凋戱, 阜新蒙古劇, 龍江劇이 있다. 이러한 현상은 1958년 10월 동북삼성협작구 제 4차 회의에서 '동북의 문화를 번영, 발전시키기 위해 자기 지방의 연희를 풍부하게 창작해야한다.'고 하는 결의에 따라서, 이미 지정된 1949년 二人轉에 이어서 1959년 龍江劇, 1961년 吉劇이 동북지방희로 공식 인정된다.

둘째의 경우, '매년 전국적인 희곡 경쟁 공연'은 다양하게 실행되는 바, 1952년 전국희곡관람대회(제 1회), 1956년 전국희곡극목공작회의(제 1회), 1960년 현대제재관람연출대회(제 1회), 1964년 경국현대희관람연

---

17) 전명용, 「중국동북삼성문화연구」, 『중국학연구 · 20-1』, 중국학연구, 2001, 541~567쪽.

18) 김영광, 「秧歌와 農樂 비교 연구」, 『중국인문과학 · 32』, 중국인문학회, 2006, 285~307쪽.

19) 이에 관하여는 본고의 《3.2.1 二人轉의 공연과 개혁》에서 상론할 것임.

20) 『中國戱曲劇种大辭典』(上海辭書出版社, 1995)의 「出版說明」

출대회(제 1회), 1964년 전국군중과외문예경연대회(전국 제1차소수민족과외예술콩쿨) 등이 그것이다.

첫째, 둘째에서와 같이 '百花齊放 推陳出新'의 희곡개혁은 전통극의 개혁, 전통극의 발굴 및 정리에 의한 공연화 작업에 핵심이 있다.

이어서 1956년 '雙百方針'(문예공작의 '百花齊放'과 과학공작의 '百家爭鳴') 가운데 당의 문예정책으로 '百花齊放'의 원칙이 확립되면서 비판적 문예작품들이 생산되자, 1957년 '정풍운동' 곧 反右派 투쟁에 의하여 문예정책은 1942년의 '연안문예강화'로 회귀한다. 그 결과, 1958년 대약진운동이 시작되면서 희곡개혁은 '희곡대약진'의 구호로써 현대극을 연극공연의 중심축(以現代劇目爲綱)으로 삼다가 전통극과 현대극 공연을 병중(兩條腿走路)하면서 1960년부터서는 '三并擧' 방침에 따라서 전통극, 신편역사극, 현대극 공연을 병중하기로 한다. 이어 1964년 강청의 「談京劇革命」 발표 이래 문화대혁명의 시기에서 樣板戱(혁명본보기극)이 나타남으로써 극단화 된다.[21]

---

21) 김시준, 「중국의 문예정책 수립 및 변화과정연구」, 『중국문학 · 24-1』, 한국중국어문학회, 1995, 337~360쪽.

3. 동시대 동북지역 지방극과 희곡개혁

3.1 동시대 동북지역의 희곡 현황

3.1.1 京劇, 平劇, 歌劇 《白毛女》

동시대 동북지역에서 공연된 중국희곡은 그 유행지구에 따라서 다소 차이는 있지만 다음과 같다.22)

戲曲(劇秧)	流行地區	비고
京劇	全國各地	
平劇	길림, 요녕, 흑룡강, 북경, 천진, 하북, 내몽고, 산서 등지	
河北梆子	길림, 요녕, 흑룡강, 북경, 천진, 하북, 내몽고, 산동부분지구	하북성 지방극

도표에서 동북지역에 공연된 중국희곡은 京劇, 平劇, 河北梆子이다. 이 가운데 河北梆子는 하북성의 지방극이므로 제외한다면 동북지역에서 공연된 중국희곡은 京劇과 平劇이다.

京劇과 平劇은 가장 대중적인 희곡으로 동북지역뿐만 아니라 중국 전역에서 널리 공연된 것은 물론이다. 다만 기록으로 확인가능한 것은 1951년 연길시평극단(민영)이 창단되어 1953년 연변평극단(국영)으로, 1968년 연변경극단으로 개칭한 것, 1956년 연변평극단이 고전 《콩쥐

22) 『中國戲曲劇种大辭典』의 「遼寧省戲曲劇种分布圖」(p.315), 「吉林省戲曲劇种分布圖」(p.336.), 「黑龍江省戲曲劇种分布圖」(p.356.), 「中國戲曲劇秧流行地區一覽表」(pp.1661~1668.)에 근거하여 도표를 작성함.

팔쥐》를 공연한 것이다.[23] 덧붙인다면, 1948년 11월 동북문예협회 평극공작단에서 하얼빈과 심양 등지에서 경극 《九件衣》 등을 공연한 기록[24]만 확인할 수 있다.

이에 관련하여 1958년 현대 경극으로 개편되기 이전의 가극 《白毛女》와 소형 가무극 공연에 관한 기록은 확인된다. 가극 白毛女는, 길림군정치부문문공단의 1947년 1월 연변 공연, 2월 연변로신예술학원에서의 공연, 1948년 1월 연길 연신극장에서의 공연이 기록으로 확인된다.[25]

가극 《白毛女》[26]는 하북성 晉察冀 변구에서 널리 유포되던 민간전설 《白毛仙姑》을 바탕으로 하여, 1945년 賀敬之, 丁毅, 馬可, 張魯 등에 의하여 창작된 5막 16장의 집체작이다. 그 내용은 하북성 陽格村을 배경으로 소작인(楊白勞)과 지주(黃世仁) 간의 갈등을 팔로군의 해방에 의하여 해결하는 과정을 그린 것이다. 그 주제는 전설의 미신타파를 '구 사회는 사람을 귀신으로 만들지만, 신 사회는 귀신을 사람으로 바꾼다.'는 것으로 바꾼 것이다. 이 작품은 공산당해방구 4대 가극(《白毛女》, 《王秀鸞》, 《劉胡蘭》, 《赤葉河》) 가운데서, '연안문예강화'에서 제시한 인민들의 생활내용과 민족형식을 가장 잘 실천한 것으로 평가받고 있다. 이러한 작품이 동시대 동북지역에서 널리 공연되었다는 것은 의심의 여지가 없다.

---

23) 강련숙 편, 『중국조선족100년문학예술대사기』, 길림인민출판사, 2001, pp.47, 53.
24) 黃 钧, 徐希博 主编, 『京劇文化詞典』, 漢語大詞典出版社, 2001, pp.837ff.
25) 강련숙 편, 『중국조선족100년문학예술대사기』, pp.35, 37, 47.
26) 양회석, 「신가극 〈白毛女〉와 민족형식」, 『중국희곡 · 4』, 한국중국희곡학회, 1996, 91~113쪽.
황선주, 「가극 〈白毛女〉와 대중성의 문제」, 『중국문학 · 21』, 한국중국어문학회, 1993, 255~273쪽.

3.1.2 동북지역 지방극의 현황

동시대 동북지역에서 공연된 지방극은 동북 3성에 따라서 다소 차이는 있지만 다음과 같다.[27]

劇種	戲曲(劇)名	流行地區
동북 지방극	二人轉	길림, 요녕, 흑룡강, 내몽고부분지구
동북 지방극	龍江劇	흑룡강 하얼빈, 嫩江, 綏化 등지
동북 지방극	吉劇	길림, 요녕, 흑룡강, 내몽고부분지구
길림성 지방극	呂劇	길림, 요녕
조선족 지방극	唱劇	길림연변조선족자치주
길림성 지방극	新城戲	길림 扶余, 白城일대
길림성 지방극	黃龍戲	길림 農安일대
길림성 지방극	滿族新城戲	길림 扶余일대
요녕성 지방극	海城喇叭戲	요녕 海城
요녕성 지방극	遼南戲	요녕 남부
요녕성 지방극	凌源影凋戲	요녕 凌源, 喀左 , 建昌일대
요녕성 지방극	阜新蒙古劇	요녕 阜新蒙古劇自治會

도표에서 동북지역 지방극으로는 二人轉(1949), 龍江劇(1959), 吉劇(1961), 吉林省의 지방극으로는 呂劇, 新城戲, 黃龍戲, 滿族新城戲, 遼寧省의 지방극으로는 海城喇叭戲, 辽南戲, 凌源影凋戲, 소수민족의 지방극으로는 조선족의 唱劇, 몽고족의 阜新蒙古劇이 있다.

27) 주 22)와 같음.

3.2 동시대 동북지역 지방극의 공연과 개혁

3.2.1 二人轉의 공연과 개혁

二人轉[28)]은 동북지역 농촌에서 생성, 형성되면서 널리 유포된 전통적인 민간예술로서 農民戲라고 불리워진다. 민간예술로서 二人轉은 이야기를 노래(唱) 및 말(講 또는 說)로써 구연하는 설창문예적 성격[29)]과 가무적 성격을 함께 가지고 있다.

農民戲로 시작하여 동북지역 지방희로 된 二人轉의 형식에는, 1949년 중국 건국 이전에는 등장인물의 수를 기준으로 하여 單出頭(1명 출연), 二人轉(2 명 출연), 拉場戲(3인 이상 출연)의 세 종류가, 그 이후에는 연출 형식을 기준으로 하여 8,9 종까지 있다.

현재에는 그 예술적 특징에 따라서 "單, 雙, 群, 戲"의 4 가지로 나눌 수 있다. "單"은 單出頭, 獨角戲와 동북민가의 독창을 포함하며, "雙"은 二

---

28) 二人轉에 관해서는 다음 논저들을 참고로 하여 서술함.
王兆一, 王肯, 『二人轉史論』, 時代文藝出版社, 2001
劉振德 主編, 『二人轉藝術』, 文化藝術出版社, 2000.
蔡源莉, 吴文科, 『中国曲艺史』, 文化藝術出版社, 1998, pp.140~143.
陈叉敏, 刘崚骧, 『中国曲艺・杂技・木偶戲, 皮影戲』, 文化藝術出版社, 1998, pp.58~60.
『中國戲曲劇种大辭典』, pp.317~320,
김영광, 「試論二人轉的起源與形成」, 『중국인문과학・36』, 중국인문학회, 2007, 323~337쪽.
민혜란, 「중국광장예술의 역사적 발전과정 및 전개양상」, 『중국어문학논집・42』, 중국어문학연구회, 2007, 331~353쪽.
안상복, 「중국 북방 秧歌戲와 二人轉 연구」, 『중국문학・48』, 한국중국어문학회, 2006, 163~182쪽.

29) 설창이란 1인 혹은 그 이상의 연행자가 말이나 노래로써 이야기를 구연하는 행위를 총칭하는 용어이며, 구연되는 이야기는 대체로 운문 부분과 산문 부분으로 나누어져 있고, 운문부분은 노래로, 산문부분은 말로 구연된다.
章诒和 主编, 『中国戲曲』, 文化藝術出版社, 1998, pp.29~32.

人轉, 二人戱와 민가 이중창을 포함하고, "群"은 군무, 합창, 뮤지컬, 坐唱을 포함하고, "戱"는 拉場戱, 또는 "人物戱", "秧歌戱"라 부른다.

표현면에서는 唱, 說, 扮(做), 舞의 네 가지 기예(四功)가 있다. 唱은 二人轉에서 주가 되는 노래이며, 창법은 '풍부한 운치, 또렷한 발음, 완벽한 가사전달, 규칙적 리듬감, 우아한 목청, 생동적 소리'에 있다. 설은 두 가지 사설인 바, '成口' 혹은 '투자구套子口'는 남자가 치면 여자가 받아 내용의 흥을 돋우면서 웃음을 만들어내는 것[30]이며, '零口' 혹은 '疙瘩口'는 연희과정에 끼어 있는 대화이다. 아울러 사설에는 산문체와 운문체가 있는 바, 전자는 민간의 우스개 소리에서 따오는 것이며, 후자는 반드시 한 숨에 끝까지 유려하게 마디를 마치는 것이다. 扮(做)은 연기하는 극중 인물이나 배역을 뜻하며, 그 연기의 규범(手眼身法步)을 숙달하여 극중 인물의 희노애락 등 다양한 감정을 표현해야 하는 것이다. 舞는 이야기의 전개과정에서 행해지는 純舞(개막 및 종막과 막간 무용), 격정적 歌舞, 서정적 歌舞, 서사적 歌舞이며, 그 기본 동작에는 '도약, 걷기, 뒤집기, 구부리기, 엇걸기, 돌기, 흔들기, 떨기, 놀리기耍, 치기打' 등 10가지가 있다.

---

30) 이런 의미에서 二人轉은 相聲의 이인상성과 유사한 것으로 논의하기도 한다. 二人轉과 달리 相聲은 청대 도시빈민지역에서 빈민들의 가난, 고통, 고뇌 등과 잘못된 사회상을 풍자하는 내용을 담은 설창예술이다. 도시빈민예술로서 相聲은 일상생활 속에서 전형적인 인물과 사건을 유머러스한 언어로써 과장, 풍자하면서 찬양도 곁들어서 사람들에게 가볍고 유쾌한 웃음 속에서 메시지를 전달하는 것이다. 그 전달 수단은 말(說)을 위주로 하여 흉내(學), 우스개(逗), 노래(唱)이다. 이러한 수단을 통하여 이루어지는 相聲의 종류에는 그 출연인물을 기준으로 하여 單口相聲(1인), 對口相聲(2인), 群口相聲(3인 이상)이 있다. 이 가운데 가장 대표적인 양식은 對口相聲(2인)이며, 對口를 통하여 흥을 돋우고 웃음을 만들어낸다는 의미에서 二人轉과 가장 유사하다.
정 일, 「중국의 도시빈민예술- 상성」, 『중국문학 · 31』, 한국중국어문학회, 1999, 215~233쪽.

이러한 예술적 특성과 형식 및 표현수단을 가진 二人轉의 기원은, 민간기원설로서 문헌에서는 확인되지 않지만, 대체로 秧歌를 바탕으로 만들어졌다는 것에 일치하고 있다. 秧歌는 농민들이 모내기 할 때 부르는 농업노동요이다. 후대에 내려올수록 秧歌는 서사화, 곧 이야기의 구조를 가지게 되고 춤과 결합하여 매년 음력 정월 민간 절기 활동의 종목으로 자리잡으면서 가무형식의 秧歌, 민간 소희 秧歌戱가 된다. 가무형식의 秧歌는 농업을 기반으로 하는 동북 3성을 중심으로 한 북방 秧歌로, 秧歌戱는 상업이 발달한 하북성, 산서성, 섬서성을 중심으로 전문 연예양식으로 북방지역에 널리 유포된다. 이 가운데 북방 秧歌는 하북지방 小口蓮花落(주인 1녀와 조연 1남이 짝을 이루어 節子板과 大板을 사용하여 엮어내는 놀이) 및 什不閑(小口蓮花落에 인물의 화장, 징, 북, 연출소도구가 첨가됨)과 결합하여 二人轉이 형성된다. 이에 二人轉을 달리, 對口蓮花落(한 명의 여자 배역 '늙은 여자애'와 한 명의 남성 익살꾼 '어리석은 오빠'로 구성된 형식)혹은 小秧歌라고 하기도 한다.

二人轉의 이러한 형성은 康熙(1662~1722) 연간에 그 기본 형식 '一旦一醜'(한 명의 여자 배역과 한 명의 남자 익살꾼)가 만들어지면서 반직업적인 예인들이 농한기에 한시적으로 구비전승에 의한 관습적인 연출을 행한다. 이어서 嘉慶 · 嘉光(1820~1850) 연간 직업적인 예인집단이 출현하면서 그 형식 및 내용이 풍부해지고 동북지역 전역에 걸쳐서 상시적인 공연이 이루어진다. 그 전문예인집단은 7, 8명 정도 소규모로 조직된 전문 유랑극단으로서 20세기 초에는 이미 동북 3성 및 하북, 내몽고의 일부지역에까지 퍼졌나갔다가 1948년 동북지역의 해방으로 심양, 장춘, 하얼빈 등 지역 대도시에 정착한다.

二人轉의 전통극 및 현대극프로그램들은 1953년 제1회 전국민간음악

무용회에서 공연되면서 그 명칭으로 공식화 되고, 1958년 제1회 전국곡예회 대회를 시작으로 전국적으로 확산된다. 특히 1958년 10월, 동북3성협작구 제4차회의에서 주은래가 '동북의 문화를 번영시키고 발전시키기 위해서는 자기 지방 극종을 풍부하게 창조해야한다'고 지시하자, 유관기관에서는 二人轉을 새로운 지방 대희극종으로 발전시키기로 결정한다. 이에 二人轉의 원로 예인들이 고문을 맡는 '신극종실험소조'가 조직되면서 전통 극목 《藍橋》를 《藍河怨》으로 개편하고, 뒤에 《桃李梅》를 창작한다. 현재에는 상시 공연되는 180여 개를 포함한 300여 개의 전통 극목과 다양한 현대 극목을 가지고 있으며 중국 지방극 386종 가운데 가장 널리 공연되는 대중적인 지방극[31]이다. 아울러 二人轉

31) 1990년 개혁 개방 이후 동북 각 지역에서 설립된 전문공연단체가 100여 개가 되며, 동북 3성은 각기 二人轉 연구조직을 만들었다. 희곡학원, 음악학원, 무용학원 등에서 二人轉을 전공으로 개설하고 있다. 중국 지방극 386종 가운데 개혁 개방 이후 30년 간 이미 100여 종이 사라졌음에 불구하고, 二人轉은 여전히 전국적인 명성을 얻고 있다. 이에 관하여 李北陵은 「二人转给地方戏曲带来什么启示?」(『深圳商报』, 2009-4-23)에서 二人轉의 번창 이유를 다음과 같이 제시하고 있다.
첫째, 二人轉은 내용과 형식에 있어 토착화되어 있지만 유연하고 생동적 구성으로 관중들이 다가가기 쉽다는 점이다. 二人轉의 배우들은 "다섯 가지 기예(五功-노래, 사설, 연기, 춤, 기술)"을 강조하는 까닭에 선택적 요소가 풍부하다는 점이다. 소리를 내는데 집중 훈련하여 "9강8조12해九腔十八调七十二嗨嗨"를 능숙하게 100여 가지 곡패와 소곡이나 소조를 가지고 다양한 리듬의 변화를 살려 시장의 요구에 적응할 수 있었다. 게다가 이인전에서 사용하는 북방 방언은 표준어에 가까운 백화임으로 심정적으로부터 듣거나 받아들은데 무리가 없다. 이러한 개방성과 유연성 그리고 종합적 구성력이 인기의 비결이라 할 수 있다.
둘째, 二人轉은 우수한 배우의 수급력을 갖추고 있어 후속세대에 대한 염려가 없다. 二人轉 "趙本山" 같은 걸출한 인물이 있는데다 많은 예능인들이 집단을 형성하고 있다. 흔히 사람들이 얘기하는 동북에는 "토지와 농가, 趙本山"이 있다는 말이 실감난다. 무대에서 관객들 장악하고 뛰어난 연기력을 지닌 좋은 배우들이 많다. 어느 통계에 따르면 음반, 스텝, 후기작업 등에 종사하는 이인전 연계 인원이 전국적으로 대략 10만 대군에 달한다고 한다. 요령대학과 趙本山은 요령대학 本山藝術學院을 만들어 민간예술전공을 개설하였다. 말할 것도 없이 二人轉이 주전공으로 장기적인 후은 동북지역 지방극을 개혁하는 기초가 된다.

3.2.2 龍江劇과 吉劇의 창조

1951년 희곡개혁 공작과 1958년 지방극종 개혁 공작은 동북지역 지방극으로서 龍江劇과 吉劇[32]의 창조로 나타난다.

龍江劇은 1956년 흑룡강성 민간예술대가 二人轉의 종류인 拉場戲에 대한 개혁에 착수한다. 1959년 흑룡강성 민간예술극원지방희대와 흑룡강성 평극원청년대가 결합하여 조직된 흑룡강성 신극종대는 拉場戲를 개혁하여 정식명칭으로 龍江劇이라고 명명하고 1960년 흑룡강성 용강극실험극원으로 개편한다. 龍江劇은 1949년 이후 동북 二人轉과 拉場戲을 기초로 하여 만든 것으로서, 연출 극목이 100여개를 넘는다. 그 극

속 인재를 양성하려는 것이다. 유능한 인재들이 탄탄한 연출 집단을 형성하고 있는 한 二人轉은 쇠락을 점치는 것은 기우에 지나지 않을 것이다. "소심양小沈阳"이 춘절 대공연 春晩에 인기를 끈 것은 趙本山을 캐스팅한 결과인 건 분명하지만 실제로 후계양성이 이어진 필연성에 기인한다.

셋째, 二人轉은 매스미디어를 충분히 활용하여 배우를 스타화하고 영향력을 확대시키는 적절한 산업화 전략을 세웠다. 분명 二人轉은 중국의 문화산업전략의 외형적 환경에 부응함과 아울러 二人轉 그룹 자체의 산업화 전략을 저버리지 않았다. 수많은 예술 프로그램들이 각종 원인으로 사람들의 요구를 만족 시키지 못하는 상황에서 二人轉은 시의에 맞춰 결점을 보강하여 유행곡, 무용, 토크쇼 등의 형식을 도입하여 신속하게 도시 관중들의 구미에 맞추고 예술적 변화를 주었다. 그리고 二人轉은 장소에 구애받지 않고, 연출의 유연성을 보장하고, 저렴한 입장료를 책정하여 광대한 저소득층의 문화권리를 보장하는 역할을 하고 있다. 二人轉의 산업화전략은 趙本山의 공로를 빼놓을 수 없다. 그는 CCTV의 인기를 빌어 춘절 대공연의 소품 연출 기회에 적극적으로 이인전을 선전하였다. 그는 또한 "녹색이인전绿色二人转"의 기치를 걸고 "刘老根大舞台"를 근거지로 삼아 영상제작을 통한 二人轉을 알리는데 대대적인 힘을 쏟는 한편, 신세대들의 二人轉에 대한 흥미를 끌어내고자 연예 스타처럼 二人轉 배우를 포장하고 산업화의 전방위인 전략을 지속적으로 실현하고 있다.

32) 龍江劇과 吉劇에 관해서는 다음 논저들을 참고로 하여 서술함.
『中國戲曲劇种大辭典』, pp.336~344, 357~364.

목 가운데, 고대를 제재로 한 것은 二人轉의 전통 극목을 개작한 것이며, 현대를 제재로 한 극목은 창작 외에 기타 극종에서 가져온 것들이다.

龍江劇은 기본 형식에 있어서 二人轉의 '一旦一丑'(한 명의 여자 배역 '늙은 여자애'와 한 명의 남성 익살꾼 '어리석은 오빠')을 계승하여 '生(3 명의 등장인물), 旦(여자 배역), 淨(악역), 丑(익살꾼)'으로 이루어진다. 그 표현수단에 있어서도, 네 가지 기예(四功)를 받아들이면서 二人轉 보다는 상대적으로 아름다운 곡조와 섬세한 연기를 보여 준다.

이러한 龍江劇과 마찬가지로 二人轉을 기초로 하여 吉劇의 창조도 이루어진다. 1958년 '신극종실험소조'가 二人轉의 원로 예인들을 고문으로 하여 만들어지고 곧 그 전통 극목 《藍橋》를 《藍河怨》으로 개편하고, 뒤에 《桃李梅》를 창작한다. 동시에 길림성신극종실험극단을 만들어 장춘, 백성, 통화 등지에서 위의 두 극을 공연하여 관중들의 의견을 청취하여 1958년 정식명칭으로 吉劇을 창조한다. 이어 1961년 길림성위원회에서 희곡공작자들을 소집하여 吉劇의 발전문제를 토론하고 '不离基地, 采撷众华, 融合提炼 自成一家'(기지를 벗어나지 말고, 좋은 것들을 채집하여, 유합하고 다듬어, 스스로 일가를 이루자)의 '16자 방침'을 제시한다. 그 방침에 따라서 각 지역에서 길림으로 초청된 희곡전문가들의 조언이 이루어지고 창작 인원들은 二人轉을 비롯한 동북지역 민간예술을 학습하고 북경, 사천, 산서, 산동, 하북, 상해, 천진 등에 파견되어 희곡 학습이 이루어진다. 이러한 창조 작업은 1966년 이후 문화혁명으로 중단되다가 1976년 이후 다시 재개된다. 吉劇의 창조과정에서 만들어진 연출 극목은 100여 편을 넘지만, 고대를 제재로 한 극목은 대다수 二人轉의 전통 극목을 개편한 것이다.

吉劇도 기본 형식에 있어서 二人轉의 '一旦一丑'(한 명의 여자 배역

'늙은 여자애'와 한 명의 남성 익살꾼 '어리석은 오빠')을 계승하여 '有生(3 명의 등장인물), 旦(여자 배역), 淨(악역), 丑(익살꾼)'으로 이루어진다. 그 표현수단에 있어서도, 네 가지 기예(四功)를 받아들이면서 二人轉 보다는 상대적으로 소도구를 많이 사용하고 武場(타악기로 구성된 악대)을 강화하여 무술장면을 강화하여 보여 준다.

3.2.3 조선족집거지역에서의 지방극 공연

지금까지 살펴 본 바, 중국 동북지역의 희곡 현황과 지방극 개혁 현황에서 본다면 조선족집거지역에서 이루어진 三老人과 동시적으로 공연된 것은 신가극 《白毛女》, 공연가능성이 있는 것은 二人轉이다. 특히 새로운 연극양식 龍江劇, 吉劇의 기초가 된 二人轉는 동북지역에 가장 널리 대중화 된 민간적, 향토적인 농민극으로서 1920년 이래 동북산간벽지 지역농민들에 의해 즉흥적으로 공연되었기 때문이다. 더구나 二人轉은 1948년 동북지방극으로 정착되면서 1953년 이후 전문적인 공연단체가 대부분 시(市)나 현(縣)에서 만들어진다. 이런 의미에서 조선족문학예술사를 감안하면[33] 당시 중국 동북지역이나 조선족집거지역이 있는 농촌지역에서 이루어진 중국 지방극은 二人轉일 가능성이 가장 높다.

문제는 '동시대 동북지역의 희곡 현황' 및 '동북지역 지방극의 현황'을

33) 『中國戲曲劇种大辭典』과 『중국조선족100년문학예술대사기』를 대조하면 '건국 전 17년', 1949년 건국, 1950년에서 1953년 사이의 한국전쟁 기간 동안 조선족집거지역에서 이루어진 중국현대공연작품은 신가극 《白毛女》와 몇몇 소형가무극이 있다. 1947년 1월, 1948년 1월 길림군구정치부문공단에서 주최하여 공연한 신가극 《白毛女》는 공산당이 연안해방구에서 신가극으로 개편한 전형적인 '紅色연극'으로, 연변지역에서의 공연은 정치적 선전행위이다..

보여 주는 도표에는 동시대 조선족 공연양식 三老人이 제외되어 있다. 도표가 '1949년에서 1985년 사이 중국 각 지역, 지구에서 유행한 발전적이고 새로이 형성된 연극'[34]을 대상으로 하고 있기 때문에 1950년 1월 22일 중국 화룡현 룡수향 신민촌에서 발생한 三老人[35]은 제외되어 있다.

그러나 三老人은 1950년 1월 첫 공연 시점에서부터, 문화대혁명시기의 10년 간(1966~1976)을 '사회주의를 추화하는 형식'으로 공연 중지를 당한 것을 제외하고도, 연변 조선족집거 농촌지역에서 도시지역으로, 연변지역에서 동북지역으로, 전국으로 확산되면서 당시 동북지역에서 가장 많이 널리 공연된다.[36] 이러한 사정을 감안하다면 20세기 초 이미 동북 3성에서 널리지 퍼져 있으며, 1948년 심양, 장춘, 하얼빈 등 지역 대도시에 정착하고 1953년부터 시(市)나 현(縣)에서 전문 공연단체들이 조직되어 공연된 二人轉은 三老人과 동시대적인 공연작품인 것은 분명하다. 이에 동시기 조선족집거지역에서 같이 공연된 가능성이 있는 것은 소수민족극 三老人과 동북지방극 二人轉이다.

---

34) 『中國戲曲劇种大辭典』의 「出版說明」

35) 강련숙 편, 『중국조선족100년문학예술대사기』, p.42.

36) 부정확 통계라는 단서를 전제하고서, 그 창제자 최수봉은 三老人의 공연차수를 1950년 1월 22일 창제에서 1966년 문화대혁명 직전까지 연변연극단(1956년 1월 31일 창단) 및 화룡현예술단(1957년 3월 15일 창단)의 2500차, 화룡현예술단의 창단(1957년 3월 15일)에서 1989년까지는 4,700차로 추정하고 있다. 아울러 최명국은 「연변연극단 40년 사업보고」에서 1950년에서 1966년까지 연변연극단에서 공연한 三老人의 대본종류도 43편에 이른다고 보고하고 있다.
민병욱, 「중국 조선족 공연양식 《三老人》 연구」, 『한중인문학학연구·19』, 한중인문학회, 2006, 12쪽.

4. 결론

본고는 조선족 공연양식 三老人과 동북지역 지방극 간의 상호영향관계를 해명하기 위한 준비단계로 1951년 희곡개혁과 이를 전제로 한 동시대 동북지역 지방극의 연극사적 상황을 살펴본 바, 이를 요약하여 결론으로 삼으면 다음과 같다.

1) 三老人의 생성 및 정착 시기, 당의 희곡 정책은 희곡개혁을 당면과제로 설정하면서 그 이론 토대를 1942년 '연안문예좌담회연설', 1951년 「희곡개혁사업에 관한 지시」(關於戲曲改革工作的指示)에 두고 있다.

2) 1942년 5월 '연안문예강화'에서 제시된 희곡개혁의 당면과제는, 형식에 있어서는 '서구적인 연극을 지양하고 구극을 민족 민간형식으로 개조하거나 새롭게 창조하는 것이며, 내용에 있어서는 당시 무산계급의 생활체험인 토지개혁투쟁을 실천하는 것이다.

3) 1949년 중국인민공화국의 설립 이후 제시된 희곡개혁의 당면과제는 구극의 민족극 형식화와 현대화이다. 그 대상을 경극에서 지방극으로 넓혀 가는 것이다.

4) 1951년 「희곡개혁사업에 관한 지시」에서 제시된 희곡개혁의 당면과제는 '改戲, 改人, 改制'이다. '改戲'는 '역사적 진실과 인민의 교육에 대한 효과'를 기준으로 '가장 광범위하게 알려진 기존의 극목을 심사하여 수정하는 것'이며, '改人'은 '희곡예술인들이 정치, 문화, 업무에 관한 학습을 강화하고 자신을 제고시키는 것'이며, '改制'는 '예인들 스스로의 자각에 의한 제도의 개혁', 극단과 극장의 제도 개혁이다. '改戲, 改人, 改制'에서 본다면 희곡개혁의 궁극적인 목적은 '改戲'이며 '改人,

改制'는 그 수단에 지나지 않는다. 그 결과 희곡개혁은 '구극의 개편, 신편 역사극의 제작, 현대극의 공연'으로 나타난다.

5) 지방극의 '改戲'는 1951년 희곡개혁 공작과 1958년 지방극종 개혁 공작으로 구체화 되는 바, '그 지역의 군중들에게 영향력을 큰 극종' 민간 小戲를 대상으로 하여 '신구 극본의 수집, 기록, 간행'하는 것이며, '매년 전국적인 희곡 경쟁 공연을 한 차례 거행'하는 것이다.

6) 1956년 문예공작의 '百花齊放''의 원칙이 확립되면서 비판적 문예작품들이 생산되자, 1957년 '정풍운동' 곧 反右派 투쟁에 의하여 문예정책은 1942년의 '연안문예강화'로 회귀한다. 이어서 1958년 대약진운동이 시작되면서 희곡개혁은 '희곡대약진'의 구호로써 현대극을 연극공연의 중심축으로 삼다가 전통극과 현대극 공연을 병중하면서 1960년부터서는 '三并擧' 방침에 따라서 전통극, 신편역사극, 현대극 공연을 병중하기로 한다. 이어 1964년 강청의 「談京劇革命」 발표 이래 문화대혁명의 시기에서 様板戲(혁명본보기극)이 나타남으로써 극단화 된다.

7) 이러한 문예정책 아래서 동북지역에서 희곡개혁은 그 지역에서 널리 공연되는 된 가극 《白毛女》과 동북지역 지방극- 二人轉(1949), 龍江劇(1959), 吉劇(1961), 吉林省의 지방극 呂劇, 新城戲, 黃龍戲, 滿族新城戲, 遼寧省의 지방극 海城喇叭戲, 辽南戲, 凌源影凋戲가, 소수민족의 지방극 조선족의 唱劇, 몽고족의 阜新蒙古劇을 대상으로 하고 있다.

8) 三老人의 생성 및 정착 이전의 시기 동북지역에 공연된 중국희곡은 가극 《白毛女》이다. 이 작품은 민간전설 《白毛仙姑》의 주제인 미신타파를 '구 사회는 사람을 귀신으로 만들지만, 신 사회는 귀신을 사람으로 바꾼다.'는 것으로 바꾼 것으로서 '연안문예강화'에서 제시한 인민들의 생활내용과 민족형식을 가장 잘 실천한 것으로 평가받고 있다.

9) 三老人의 생성 및 정착 시기 동북지역에 널리 공연된 지방극은 二人轉(1949)이다. 農民戲로 시작하여 동북지역 지방희로 된 二人轉은 20세기 초에는 이미 동북 3성 및 하북, 내몽고의 일부지역에까지 퍼졌나갔다가 1948년 동북지역의 해방으로 심양, 장춘, 하얼빈 등 지역 대도시에 정착한다. 1953년 그 명칭이 공식화 되고, 1958년 전국적으로 확산되면서 현재에 이르러서는 상시 공연되는 180여 개를 포함한 300여 개의 전통 극목과 다양한 현대 극목을 가지고 있으며 중국 지방극 386 종 가운데 가장 널리 공연되는 대중적인 지방극이다. 이러한 二人轉은 동북지역 지방극을 개혁하는 기초가 된다.

10) 동시대 二人轉은을 기초로 하여 동북지역 지방극으로서 龍江劇과 吉劇이 창조된다. 龍江劇은 기본 형식에 있어서 二人轉을 계승하여 표현수단에 있어서는 상대적으로 아름다운 곡조와 섬세한 연기를 보여 준다. 吉劇도 기본 형식에 있어서 二人轉 계승하여 표현수단에 있어서는 상대적으로 소도구를 많이 사용하고 武場(타악기로 구성된 악대)을 강화하여 무술장면을 강화하여 보여 준다.

11) 중국 동북지역의 희곡 현황과 지방극 개혁 현황에서 본다면 조선족집거지역에서 이루어진 三老人과 동시적으로 공연된 것은 신가극 《白毛女》, 공연가능성이 있는 것은 二人轉이다. 특히 二人轉은 20세기 초 이미 동북 3성에서 널리지 퍼져 있으며, 1948년 심양, 장춘, 하얼빈 등 지역 대도시에 정착하고 1953년부터 시(市)나 현(縣)에서 전문 공연단체들이 조직되어 공연되었으므로 三老人과 동시대적인 공연작품인 것은 분명하다. 이에 동시기 조선족집거지역에서 같이 공연된 가능성이 있는 것은 소수민족극 三老人과 동북 지방극 二人轉이다.

끝으로 동시대 동시기 널리 공연된 조선족 설창예술의 역사적 극 장르로서 三老人과 중국 설창예술의 역사적 극 장르로서 동북지역 지방극, 특히 二人轉 간의 상호영향관계를 해명하는 문제이다.

*** 본 제 2 부의 'Ⅰ'은 「三老人시기 중국 동북지역의 연극사적 상황 연구」(『한중인문학연구·27』, 한중인문학회, 2009, 201~226쪽)를 전재한 것임.**

Ⅱ. 三老人의 장르 생성과 정착과정

1. 문제 제기

중국조선족 공연양식 三老人의 생성은 다음과 같은 상황에서 이루어졌다.

> 예술인들이 마을에 온 지도 열흘이 넘었는지라 마을사람들은 왜 한 번 《놀지 않는가?》 하고 야단들 이었다. 《논다》는 것은 뭘 좀 구경시켜 달라는 뜻이다. 사실 그 때까지만 해도 농민들은 자기들끼리 오락회를 열고 즐긴 외 다른 구경은 해본 적이 없었던 것이다. 지도부에서는 노래, 춤 등 약간한 프로들을 준비하여 농민들과 동락야회를 조직하기로 결정지었다.
>
> 그리하여 1950년 1월 22일 밤 화룡현 룡수향 신민촌정부 사무실(…)에는 백여 명이 모여 들었다. 예술인과 농민들의 동락야회가 벌어진 것이다. (…) 이윽고 한 로인(분장한 배우)이 어두운 구석에서 사람들 속을 비집고 나와서 사위를 돌아보며 큰 소리로 혼자말처럼 뇌깔였다. (…) 그러나 어쨌든 화제가 자기들의 생활이였고 《호조조를 조직하는 것이 유리한가? 아니면 대대로 하던 습관대로 제각기 제 농사를 하는 것이 좋은가?》 하는 대사였으

므로 한결같이 세 로인의 의논에 귀를 기울였던 것이다. (…) 이렇게 삼로인이란 구연의 새 형식이 세상에 나타났다. 이리하여 조선민족구연예술의 선구자이며 개척자인 최수봉, 연극연출가 원주삼, 유명한 연극, 영화배우 허창석도 삼로인배우로 이름이 나기 시작하였다.37)

인용에서와 같이 三老人은 동시대적 '호조조(互助組)의 조직'과 관련하여 중국 조선족 집단거주지역에서 생성된 공연예술양식이다. 이에 三老人의 생성에 관해서 다음과 같은 문제점을 제기할 수 있다.

첫째, '호조조의 조직'과 관련하여 생성되었다는 것은 三老人이 동시대 중국사회와 중국조선족 사회의 상황과 밀접한 연관이 있다는 것이다.

둘째, 중국조선족 집단거주지역에서 생성되었다는 것은 三老人이 동시대 조선(한국) 속의 중국조선족예술과 중국 속의 중국조선족예술이라는 이중성38)을 가지고 있다는 것이다.

셋째, 구연형식으로 생성되었다는 것은 三老人이 구연예술의 장르이행과정, 곧 즉흥적인 공연에서 대본에 바탕을 둔 창작 공연에 이르는 구비전승과 정착과정을 거칠 수 있다는 것39)이다.

---

37) 최수봉, 「제5편 구연사」, 『예술사 - 중국조선민족문화사대계 3』, 중국민족출판사, 1994, pp.701~704.(발췌 인용)

38) 중국조선족학계에서는 현 단계에서 그 이중성을 중화민족문화권 속의 중국조선족문학예술이면서 한민족문화권 속의 중국조선족문학예술로 설정하고 있다. 곧 중국조선족문학예술은 중화민족 속의 소수민족문학예술로, 한민족문학예술 속에서는 남한, 북한과 함께 '3대 산맥의 한 줄기'로 위상을 보여주고 있다고 주장한다.
전성호 외, 『중국조선족문학비평사』, 민족출판사, 2007, pp.25~28.

39) 중국학계에서는 구연예술을 설창예술이라고도 명명한다. 구연예술 혹은 설창예술이란 이야기(說 또는 講)-산문과 노래(唱)-운문을 섞어서 연출하는 연예적 성격을 가진 예술양식으로서, 희곡과 더불어 중국 공연예술을 대표하는 특징적인 민간예술 장르이다. 이러한 구연예술의 생성 및 정착과정은 일반적으로 '民间傳承文化→民间文學→民间戏曲→戏剧 혹은 曲艺'의 과정을 거친다. 이 때 곡예란 설창예술을 총

따라서 三老人은 1950년 중국동북 조선족집거지역에서 생성된 구연예술의 역사적 장르[40]로서 생성, 발전, 변화의 과정을 거치게 된다. 곧 三老人은 중국조선족 구연예술로서 역사적 장르라는 의미에서 생성, 발전, 소멸의 과정, '民間戲曲(생성)→戲劇(발전)→(소멸)'의 과정을 밟는다. 이에 본고는 三老人의 공연사회학적 상황을 통하여 그 장르의 생성과 정착과정을 살펴보고자 한다.

2. 三老人의 공연사회학적 상황

2.1 동시대 사회 상황

三老人은, 이미 확인한 바와 같이, 1950년 1월 22일 중국 동북지역 화룡현 룡수향 신민촌에서 호조조의 조직과 관련하여 처음으로 제작, 공연된다.

호조조의 조직문제는 중국의 농지개혁과 농업집단화 문제[41]에 관련이

칭하여 용어이다.
徐万邦, 祁庆富, 『中國少數民族文化通论』, 中國中央民族大學出版社, 1996, pp.219~220.
章诒和 主编, 『中国戲曲』, 文化藝術出版社, 1998, pp.29~32.
陳乂敏, 刘峻骧 主编, 『中国曲艺, 杂技, 木偶戲, 皮影戲』, 文化藝術出版社, 1998, pp.1~7.

40) 역사적 장르는 역사의 각 시기에 나타나는 장르 종으로서 역사적으로 의미심장하고 역사적으로 진실한 것으로 생성, 발전, 변화의 과정을 밟는다. 그 과정에서 역사적 장르는 더 하위 장르(subgenre)로 분화되거나 양식화(mode) 되는 것의 두 방향으로 전개된다. 양식화란 역사적 장르의 어떤 요소가 새롭게 생성된 역사적 장르의 한 요소가 되는 것을 뜻한다. 이런 의미에서 양식이란 선행 장르의 계승자이다.
R.L.Colie, *The Resources of Kind*, University of Califormia Press, 1973, pp.2, 55.
徐万邦, 祁庆富, 『中國少數民族文化通论』, p.219.

있다. 중국은 1940년대 후반기에서부터 시작하여 1950년과 1952년 사이에 토지개혁을 완수한다. 곧 1947년 '중국토지법대강', 1950년 6월 '중화인민공화국토지개혁법'이 제정, 공포되고 '농민협회조직통칙' 및 '농촌계급성분구분에 관한 정무원의 결정'이 발표된다. 이러한 토지정책은 '耕子有其田(경지를 경작하는 자가 그 경지를 소유한다)'의 원칙 아래 농민협회에서 농민계급(地主, 富農, 中農, 貧農, 雇農)을 기준으로 하여 농민가족(戶)이 아니라 개별 농민에게 토지를 분배한다. 그 분배의 결과, 빈농은 토지를 경작할 농기구, 역축(馬匹), 자금 등 생산수단을 갖추지 못함으로써 오히려 토지를 상실하게 되고, 부농은 토지를 더 많이 소유함으로써 빈농 및 고농을 고용하여 농민 간의 계층분화가 심화된다. 예컨대 1952년 말 중국동북 요녕성 농촌 通化지구에서 농가의 65.5%가 경작에 필요한 역축이 없다는 빈농의 경제적 곤란이 보고되기도 한다.[42] 이에 1951년 12월 '농업생산호조합작에 관한 결의'를 공포하여 중국은 중농과 빈농 간의 농업집단화운동[43]을 '호조조'로 공식화 한다.

---

41) 鄭址鎬, 「中國 합과의 現代史的 展開」, 『中國學報·45』, 한국중국학회, 2002, 329~347쪽.
최병윤, 「중국공산당의 토지개혁에 관한 연구」, 서강대학교 공공정책대학원 석사논문, 2001, 85~93쪽.

42) 鄭址鎬, 「中國 합과의 現代史的 展開」, 주9).

43) 당시 중국에서는 농민계급을 토지소유의 유무, 농구 소유의 유무, 노동력의 고용/피고용에 의해서 구별한다. 이에 따라서 농민계급은 地主, 富農, 中農, 貧農, 雇農으로 나뉜다. 이 가운데 호조조 조직의 기본 축은 중농과 빈농이다. 중농은 토지소유의 유무와 관계없이 상당한 농구를 소유한 농민으로서 농사의 전부 혹은 중요 부분을 자신의 노동에 의존하며 타인의 노동을 고용하지도 않고 피고용되지도 않는다. 빈농은 토지와 농구를 소유하지 않거나 소유하더라도 매우 적어서 일반적으로 소작인으로 생활하는 농민이다. 이러한 중농과 빈농 간의 결합은 호조조가 중농의 토지 및 농구와 빈농의 노동력 간의 공동협력에 의한 농업생산체제임을 뜻한다.
김진경, 「건국초기 중공의 토지개혁(1950~1952)」, 『中國史研究·25』, 중국사학회, 2003, 171~204쪽.

호조조[44]는 중농과 빈농을 중심으로 대략 6~10호의 농가로 조직되며, 개별 농가는 토지 및 기타 재산권에 대한 개별적 소유권을 유지하면서 농기구, 역축 등에 공동출자하여 공동경작을 하는 개별 농가들의 협조체이다. 곧 호조조는 개별 영농을 기본으로 하여 중국 농촌의 전통적인 공동체적 협동방식을 조직화 한 것이다. 이러한 호조조는 1951, 1952년 사이에 형성되어 1954년에는 절정에 달한다.

호조조의 조직문제는 중국 동북지역, 특히 조선족집거지역에서도 가장 중요한 당면과제였다. 三老人이 처음 제작, 공연된 화룡현도 예외는 아니다. 화룡현은 연변조선족자치주 속에 있는 현으로서 1930년 이후 이주민들이 개별적으로 모여들어서 형성된 산간벽지 농촌이다.[45] 이러

---

44) '호조조'에 관해서는 특별한 언급이 없는 한, 다음 논문을 참고로 함.
김정재, 「초기 중국 농촌인민공사의 성격 연구」, 이화여자대학교 대학원 석사논문, 1993.
이상준, 「中共의 農業組織 變遷과 人民工社」, 『經濟硏究 · 1』, 홍익대 경제연구소, 1984, 51~76쪽.
최재원, 「中共의 農業開發政策」, 『統一問題硏究 · 12』, 영남대학교 통일문제연구소, 1986, 147~169쪽,

45) 중국 조선족 마을에는 이주민들이 개별적으로 모여서 형성된 마을과 1930년대 후반 집단이동에 의해서 형성된 마을이 있다. 앞의 경우는 대체로 연변지역이며 도문, 훈춘, 용정에 집중되어 있는 반면, 뒤의 경우는 대체로 연변지역 이외의 길림성, 흑룡강성, 요녕성 지역이며 안도, 돈화, 화룡 등에 집중되어 있다. 이 가운데 화룡현은 1930년대 이후 집단이주자가 아닌 개별 이주자들에 형성된 마을로서 산간벽지 농촌마을이다. 1941년 연변 조선족의 직업구성(농업종사자 68.3%, 공업 및 건축노동자 5.2%, 상업종사자 4.4%, 접객업종사자 3.7%, 공무 및 자유직종사자 3.7%, 기타 자유직종사자 3.9%, 가사고용인 2.9%, 임업과 축산업종사 1.6%, 문화예술인 01.%)에서 본다면 산간벽지마을 화룡현에는 무엇보다도 농업종사자의 비율이 훨씬 높았을 것으로 짐작된다. 참고로 덧붙인다면 현재 조선족자치주는 연길시, 용정시, 도문시, 훈춘시, 돈화시의 5개 시와 화룡현, 안도현, 왕창현의 3개 현으로 구성되어 있다. 1930년대 이후 형성된 조선족마을 가운데 연변조선족자치주가 성립되면서 돈화는 시로 승격한 반면 화룡은 여전히 현으로 남아 있다. 이런 의미에서도 화룡현은 여전히 산간벽지 농촌마을임을 확인할 수 있다.

한 농촌마을에서 가장 중요한 생존의 조건은 토지이며, 그 조건의 충족은 1947년 중국공산당의 토지개혁으로 이루어진다. 연변지역에서의 토지분배[46]는 공산당의 지침에 따라서 인구수에 따라서 평균 분배를 하여 화룡현을 포함한 조선족 농민들은 소작농에서 일시에 자작농으로 변신하게 된다. 당시 토지를 분배받은 조선족 농민들은, 1945년과 1949년에 이르는 이른바 '해방전쟁'(중국 공산당과 국민당 간의 내전)으로 인하여 부족해진 노동력을 조선의 두레나 계와 유사한 협동조직으로 결의조[47]를 만들게 된다. 그 결의조는 1951년 12월 중국 공산당의 지시로 호조조로 대체된다.

> 호조조는 공산당의 적극적인 지시 아래 조직되었지만 전 연변에서 동시에 조직된 것은 아니고 당의 지시가 잘 전달되는 곳에서 우선적으로 조직되었다고 한다. (……) 호조조의 구성은 1개 조당 3~4호 정도이며 많아야 10호를 넘지 않았다고 하는 것으로 봐서 극히 일부의 조선인들만이 호조조에 가

한상복, 「중국 연변 조선족의 생활상」, 『동아시아연구논총 · 3』, 제주대학교 동아시아연구소, 1992, 9~66쪽.

46) 당시 연변지역의 토지분배 현황을 보면 호당 평균면적 및 인구당 면적은 안도현이 1.89ha 및 0.58ha로 가장 높았고 화룡현이 1.08ha 및 0.24ha로 가장 낮았다.
김병철, 「중국 연변 조선족의 정착과정에 관한 연구」, 한국교원대대학원 석사논문, 1997, 47~48쪽.

47) 1947년 토지개혁이 이른바 '해방전쟁' 기간에 있었고, 이미 항일투쟁에 적극적으로 참여한 조선족이 그 전쟁의 의미를 토지소유권을 지키는 것으로 인식하여 참전했다는 점에서 조선족농민에게 농업노동력이 부족하다는 것은 짐작할 수 있다. 이에 관련하여 상호농업노동력을 빌려주는 결의조에 관한 실제 사례는 화룡현 연안촌에서 보고된 바 있지만 그 조직이 화룡현이나 연변지역 전체에 걸쳐서 실제화 되었을 가능성은 충분하지만 그 실체는 아직 불분명하다.
김병철, 「중국 연변 조선족의 정착과정에 관한 연구」, 40쪽.
허기영, 「일제시기 중국 동북지역 조선농민의 이주 및 항일투쟁」, 울산대학교 교육대학원 석사논문, 2006, 29~35쪽.

입했음을 알 수 있다.

호조조가 조직된 1년 후 당의 지시로 호조조는 1개로 통합되게 되었다. 이를 마을에서 보랑조라고 불렀다. (……) 호조조와 보랑조는 개인 경영의 원칙 아래 공동노동을 통해 부족한 농업노동력과 농기구, 축력 등을 보충하는 이점이 있었으나 조선인들의 참여는 극히 저조하였다.[48]

인용에서 화룡현 연안촌의 사례와 같이 동시대 중국 동북 조선족집거지역에서 가장 중요한 당면과제는 호조조의 조직이며, 조선족의 참여를 독려하는 것이다. 이에 그 선전도구로서 三老人이 생성하게 된다.

2.2 동시대 공연상황

三老人이 처음 공연된 1950년은 이른바 '건국후 17년'[49]에 속하며 이 시기를 지배하는 중국의 문화예술정책은 1942년 5월 연안정풍운동 기간 중 모택동이 발표한 '연안문예좌담회연설(在延安文藝座談會上的講話)'[50]이다. '문예강화'는 중일전쟁기간 중 중국공산당해방구에서 이른바 삼풍운동(주관주의적 학풍, 종파주의적 당풍, 당 8服의 문풍)과 함께 시작된 연안문예정풍운동[51]이다.

48) 김병철, 「중국 연변 조선족의 정착과정에 관한 연구」, 40~41쪽.
49) '건국 후 17년'은 1949년 중화인민공화국의 건국에서 1966년 문화대혁명 직전까지의 시기이다. 중국조선족학계에서는 당대 역사를 일반적으로 '건국 후 17년'(1949~1966), 문화대혁명시기(1966~1976), 개혁개방시기(1977~)로 구분한다.
50) 毛澤東, 『毛澤東選集』, 中國人民出版社, 1966, p.833.
51) 문예강화와 삼풍운동, 연안문예정풍운동에 관해서는 특별한 언급이 없는 한 다음의 논저를 참고로 함.
백정희, 김상원, 『중국 현·당대문학의 이해』, 한국학술정보, 2003, 107~110쪽.
조영규, 『20世紀 中國 프로文學』, 인하대학교출판부, 2001, 224~255쪽.

'문예강화'는 '引言'과 '結言'으로 짜여져 있다. '引言'에서 '무산계급 문학의 작가는 유물변증법자로서 당, 당성, 당 정책의 입장에 서서 무산계급 속에서 직접 체험하여 무산계급에게 이해되고 이익되는 것을 써야 한다'는 것을 제기하고 있다. '結言'에서 '문예는 기본적으로 노동자(工), 농민(農), 인민무장대오(兵), 도시소자산계급 및 노동대중과 지식인들을 위한 것이어야 하며, 보급도 역시 工, 農, 兵에게로의 보급이며 제고도 역시 工, 農, 兵으로부터의 제고이다'라고 강조하고 있다. 곧 '문예강화'는 문예의 무산계급혁명을 위해서 봉사해야 한다는 것을 전제로 하여 그 내용으로 무산계급의 생활체험을, 그 형식으로 중국민족문예형식을 담아내어야 한다는 것을 강령으로 하고 있다.

특히 '문예강화'에서 형식문제는 '중국문화는 자기의 형식을 가져야 한다'는 의미에서 민족형식인 바, 연극에 있어서는 서구적인 연극을 지양하고 구극을 민족 민간형식으로 개조하거나 새롭게 창조하는 것[52]이다. 그 결과 당시 공연예술은 다음과 같은 변화하게 된다.

> 첫째, 동시대 문예종사자들이 적후로 농촌으로 들어가서 工農兵의 영웅형상을 가진 연극작품을 생산, 공연하게 된다.
>
> 둘째, 동시대 문예종사자들은 민족 민간형식을 이용하거나 정리, 개조하여 연극의 민족화 대중화를 통해서 구희곡, 구극 및 지방극의 개조, 개혁과 新秧歌운동을 집중하게 된다.
>
> 셋째, 동시대 문예종사자들은 농촌과 군대에서 스스로 편찬한 작품들을 가

이윤아, 「모택동의 《문예강화》 연구」(석사논문), 인하대학교 교육대학원, 2002.2, 11~22쪽.

52) 陳白塵 · 董健 主編, 한상덕 역, 『中國現代戲劇史』, 한국문화사, 1966, pp.515~516.

지고 공연단체를 결성하여 공연활동을 강화함으로써 문예의 사회적 기능에 대한 직접성과 실용성을 보여 주게 된다.

넷째, 이러한 연극의 성과는 동북지역 해방구에서 가장 큰 실적을 올리는 바, 그 실적은 토지개혁운동과 보조를 같이하여 연극종사자들은 토지개혁투쟁을 실천하는 한편 군중들과 결합하여 공연활동을 고조시킨다.[53]

당시 공연예술계의 이러한 상황에서 가장 중요한 과제는 희곡개혁문제이다.

희곡개혁[54]은 三老人이 처음 공연된 다음 해 1951년 정무원에서 「희곡개혁사업에 관한 지시」(關於戲曲改革工作的指示)를 발표함으로써 구체화 된다. 그 지시는 '지방극으로 현대생활을 포현하고, 지방극을 현대극으로 발전시켜야 한다'고 강조하고 있다. 이에 따라서 1951년 희곡개혁의 원칙으로 '百花齊放 推陳出新'의 방침이 정해지면서 '구극의 개편, 신편역사극 제작, 현대극 공연'으로 1956년 전통극의 발굴 및 정리를 통한 공연화 작업으로 이어진다.[55]

---

53) 陳白塵 · 董健 主編, 『中國現代戲劇史』, pp.515~519.

54) 이에 관해서는 특별한 언급이 없는 한, 다음 논저를 참고로 함.
김학주, 『중국의 희곡과 민간연예』, 明文堂, 2002, 378~409쪽.
부효항, 이용진 , 『中國戲曲理論史』, 중문출판사 , 1999, 501~514쪽.
김명학, 「20세기 중국 전통희곡의 계승과 개혁」, 『中國學論叢(11)』, 2001, 한국중국문화학회, 1~33쪽.
김향란, 『樣板戲 硏究(박사논문)』, 전남대교 대학원, 2001.8, 13~32쪽.

55) 이어서 희곡개혁문제는 1958년 대약진운동시기에는 '희곡대약진'의 구호로써 현대극을 연극공연의 중심축(以現代劇目爲綱)으로 삼다가 전통극과 현대극 공연을 병중(兩條腿走路)하면서 1960년부터서는 '三并擧' 방침에 따라서 전통극, 신편역사극, 현대극 공연을 병중하기로 한다. 이어 1964년 강청의 「谈京剧革命」 발표 이래 문화대혁명의 시기에서 样板戏(혁명본보기극)이 나타남으로써 극단화 된다.
김향란, 『樣板戲硏究(박사논문)』, 26~32쪽.

희곡개혁에 관한 이러한 문예정책은 1958년 10월 동북삼성협작구 제4차 회의에서 '동북의 문화를 번영, 발전시키 위해 자기 지방의 연희를 풍부하게 창작해야한다.'하는 결의에 따라서 동북지역 지방극[56]에서도 그대로 실행된다. 그 결과, 동북지역에 널리 유포된 구연예술 二人轉을 기초로 하여 1959년 흑룡강성 지방극으로서 龍江劇, 1961년 길림성지방극으로서 吉劇이라는 새로운 극 형식[57]이 창제된다.

반면 동북 조선족집거지역에서 1950년 생성된 三老人은 중국 지방극이 아니라 중국 소수민족의 설창예술[58]로 규정되어 있으므로 희곡개혁의 대상 범주에 속하지 못하고 그 자체적으로 제작, 공연이 이루어진다. 그 공연은 적어도 1980년대까지 연변지역을 중심으로 중국 동북 조선족집거지역에서 가장 많이 널리 이루어진다.[59]

56) 중국 동북지역에서 유행되는 지방극에는 『中國戲曲劇种大辭典』(上海辭書出版社, 1995)의 「遼寧省戲曲劇种分布圖」(p.315), 「吉林省戲曲劇种分布圖」(p.336.), 「黑龍江省戲曲劇种分布圖」(p.356.), 「中國戲曲劇秧流行地區一覽表」(pp.1661~1668.)에 근거하면 京劇, 平劇, 河北梆子, 二人轉, 吉劇, 呂劇, 唱劇, 新城戲, 黃龍戲, 滿族新城戲, 海城喇叭戲, 辽南戲, 凌源影凋戲, 阜新蒙古劇, 龍江劇 등이 있다.

57) 二人轉은 민간적, 향토적인 농민극으로서 1920년 이래 동북산간벽지 지역농민들에 의해 즉흥적으로 공연된 구연예술이다. 이러한 二人轉은 1949년 동북지방극으로 규정되고 이를 바탕으로 한 龍江劇은 1959년, 吉劇은 1961년에 동북지방극으로 규정된다.
『中國戲曲劇种大辭典』의 「二人轉, 龍江劇, 吉劇」 항목,

58) 중국에서는 三老人을 중국 소수민족의 설창예술로 규정하고 있는 바 주3)과 같다.

59) 민병욱, 「중국 조선족 공연양식 《三老人》 연구」, 『한중인문학연구·19』, 한중인문학회, 2006, 12쪽.

3. 三老人의 장르 생성과 정착과정

3.1 준-극적 담화형식으로서의 一老人

중국조선족의 三老人은, 그 창제자 최수봉, 홍성도, 원주삼에 의하면 1950년 1월 22일 중국 동북연변지역 화룡현 룡수향 신민촌정부 사무실에서 '구연의 새로운 형식'[60]으로 첫 공연이 시작된다. 곧 三老人은 '구연 형식'이면서 역사의 특정한 시기 및 지역에서 나타난 역사적 장르가 된다. 구연형식으로서 三老人은 구연예술에서 공연예술로의 전이과정, 곧 '民間戲曲→戲劇' 과정을, 역사적 장르로서 三老人은 생성, 발전, 소멸의 과정을 거칠 수밖에 없다.

三老人의 생성은 다음과 같이 이루어진다.

> 농촌 로인들의 실제 정황을 보면 그 집안의 어른이며 호주로서 가부장제의 유습이 비교적 심하였다. (……) 로인들의 일반적인 공통성이 (……) 자기보다 아는 것이 많은 이른바 유식한 사람들의 말은 곰상곰상 잘 듣는다는 걸 알게 되었다.
>
> 당시 (……) 김룡백, (……) 홍성도 등은 (……) 점잖고 유식한 70고령(……)의 백발로인으로 분장하고 (……) 우선 상대방 로인들게 점잖고 유식한 분이란 인상을 준다. 그리고는 차츰 우리 사는데 호조조정황은 어떠어떠한데 여기 정황은 어떤가 하는 식으로 착수하여 당에 대한 인식, 인민정부의 호소를 어떻게 대할 것인가, 호조조는 어째 잘 꾸려야 하는가 등등을 의

60) 최수봉, 「제 5편 구연사」, p.704
홍성도, 「《삼로인》에 대한 소감」, 『문학과 예술』(1983년 3기), p.28.

론하면서 선전교육을 진행한다. 그 당시 농촌에는 전기가 없었음으로(……) 그 로인들은 대방이 수염을 단 청년이란건 모르고 《예, 그렇습니다. 그렇지 않구》 하고 자기들의 잘못된 생각을 뉘우치기도 하고 머리를 끄덕여 찬동을 표시하기도 한다. (……) 어떤 로인들은 그 자리에서 자기의 그릇된 사상을 검토하기까지 하였다. 이것이 바로 《일로인》 시대이다.[61]

《일로인》 은 역사적 장르로서 三老人이 형성되기 이전에 발생한 담화형식이다. 그 담화는 '당시 농촌 노인들의 실제 정황'을 먼저 인식하고 행해진다는 점에서 우발적인 담화가 아니라 계획적인 담화이며, 그 담화의 주제가 '호조조에 대한 선전교육'이라는 점에서 상대적 담화가 아니라 절대적 담화이다.[62] 아울러 그 담화가 '점잖고 유식한 70고령(……)의 백발로인으로 분장' 한 주체와 '동네 로인들'이라는 객체 간의 쌍방적인 소통방식이면서 객체에 대한 주체의 호소를 직접적으로 전달하려는 단정적인 소통방식이다. 그 담화는 '호조조'라는 설정된 비전을 직접적으로 호소하는 단정적 담화이며 객체를 가면(분장)의 주체로 만들려는, 주체화 하려는 정치적 담화이다. 이런 의미에서 《일로인》 은 설정된 비전을 객체에게 직접적으로 호소하는 준-극적 담화형식[63]이다.

---

61) 홍성도, 원주삼, 「연변조선족연극운동에 대한 회고」, 『도시+농민=?』(김재석 편), 연극과 인간사, 2005, pp.302~304.(발췌인용)

62) 절대성 담화와 상대적 담화, 계획적 담화와 우발적 담화는 담화에 있어서 권력과 지식의 관계를 분석한 Foucaults의 이론을 빌려 온 것이다. 그는 특정 담화가 절대적 권력을 위한 계획적인 담화로 이루어지는 것을 절대적, 계획적 담화라고 하고 그렇지 않는 경우를 상대적 우발적 담화라고 한다.
M.Foucaults, 이규현 역, 『성의 역사 1- 앎의 의지』, 나남출판사, 2004, pp.145~146.

63) 본고에서 사용되는 양식 및 이에 관련된 용어들과 그 분류방식은, 특별한 언급이 없는 한, 다음에 근거하고 있다.
P.Hernadi, 김준오 역, 『장르론』, 문장사, 1983, pp.186~203.

3.2 극적 담화양식으로서의 2인 즉흥극

준-극적 담화형식으로서 《일로인》에 이어 제작, 공연되는 것은 '2인 즉흥극'이다.

> 그 후 《일로인》이 발전되어 즉흥극으로 되었는데 때론 아버지와 딸, 때론 아버지와 아들로 출연되기도 하였다. 그 례로는 화룡현 광성구 룡해촌에서 처음으로 《로인회》를 성립하는 회의에서 (…) 리량옥 동무와 홍성도 동무가 아버지와 딸로 분장(실제는 화장도 하지 않았고 입은 옷 그대로 출연하였다)하고 나가 연출하였으며 연변대학 의학계 특과 졸업식에 참가하였다가 (…) 허창석 동무와 홍성도가 아버지와 아들로 분장하여 즉석에서 출연한 그 내용은 자기 아들이 의학계를 졸업하면서 시내에 잡아두려는 아버지의 의사를 거역하고 항미원조전선에 지원해 나가는 것이었다는 것 등이다.[64]

인용에서 '2인 즉흥극'은, 《일로인》과 마찬가지로 설정된 비전('로인회의 성립, 항미원조전선에의 지원')을 주체가 객체에게 전달하려는 절대적, 계획적 담화형식이다. '2인 즉흥극'도 《일로인》과 마찬가지로 정치적 담화이다.

그러나 설정된 비전을 객체에 대한 주체의 직접적 단정적인 호소가 아니라 '아버지와 딸', '아버지와 아들'로 위장하여 전달하려는 의미에서, 그 담화는 위장된 역할들의 대화 속에서 그 비전을 전달하는 주제적 진술형식이며, 위장 역할을 통한 간접적 전달형식이다. 간접적 전달형식

64) 홍성도, 원주삼, 「연변조선족연극운동에 대한 회고」, p.304.(발췌인용)

을 취하고 있으므로, '2인 즉흥극'은 주체와 객체 간의 쌍방적인 소통방식이 아니라 주체와 객체가 분리된 일방적 소통방식으로서 주체의 새로운 역할과 재현된 행위가 객체에게 제시된다. 곧 설정된 비전을 극 속의 주제적 진술과 행위의 재현으로서 제시하려는 간접적 전달형식이라는 점에서 '2인 즉흥극'은 《일로인》 보다도 훨씬 더 극적인 것이며, 극적인 담화양식[65]이 된다.

따라서 '2인 즉흥극'은 《일로인》의 절대적 계획적 담화형식을 이어받은 정치적 담화이지만 새로운 역할을 기능하는 주체들 간의 주제적 진술과 재현적 행위가 객체에게 제시되는 형식이다. 곧 '2인 즉흥극'은 《일로인》의 준-극적 담화형식을 역할놀이와 극적 대화 속의 주제적 진술을 통하여 극적 담화양식으로 바뀐 결과이기도 하다. 이런 의미에서 '일노인의 역할, 분장, 동네노인과의 대화'가 '역할놀이, 분장, 역할들 간의 대화'로 전환되면서 《일로인》은 '2인 즉흥극'으로 극적 담화양식화[66]가 이루어진다.

---

65) 극의 본질을 행위의 재현 혹은 행위의 대화적 재현으로 보는 것은 장르론, 특히 구조론적 장르론의 일반화된 견해이다. 이러한 견해에 따르면 극은 변장된 인물의 행위에서 탄생하는 것이다. 아울러 본고에서 극적이란 극 속의 주제적 진술에 의한 행위의 재현이며, 극적 담화양식이란 그러한 주제적 진술이 극적으로 양식화 된 담화형식을 가리킨다.
P.Hernadi, 『장르론』, pp.186~203.

66) 역사적 장르 三老人이 형성되는 첫 형식이라는 점에서 《일로인》도 역사적 장르의 작은 갈래(kind)이다. 작은 갈래는 더 작은 갈래(subgenre)로 분화되거나 양식화(mode) 되는 것의 두 방향으로 전개된다. 양식화란 작은 갈래의 어떤 요소가 새로 탄생한 작은 갈래의 한 요소가 되는 것을 뜻하며, 양식이란 선행 장르의 계승자이다. 이런 의미에서 '2인 즉흥극'은 《일로인》의 계승자이다.
A.Fowler, *Kinds of Literature*, Clarendon Press, 1982, p.55.

3.3 민간극으로서의 三老人

극적 담화양식으로서 '2인 즉흥극'에 이어 제작, 공연되는 것은 三老人이다.

> 이러한 경험(《일로인》 및 '2인 즉흥극' ; 인용자)을 토대로 하여 (…) 원주삼, 최수봉, 허창석, 문의평, 홍성도 등이 모여 정식으로 호조조내 모순을 해결(…)하는 것을 내용으로 한 《삼로인》을 꾸미고 그 후 어느 곳에 가면 그곳 정황을 료해하여 《삼로인》을 만들었는데 그 수집된 자료에 근거하여 적극분자(그 당시엔 적극분자는 일반적으로 좌상이고 점잖고 꽤 유식한 것으로 정하는 것이 상례였다), 중간분자(처음엔 락후분자의 말에 장단 맞추다가 차츰 적극분자쪽에 기울어지며 락후분자와 대립된다), 락후분자(외고집통으로서 자기말만 자기말이라고 우기다가 나중에 적극분자의 도리에 설복된다)를 설정해서 공연하였다.[67)]

인용에서 三老人은, '2인 즉흥극'과 마찬가지로 설정된 비전('호조조내의 모순 해결')을 주체가 객체에게 전달하려는 절대적, 계획적 담화형식이다. 三老人도 '2인 즉흥극'과 마찬가지로 정치적 담화이다.

그러나 '2인 즉흥극'이 '노인회의 성립, 항미원조전선에의 지원'이라는 설정된 비전이 있다면 三老人은 '호조조내의 모순 해결'이라는 단일한 비전을 가지고 있다. 그 공통점은 '2인 즉흥극'과 三老人이 그 비전을 주체와 분리된 객체에게 재현적 행위로써 제시한다. 그 차이점은 '2인 즉흥극'이 비전을 미리 설정하고 이에 맞추어서 극적 양식을 만든다면,

---

67) 홍성도, 원주삼, 「연변조선족연극운동에 대한 회고」, p.304.(발췌인용)

三老人은 이미 설정된 비전과 설정된 양식을 가지고 있다. 곧 '2인 즉흥극'이 역할놀이와 극적 대화 속의 주제적 진술을 통하여, 三老人은 '적극분자, 중간분자, 낙후분자'의 역할 설정과 그 역할들 간의 차이를 통하여 그 비전을 제시하는 양식이다.

三老人에서 '적극분자, 중간분자, 낙후분자'의 역할 설정은 '점잖고 꽤 유식한 것, 중립적인 것, 외고집통', 곧 '점잖고/(점잖지 않고), 유식/(무식), (융통성)/외고집통'과 같이 앎의 범위 및 정도, 성격적 차이의 문제일 뿐이다. 그 차이에 의하여 '적극분자, 중간분자, 낙후분자'로 설정한 것은 '호조조 모순 해결'에 대한 '적극적, 중간적(혹은 유보적), 낙후적(혹은 소극적)' 태도 및 시각의 차이를 기준으로 하여 등장인물을 유형화한 것[68]이다. 이 때 '적극분자, 중간분자, 낙후분자'는 공격적 행위나 적대적 행위로써 갈등하는 지배/피지배관계가 아니라 상호 동등한 대화체적 상황 속에서 시각적 차이를 보여줄 뿐이다. 이에 三老人은 '2인 즉흥극'의 역할관계를 '적극분자, 중간분자, 낙후분자'의 역할 설정과 그 역할들 간의 시각적 차이로 제시하는 바, 그 관계를 도식화 하면 <표 1-三老人 등장인물들의 결합구도>와 같다.[69]

68) 등장인물의 유형화는 그 창제자에 따라서 개명형 인물, 동요형 인물, 보수형 인물로 명명하기도 한다.
최수봉, 「제5편 구연사」, p.707.

69) 등장인물의 결합구도란 줄거리 속에서 특정한 역할을 수행하는 인물들의 상호관계를 구조화하기 위해서 H.Lausberg가 기술한 모델이다. 이 모델은 등장인물의 결합구도를 통하여 전체 줄거리의 구도, 나아가서 작품이 지향하고자 하는 의미를 드러낼 때 유용하다. 아울러 본 도식에서 적용한 용어의 개념들은 다음과 같다.
① 목표지향력(F.O) : 목표지향력이란 한 인물의 내면에 구체화 되어 있으면서 하나의 목표를 향하여 지향이 되어 있는 정념적인 욕구 혹은 욕망이다.
② 소원의 대상(Bs) : 소원의 대상이란 목표지향력에 의해서 추구되는 대상으로서 등장인물일 수도, 비인격적인 사물일수 있다.
③ 소망을 품은 자(Os) : 소망을 품은 자란 목표지향력을 사용하여 소원의 대상을 갈

<표 1>에서 결합관계는, 1) 적극분자와 낙후분자가 호조조 내의 모순을 적극적 해결과 소극적 해결로 서로 시각적 차이를 보여주고 있다는 이야기, 2) 중간분자는 낙후분자에서 적극분자로 지지를 바꾸어 간다는 이야기, 3) 적극분자에 의해서 낙후분자, 중간분자가 모순해결로 화해한

〈표1- 三老人 등장인물들의 결합구도〉

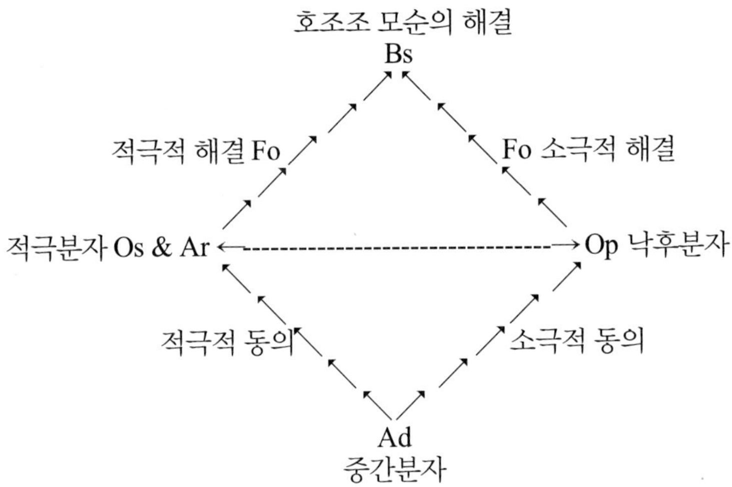

구하는 인물이다.

④ 적대자(Op) : 적대자란 소망을 품은 자의 목표지향력에 거역하거나 소원 대상을 소유하려고 애쓰는 소망을 품은 자를 방해하는 인물이다.

⑤ 상황의 최고 세력자(Ar) : 상황의 최고 세력자란 소망을 품은 자와 적대자 간에 빚어지는 갈등 해결의 결정권을 쥐고 있는 자로서, 한 인물 속에 다른 역할과 함께 결합되어 나타나는 경우도 있다. 즉 상황의 최고 세력자가 소망을 품은 자일 경우는 소원의 대상을 성취할 수 있지만, 적대자일 경우는 성취할 수 없다.

⑥ 조력자(Ad) : 조력자란 다른 등장인물들 가운데 한 사람과 이해를 같이하는 인물이며, 소망을 품은 자, 소원의 대상, 적대자, 상황의 최고세력자와 언제든지 결합할 수 있는 인물이다.

민병욱, 『현대희곡론』, 삼영사, 2006, 222~223쪽.

다는 이야기로 서사화 된다. 곧 三老人은 적극분자, 낙후분자, 중간분자 간의 결합관계를 '시각의 차이 → 쟁론 → 화해'의 서사적 구성[70]으로 만들고 있다.

이러한 서사적 구성을 극의 기본 줄거리로 하여 三老人은 공연 장소 '어느 곳에 가면 그곳 정황을 료해하여 그 수집된 자료에 근거하여 '공연하게 된다. 三老人은 창작대본에 바탕을 둔 것이 아니라 '적극분자, 낙후분자, 중간분자' 간의 시각 차이와 화해과정을 공연대본의 기본 줄거리로 공연하게 된다. 그 공연과정에서 '서로 쟁론하다가 줄거리를 탈선하는 폐단'이 많고 '이야기줄거리를 작은 종이쪼박에 써서 앞에 놓고 쟁론하다가도 어느 한 사람이 달아나게 되면 서로 일깨우며 계속 엮어 내려가게 된다.'[71] 이런 의미에서 三老人은 '인쇄된 텍스트(희곡작품 Drama) → 수행자텍스트(공연대본Scripts) → 시각적 텍스트(연극공연

70) 이런 의미에서 三老人의 사건전개는 연대기적 시간의 질서로 이루어지고, 그 사건의 이념적 배경을 끊임없이 암시하고 있다. 곧 三老人에서 전경은 시간적 경과에 의한 사건전개이며, 후경(혹은 배경)은 호조조의 조직이다. 본고의 < 2. 三老人의 공연 사회학적 상황》에서 본다면 호조조의 조직은 중국공산당에 의해서 강제화된 이념이므로, 동시대 사회는 그 이념을 반대하거나 거부할 수 없다. 단지 동시대 사회는 그 이념을 수락하는 것을 전제로 하여 그 이념 자체가 아니라 수락에 관련된 문제들에 대하여 의견의 차이를 보여줄 수 있을 것뿐이다. 이런 의미에서 三老人의 세 노인들은 갈등관계에 있는 것이 아니라 독특한 개성, 성격의 차이에 의해서 나타나는 시각의 차이만 있을 뿐이다. 예컨대 1980년 2월에 최초로 발간된 삼로인 작품선집 『웃음소리』에 수록된, '1950년대 초에 한 구두연출에 의하여 정리'된 그 첫 공연작품 《회의로 가는 길》에서도 확인할 수 있는 것은 '적극분자와 낙후분자 간의 만남→ 성격적 개성적 차이 및 객관사물에 대한 인식의 차이에 의한 쟁론→ 화해'의 서사적 구성으로 이루어져 있다는 것이다.
민병욱, 「중국 조선족 공연양식 《三老人》 연구」, 13~21쪽.

71) 아울러 이런 즉흥극 공연형식은 '룡해의 한 부락에서 연출할 때 그 동네 로인이 《삼로인》이 진짜 로인으로 잘못 알고 함께 끼여 앉아 쟁론하는 바람에 《4로인》이 되어 대폭소가 터졌다'와 같은 에피소드를 남기기도 한다.
홍성도, 원주삼, 「연변조선족연극운동에 대한 회고」, p.305.

Theatre)'로서가 아니라 '수행자텍스트 → 시각적 텍스트'로서 텍스트전환과정[72]을 거친다. 이 때 三老人은 수행자텍스트로서 전승되는 민간극[73]이 된다.

지금까지 살펴 본 바와 같이 三老人은 절대적 계획적 담화형식을 이어받은 정치적 담화이지만 '적극분자. 중간분자, 낙후분자'라는 역할을 설정하고 그 역할들 간 시각의 차이와 화해관계를 서사적 구성으로 객체에게 제시하는 형식이다. 곧 三老人은 '2인 즉흥극'의 극적 담화양식에서 인물들 간의 지배/피지배 관계를 본질로 하는 공격적 적대적 행위의 갈등이 아니라 인물들 간의 앎의 범위 속에서 시각적 차이를 본질로 하는 극 양식[74]으로 전환된다. 이런 의미에서 '역할놀이, 분장, 역할들 간의 대화'가 '그 역할들 간의 대화체적 상황, 그 상황 속에서의 시각 차이 →쟁론 → 화해의 서사화'로 이어지면서 '2인 즉흥극'은 민간극 三老人으로 정착된다.

---

72) 민병욱, 『현대희곡론』, 36~38쪽.

73) 이 때 민간극이란 설창예술의 전승과정, 곧 '民間傳承文化→民間文學→民間戲曲→戲劇 & 曲藝' 과정 가운데서 대본이 없이 민간적, 지방적 색채로 공연되는 즉흥극 형식이다. 이것은 중국 설창예술의 전승과정 가운데 민간문학과 민간희곡의 과정이 생략된 '民間戲劇'의 단계이다.
徐万邦, 祁庆富, 『中國少數民族文化通论』, pp.219~220.
章诒和 主编, 『中国戲曲』, 文化藝術出版社, 1998, pp.29~32.

74) 극의 본질을 설명하는 가장 중요한 개념임에는 분명하지만 갈등이 극에만 한정된 본질도 아니며, 사회주의 연극에서 반드시 필수적인 요소도 아니라고 할 수 있다. 더구나 정치적 선전 선동 수단으로 기능하는 사회주의 연극에 있어 특정한 상황 속에서 특정한 극적 사건을 전개시키는 원동력이 갈등으로만 설명되어지는 것도 아니다. 오히려 극을 단일 주제로 집약시키고 하나의 극적 해결방안으로 집중시키는 것은 등장인물들 간의 개성적 성격적 차이에서 나타나는 시각의 차이이다. 차이는 극을 단일 주제 혹은 미리 전제된 극적 이념으로 집중하게 하는 원동력이다.
민병욱, 『현대희곡론』, 44~45쪽.

3.4 역사적 극 장르로서의 三老人

민간극으로 전승되어 온 三老人은 1958년 무렵 첫 창작대본으로 발표된 이래 1960년대[75])에서부터는 문학장르의 하나로서 발표되기 시작하다가 1980년 2월 작품선집 『웃음소리』(연변인민출판사)가 발간되기에 이른다. 곧 三老人은 1950년 무렵 민간극으로 전승되다가 1958년 무렵 창작희곡으로 정착되기 시작하는 바, 그 대표적인 작품으로 《풍년가》(남수길, 백종철, 리영근 공동작, 1964), 《꽃묶음》(리영근 작, 1978), 《노랑령감》(리종훈, 1988) 등[76])이 있다. 이러한 희곡작품으로 정착한 한 이래, 그 창제자들은 三老人의 특성을 다음과 같이 규정하고 있다.

> 첫째, 인물의 유형화 - 三老人은 개명, 동요, 보수형의 세 인물로 정형화된다. 이 세 유형의 인물들은 궁극적으로 동요형 인물이 개명형 인물의 견해에 공감하고 동의하여 함께 보수형 인물을 설득시켜 전변되게 하는 것이다.
> 둘째, 슈제트의 연극화 - 三老人은 성격적, 개성적 차이와 객관사물에 대한 인식의 차이를 기초로 하여 모순갈등을 형성하고 이야기를 발전시켜서 나간다. 세 노인들은 단순히 문제의 해결을 위하여 말다툼만 하는 것이 아니

---

75) 1958년 《미신타파》가 三老人의 첫 창작대본이라는 홍성도, 원주삼의 주장(「연변조선족연극운동에 대한 회고」, p.305.) 이래 조선족학계에서는 '1950년대 말'로 통설화 하고 있다.

76) 삼로인의 창작 작품이 수록된 작품집은 다음과 같다. 본고에서 언급하는 작품은 그 작품집에 수록된 작품임을 덧붙인다.
연변희극작가 편, 『웃음소리』, 연변인민출판사, 1980.2.
북경대학 조선문화연구소 편, 『중국조선민족문학선집 7-희곡문학편』, 민족출판사, 1991.
김재석 편, 『도시+농촌=?』, 연극과 인간사, 2005.

라 슈제트의 흐름 속에서 생활하게 되며 모순충돌 속에서 그 개성이 더욱더 도드라지게 된다.

셋째, 언어의 희극화 - 三老人의 언어는 해학성, 익살성, 유머를 띠고 있다. 연변에서는 연변방언을, 길림지구에서는 조선의 남부방언을, 요녕성에는 조선서북부의 방언을 사용하여 함축성과 해학성을 갖고 있다.

넷째, 지방성과 통속성 - 三老人은 언어뿐만 아니라 그 지방의 독특한 생활방식, 심리특성, 풍속습관, 그 지방민의 독특한 사고방식, 기호 및 취미 등에 있어서 지방적이며 통속적이다.[77]

인용의 첫째에서 '인물의 유형화'는 민간극 三老人에서와 마찬가지로 서로 적대적 갈등관계가 아니라 앎의 범위 속에서 시각적 차이를 보여주는 인물로 설정된다. 예컨대 《풍년가》(1964)의 극적 주제가 '양식증산에 의한 사회주의건설'이라면 개명형 인물은 양식농사를, 동요형 인물은 양식증산계획에 비합리적 고집, 보수형 인물은 제 공수벌이농사를 주장하는 인물로 설정된다. 이러한 인물들의 태도는 농촌집단화 운동을 중심으로 사회주의 건설을 완성하려는 농촌대약진운동[78]에 대한 시각적 차이를 드러내는 것이다.

인물들의 이러한 유형설정은, 극적 주제가 시기별로 달라짐에도 그대로 지켜진다. 예컨대 《꽃묶음》(1978)에서는 극적 주제가 '4개 현대화 정책에 따른 인재양성'이라면 개명형 인물은 현대화에 적합한 인재양성, 동요형 인물은 적당한 인재양성, 보수형 인물은 특정 직업에의 집착

77) 최수봉, 「제 5 편 구연사」, 『예술사- 중국조선민족문화사대계 3』, pp.707~709. 홍성도, 「《삼로인》에 대한 소감」, pp.28~32.

78) 김정재, 「초기 중국 농촌인민공사의 성격 연구」, 35~41쪽.

으로 유형화 된다. 이러한 인물 유형들은 '국방, 공업, 교육, 농업의 현대화를 중심으로 중국식 사회주의 현대화를 건설하려는 것'[79]에 대해서 기본적으로 동의하면서 그 현대화의 실천방법에 대한 시각적 차이를 보여주고 있다.

따라서 三老人의 인물유형들은 <표 2>와 같은 결합관계를 맺는다.

〈표 2 - 三老人 인물유형들의 결합관계〉

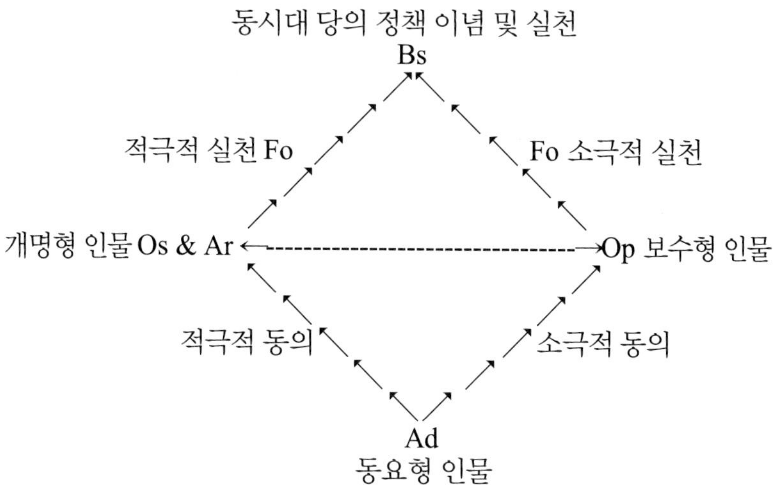

79) 양창삼, 「중국의 근대화와 국가경영에 대한 역사적 고찰」, 『經營史學 · 18-1』, 한국경영사학회, 2003, 197~226쪽.
이태규, 「中國大陸의 社會主義 現代化政策에 대한 연구」, 『關大論文集 · 24-2』, 관동대학교, 1996, 419~449쪽.

인용의 둘째, '슈제트의 연극화'에서 슈제트는 '성격적, 개성적 차이와 객관사물에 대한 인식의 차이를 기초로 하여 한 모순 갈등의 형성 및 충돌 → 그 충돌의 과정 → 충돌의 해결'이다. 슈제트가 문학예술작품에서 등장인물 사이의 관계나 사건 전개 발전의 일정한 체계를 의미한다면 三老人의 슈제트는 인물들의 시각적 차이를 극적 사건전개의 원동력으로 하여 화해에 이르는 줄거리과정이다. 그 과정이 '개명형 인물, 동요형 인물, 보수형 인물' 간의 '만남 → 쟁론 → 화해'과정이라는 의미에서 三老人은 일정한 줄거리 형식을 가진 잘 짜여진 극 혹은 슈제트극[80]이며, 특정한 의미로 형성되는 사건이 작품의 주도적 모티브가 되는 사건극[81]이다.

인용의 셋째, 넷째에서 三老人은 '그 지방의 독특한 언어, 생활방식, 심리특성, 풍속습관, 그 지방민의 독특한 사고방식, 기호 및 취미'를 다루고 있으므로 지방극이다. 지방극으로서 三老人은 지역적인 문제에 대한 자연스러운 관심 속에서 나타난 지방주의연극이 아니라 그 지방의 언어 및 의상과 지방민의 의식 및 생활풍속을 희극의 제재로 다루고 있으므

80) 서구연극사에서 잘 짜여진 극(well-made play)을 중국조선족학계에서는 슈제트극이라고 칭한다. 슈제트극이란 '여주인공이 나쁜 놈의 시달림을 받는데 남주인공이 선뜻 나서서 그녀를 구하려고 그 놈과 결사적으로 대립을 벌이다가 어리광대의 도움으로 그 놈을 징벌하고 그녀와의 대단원을 이루는' 슈제트의 순서에 따라서 전개되는 극이다. '18세기말 또는 19세기초에 생긴 이 극은 프랑스에서 한때 반봉건의 내용이 있었지만 점점 이런 경향성을 잃고 슈제트의 표면적 효과를 추구하는 데로 나갔으며 심지어 입센도 일정한 영향을 받았고 비판적 사실주의에 속하는 사회문제극에 의하여 대체되었다.' 이러한 슈제트극에 대한 설명은 서구연극사에서 제시하고 있는 잘 짜여진 극과 거의 다르지 않다.
김운일, 『희곡개론』, 연변대학출판사, 1990, pp.126~129,
E.Wilson, A.Goldfarb, 김동욱 역, 『세계연극사』, 한신문화사, 2000, pp.450~452.
M.S.Barranger, 우수진 역, 『서양연극사 이야기』, 평민사, 2001, pp.258~263.

81) W.Kayser, 김윤보 역, 『언어예술작품론』, 대방출판사, 1982, pp.566~574.

로 극 양식[82]에 속한다.

지금까지 살펴 본 바와 같이 三老人은, 민간극 三老人과 마찬가지로 인물, 사건, 구성, 언어의 사용과 처리가 정형화 된 조선민족적, 민간적, 지방적, 통속적 연극이며, 중국 동북 조선족집거지역에서 1950년에 발생하여 전승되다가 1958년에 창작대본으로 정착한 역사적 극 장르이다.

4. 결론 및 앞으로의 문제점

본고는 동시대 공연사회학적 상황을 통하여 역사적 장르로서 三老人의 생성과 정착과정을 살펴 본 바를 요약하여 결론으로 대신하고자 한다.

1) 동시대 중국 동북 조선족집거지역에서 가장 중요한 당면과제는 호조조의 조직이며, 조선족의 참여를 독려하는 것이다. 이에 그 선전도구로서 三老人이 공연양식화 되면서 전국적으로 널리 공연된다.

2) 동시대 공연예술계의 가장 중요한 과제는 희곡개혁문제인 바, 동시대 동북지역 지방극 가운데 大戲에 속하는 平劇, 吉劇, 黃龍戲, 龍江劇, 二人轉, 呂劇과 민간설창문예 相聲 등도 예외는 아니다. 이러한 상황에서 연변 조선족자치주에서 발생한 三老人은 지방극 가운데 小戲로서 희곡개혁의 과제에서 벗어난다.

3) 三老人은 준-극적 담화형식에서 극적 담화양식을 거쳐서 민간극으로 전승되다가 역사적 극 장르로서 정착한다.

① 三老人이 생성되기 이전에 발생한 담화형식은 《일로인》이다. 그

82) T.Hodgson, *The Batsford Dictionary of DRAMA*, B.T.Batsford, 1988, pp.311~313.

담화는 '호조조'라는 설정된 비전을 직접적으로 호소하는 단정적 담화이며 객체를 가면(분장)의 주체로 만들려는, 주체화 하려는 정치적 담화이다. 이런 의미에서 《일로인》은 설정된 비전을 객체에게 직접적으로 호소하는 준-극적 담화형식이다.

② '2인 즉흥극'은 《일로인》의 준-극적 담화형식을 역할놀이와 극적 대화 속의 주제적 진술을 통하여 극적 담화양식으로 바뀐 결과이다. 그 결과, '일노인의 역할, 분장, 동네노인과의 대화'가 '역할놀이, 분장, 역할들 간의 대화'로 이어지면서 '2인 즉흥극'은 극적 담화양식이 된다.

③ 三老人은 '2인 즉흥극'의 극적 담화양식에서 인물들 간의 지배/피지배 관계를 본질로 하는 공격적 적대적 행위의 갈등이 아니라 인물들 간의 앎의 범위 속에서 시각적 차이를 본질로 하는 극 양식으로 전환된다. 이런 의미에서 '역할놀이, 분장, 역할들 간의 대화'가 '그 역할들 간의 대화체적 상황, 그 상황 속에서의 시각 차이 → 쟁론 → 화해의 서사화'로 이어지면서 三老人은 민간극으로 정착한다.

④ 三老人은, 민간극 三老人과 마찬가지로 인물, 사건, 구성, 언어의 사용과 처리가 정형화 된 조선민족적, 민간적, 지방적, 통속적 연극이며, 중국 동북 조선족집거지역에서 1950년에 발생하여 전승되다가 1958년에 창작대본으로 정착한 역사적 극 장르이다.

4) 三老人의 장르 생성과 그 정착과정을 살펴보았지만 본고는 다음과 같은 문제점을 남기고 있다.

① 중국조선족 민족극이며 역사적 극 장르라는 의미에서 三老人과 조선족 설창예술 판소리, 창극 등과의 영향관계에 대한 규명문제가 남아 있다.

② 중국조선족의 역사적 극 장르이며 중국조선족 설창예술이라는 의미에서 三老人과 동시대 중국 동북지방극 吉劇, 黃龍戱, 龍江劇, 二人轉, 呂劇, 설창예술 相聲 간의 상호영향관계에 대한 규명문제가 남아 있다.

③ 현재 중국 연변조선족자치주에서 그 창작과 공연이 전혀 이루어지지 않고 역사적 장르로서 소멸했다면 三老人의 소멸과정과 새로운 분화 양식은 무엇인가 하는 것이다. 곧 三老人에 이어서 새로운 설창형식으로 창제된 만담(漫談), 연변창담(延邊唱談), 재담(才談) 등과의 영향관계에 대한 규명문제가 남아 있다.

*** 본 제 2부의 'II'는 「三老人의 장르 생성과 정착과정 연구」(『한중인문학연구 · 25』, 2008, 279~303쪽)를 전제한 것임.**

Ⅲ. 三老人의 공연양식과 그 특성

1. 문제제기

중국 조선족 극예술에 관한 선행연구는 다음과 같이 이루어져 왔다.

첫째, 국내학계에서는 연변 조선족 작가와 작품을 대상으로 한 문학연구로 이루어져 왔으며, 극예술 연구는 극작가론과 극작품론에 한정된 불과 몇 편에 지나지 않는다.[83)]

둘째, 중국 조선족 학계에서는 『중국조선족문학사』(권 철 · 조성일

83) 그 실례로 국회도서관(http://www.nanet.go.kr/)에서 중국조선족문학예술을 검색해 보면 다음과 같은 결과가 나온다. 분석질의어를 조선족문학으로 하여 검색하면 단행본 10건, 학위논문 2건, 학술지 48건으로, 조선족 연극으로 검색하면 단행본 1 건, 학술지 4건으로 나타난다. 사실상 국내 선행 연구들 대부분은 조선족문학연구이며, 조선족 희곡 혹은 연극예술 연구는 김재석이 편저한 4권의 작품자료집, 『장백의 아들』, 『해토 무렵』, 『그 총각과 택시아가씨』, 『도시+농민=?』(연극과 인간사, 2005)이 있으며, 극작가론으로는 「격랑의 역사에 대한 연극적 대응- 황봉룡론」(김재석, 『한국극예술연구』 제 11집, 2000), 「계몽 선전의 의지와 멜로드라마 선택- 최정연론」(김재석, 『어문학』 제 70호, 2000), 「연변 조선족 극문학의 극적 특성과 공연기법 연구」(김재석, 『비평문학』 제 13집, 1999.7), 「연변 조선족 연극 '삼노인(三老人)' 연구」(김재석, 『한국극예술연구』 제 12집, 2000), 「중국조선족연극과 황봉룡 · 박영일의 활동」(김흥우, 『한국희곡』 제 18호, 2005. 6) 등이 있다.

주편, 연변인민출판사, 1990.7), 『중국조선족민족예술론』(임범송 주필, 료녕민족출판사, 1991.12), 『중국조선민족문화사대계』(북경민족출판사, 1994.5)에서와 같이 문학사 혹은 예술사의 하위갈래로서 희곡사 혹은 연극사를 다루거나, 연변문학예술연구소(1979.2.5 창립)를 중심으로 조선족 작가들의 회고모임[84]을 통하여 작가대오, 문예활동, 문예단체, 문예작품 등을 다루고 있다.

셋째, 중국학계에서는 중국 소수민족문학사와 예술사의 하위 영역으로 조선족 문학사 및 예술사를 다루고 있다.[85]

---

84) 강련숙 편, 『중국조선족100년문학예술대사기』, 중국 길림인민출판사, 2001, p.96.

85) 이에 관련하여 1949년 중국인민공화국은 소수민족을 '단 하나의 중국(只有一個中國)'이라는 통일 정책으로 포괄하고 1952년 "중화인민공화국 민족구역 자치실시 강요"를 제정 반포하고 민족 구역 자치제를 전국으로 일반화시켰다. 문학을 비롯한 모든 문화예술도 '단 하나의 중국(只有一個中國)' 정책에 예외가 될 수 없다. 이에 따라서 중국과학원 문학연구소가 주최하여 1960년 8월 북경에서 제 2차 소수민족문학사편찬좌담회를, 1961년 4월 중국소수민족문학사 토론회를 열렸다. 이 좌담회에 조선족 대표로 참가한 권 철이 중심이 되어서 중국 조선족문학사의 집필로 이어진다. 그 과정은 1961년 10월 13일 중국작가협회 연변분회가 주최하여 중국작가협회 연변분회, 연변대학, 연변인민출판사, 연변잡지사에서 선발된 전문가들이 중국조선족민간문학수집소조를 만들어서 민간문학을 수집한다. 이어서 1978년 12월 28일 연변주위선전부, 연변문련, 연변작가협회, 연변대학어문학부, 연변문학예술연구소 준비소조가 공동으로 주최하여 『중국 조선족문학개황』(권철, 조성일 집필) 토론회를, 1987년 2월 19일 연변문학예술연구소와 연변대학민족연구소가 공동주최하여 『중국조선족문학사』(조성일 권철 주필) 대강토론회가 열린다. 그 결과 1990년 7월 『중국조선족문학사』(권 철 · 조성일 주편, 중국연변인민출판사)의 발간에 이른다. 따라서 조선족 문학사 및 예술사는 '단 하나의 중국(只有一個中國)' 정책 아래서 시행된 중국문학사와 예술사의 하위갈래이면서 국가에 의해서 공식화된 해석체계이다. 이런 의미에서 조선족 문학사 및 예술사는 국가가 허락하는 범위 속에서 이루어진 이데올로기적 준거체계이며, 어떠한 회의나 반성 혹은 서로 다른 견해를 허용하지 않는다. 덧붙여 중국소수민족문학사 토론회와 조선족문학사토론회 등 발간 경위는 강련숙의 편저를 기반으로 했다, 아울러 조선족문학사의 집필과정은 권 철 · 조성일 외 등의 공저를 참고했다.

강련숙 편, 앞의 책, pp.63~144.

권 철, 조성일 외, 『중국조선족문학통사』, 이회출판사, 1997, pp.3~5.(「머리말」)

이러한 선행 연구에서는 중국조선족에만 고유한 민족 공연양식[86] 三老人을 중심으로 그 공연원리와 특성을 연구하고자 한다.

2. 三老人의 발생과 전개

2.1 三老人의 발생론적 상황

三老人은, 1950년 1월 22일 중국 화룡현 룡수향 신민촌에서 발생했다.[87]

> 1950년 1월 22일 밤 화룡현 룡수향 신민촌정부 사무실(…)에는 백여 명이 모여 들었다. (…) 이윽고 한 로인(분장한 배우)이 어두운 구석에서 사람들 속을 비집고 나와서 사위를 돌아보며 큰 소리로 혼자말처럼 뇌깔였다. (…) 그러나 어쨌든 화제가 자기들의 생활이였고 《호조조를 조직하는 것이 유리한가? 아니면 대대로 하던 습관대로 제각기 제 농사를 하는 것이 좋은가?》 하는 대사였으므로 한결같이 세 로인의 의논에 귀를 기울였던 것이

(이 책은 권 철 · 조성일 주편『중국조선족문학사』, 중국연변인민출판사, 1990.7를 한국에서 재발간한 것임.)

86) 국내 학계에서의 선행연구는 三老人을 '중국 조선민족 연극의 풍토를 가장 직접적으로 체현하고 있는 극형식'으로 다루고 있는 김재석(「연변 조선족 연극 '삼노인(三老人)' 연구」,『한국극예술연구』제 12집, 2000)의 논문이 유일하다. 이와는 달리 중국조선족 학계에서는 三老人을 중국 건국이후 연변지역에서 생성한 새로운 구연예술로 다루고 있다.
三老人이 '온돌로부터 무대로, 즉흥으로부터 대본화로, 단순한 정치선전으로부터 예 술작품으로' 변화했다는 의미에서 본고에서는 구연예술과 연극형식을 함께 아우르는 공연예술로 다룰 것이다.
홍성도, 「《삼로인》에 대한 소감」,『문학과 예술』, 1982년 3기, p.27.

87) 강련숙 편, 앞의 책, p.42.

다.[88]

인용에서와 같이 三老人의 발생은 '호조조(互助組)의 조직' 문제, 곧 동시대적 사회상황에 관련된다.

1949년 중화인민공화국이 건립에 이어서 1950년 제1차 중국공산당중앙전국회의에서 '중화인민공화국토지개혁법'이 제정, 공포되고 '농민협회조직통칙' 및 '농촌계급성분구분에 관한 정무원의 결정'이 발표된다. 이러한 토지개혁의 기본 목적은 '농촌의 생산력을 제고하고 농업생산을 발전시켜 신중국의 공업화를 위한 길을 열어야 한다'는 것이다.[89] 이러한 현실상황에서 농업생산력을 증진시키기 위하여 문화예술인들은 선전대로서 농촌지역에 들어가게 된다.

농촌지역에서 문화예술인들이 선전활동을 하게 되는 것은 모택동의 문예이념에 기반을 두고 있다. 1942년 5월 모택동은 연안정풍운동 기간중에 '연안문예좌담회연설(在延安文藝座談會上的講話)'[90]를 발표하게 된다. 약칭 '연안문예강화'는 1940년대 해방구 문화예술인들의 사상개조를 위한 정치적 목적성을 가진 것으로서, 그 핵심은 "문예는 노동자, 농민, 군인을 위해서 봉사해야 한다."와 "문예는 정치를 위해서 봉사해야 한다."는 것이다. 아울러 그 연설에 제시하고 있는 가장 중요한 문제의 하나는 민족문제이다. 곧 '중국문화는 자기의 형식을 가져야 한다'는 의미에서 민족형식인 바, 연극에 있어서는 서구적인 연극을 지양하고

88) 최수봉, 「제5편 구연사」, 『예술사- 중국조선민족문화사대계 3』, 중국민족출판사, 1994, pp.701~703(발췌 인용)
89) 최병윤, 「중국공산당의 토지개혁에 관한 연구」, 서강대학교 공공정책대학원 석사논문, 2001, pp.85~93.
90) 毛澤東, 『毛澤東選集』, 中國人民出版社, 1966, p.833.

구극을 민족 민간형식으로 개조하거나 새롭게 창조하는 것이다.[91]

이에 따라서 중국 동북연변지역에서는 모택동의 문예사상을 학습하고 민족문화 발전을 추동하기 위하여 조선족 문화예술가들은 각 지방의 실정에 따라서 문예단체를 설립하고 문예활동을 전개하게 된다. 예컨대 노농예술동맹(도문), 동북신흥예술협회(목단강), 간도문예협회(연길), 이스크라극단, 길동군구문공단, 양양극단, 연변문공단, 송강노신예술단 등이 그것이다. 이러한 단체들을 통하여 조선족 문화예술가들은 농민들을 대상으로 한 대중적인 문예 공연활동을 활발히 전개하게 되는 바, 연변지역[92]을 중심으로 민족 고전소설 《홍길동전》, 《임꺽정》, 《콩쥐팥쥐》 등을 각색하여 무대 공연을 하거나 《춘향전》을 중심으로 고전

---

91) 이에 관련하여 중국현대연극사에서는 다음과 같은 변화를 지적하고 있다.
첫째, 문예종사자들이 속속 전선으로 적후로 농촌으로 달려감으로써 새로운 인물과 풍모를 가진 연극작품이 생산되었다.
둘째, 문예종사자들은 민족 민간형식을 이용하거나 정리 혹은 개조하는 작업을 중시하고 연극을 민족화 대중화 하였다,
셋째, 문예종사자들은 농촌과 군대에서 스스로 편찬한 작품들을 가지고 공연활동을 함으로써 문예의 사회적 기능에 대한 직접성과 실용성을 보여 주었다.
넷째, 이러한 연극의 성과는 동북지역에서 가장 큰 실적을 올렸다. 그 실적은 토지개혁운동과 보조를 같이하여 연극종사자들은 토지개혁투쟁을 실천하는 한편 군중들과 결합하여 연극활동을 고조시켰다.
陳白塵 · 董健 主編, 한상덕 역, 『中國現代戲劇史』, 한국문화사, 1966, pp.515~519.

92) 중국 동북 연변지역을 중심으로 한 연극예술가를 비롯한 조선족문학예술가들의 활동은, 특별한 언급이 없는 한 다음 논저에서 힘입은 바 크다.
강련숙 편, 앞의 책, pp.41ff.
임범송 주필, 「중국조선민족극예술개관」, 『중국조선민족예술론』, pp.159~186.
최수봉, 「중국조선족구연예술의 혁신과 발전」, 앞의 책, pp.699~712.
홍성도, 앞의 글, pp.27~32.
홍성도, 원주삼, 「연변조선족연극운동에 대한 회고」, 『도시+농민=?』(김재석 편저), 연극과 인간사, 2005, pp.299~314,
권 철 · 조성일 외, 앞의 책, pp.314~321.

창극을 공연하거나 하면서 민족 고전극 공연활동을 전개해 나간다.

아울러 연변문예공작단을 중심으로 문예공연단체들은 토지개혁을 계몽, 선전하기 위하여 조선족 집거 농촌지역으로 들어가서 활발한 공연활동을 하면서 三老人의 공연형식을 개발한다.

> 이러한 경험을 토대로 하여 연변문예공작단소분대가 광성구 소재지인 용수평에 주둔하고 있을 때 원주삼, 최수봉, 허창석, 문일평, 홍성도 등이 모여서 정식으로 호조조 내의 모순을 해결(혹은 개체로 하는 것과 호조조 지지간의 모순)하는 것으로 三老人을 꾸미고 그 후 어느 곳에 가면 그곳 정황을 요해하여 三老人을 만들었는데....[93]

이에 三老人의 공연형식이 개발되고 일반화 된다.

2.2 三老人의 전개 과정

1950년 1월 22일 생성, 초연된 三老人[94]의 전개과정은 다음과 같이 이루어진다.

첫째, 공연주체에 있어서는 연변문공단에서 연변주, 시, 현 정부 소속

---

93) 홍성도, 원주삼, 앞의 글, p.304.

94) 三老人의 공연상황에 관해서는 특별한 언급이 없는 한 다음 논저에 기초하고 있다.
강련숙 편, 앞의 책, pp.41ff.
박경식, 「중국 조선민족극문학에 대하여」, 『중국조선민족문학선집- 희곡문학편』(북경대학조선문화연구소 편), 중국 민족출판사, 1991, pp.3~21.
임범송 주필, 앞의 글, pp.159~186.
최수봉, 앞의 글, pp.699~712.
홍성도 , 앞의 글, pp.27~32.
홍성도, 원주삼, 앞의 글, pp.299~314,

예술단체와 사설예술단체로 바뀌어간다. 三老人은 생성 초기에는 연변문공단을 중심으로 그 소속단원인 최수봉, 원주삼, 허창석 등이 주도적으로 참여하여 공연되다가 1956년 1월 31일 연변연극단의 성립으로 1950년대 말부터 연변의 각 시, 현 정부 소속 예술단체와 과외예술단체로 확산된다. 곧 1950년대 말부터 三老人 공연은 공식적인 전문 예술단체에서 비공식적인 사설단체로 전개된다. 특히 1979년 3월 연변구연예술단의 창립으로 가장 중요한 공연목록으로 三老人이 선택된다.

둘째, 이와 함께 공연 장소에 있어서도 농촌지역의 공공건물이나 일반 가정집과 같은 무대 밖의 공간[95]에서 공공시설이나 전문적인 극장의 공연무대, 예컨대 공연진흥단 산하의 문화예술관으로 바뀌어간다.[96]

셋째, 공연지역에 있어서도 연변 조선족집거 농촌지역에서 도시지역으로, 연변지역에서 동북지역으로, 전국으로 확산되어 간다. 곧 三老人 공연은 1950년 6월 연길시 스탈린극장에서 시작으로 하여 도시지역으

---

95) 최수봉은 그 실례로 다음과 같은 가정집에서의 공연 실제를 들고 있다.

> 연변지방의 조선민족농민들의 과거의 집구조는 독특하다. 부뚜막과 안방 사이에 벽이 없이 봉당과 잇달린 정주간이 있고 또 방앗간과 외양간 사이에도 벽이 없이 봉당과 잇달려 있었다. 물론 방앗간과 외양간 사이에는 간벽이 있었다. 그러므로 삼로인이 정주간 출입문 가까이에 문을 등지고 안쪽을 향해 정좌하면 웃방에는 미닫이나 작은 문을 열어 제끼고 바깥 로인들이 앉고 뒤방에는 안로인, 가마목엔 젊은 아낙네들이 아이들을 데리고 앉고 방앗간에는 처녀애들이 들어서고, 소를 잠시 내매고 깨끗이 쳐내고 볏짚을 깐 외양간에는 중청년들이 들어서면 칠팔십명은 넉넉히 용납할 수 있었다.

최수봉, 앞의 글, p.705.

96) 1949년 건국 이후께 중국정부는 각 시와 현에 전문공연단체와 함께 공연진흥단과 같은 기관을 설립하고 산하 인민문화관, 문화예술관, 문화관, 예술관이라는 이름으로 전문적인 공연장도 건립하였다.
이 훈, 「중국 조선족 공연단체에 관한 음악사회사적 연구」, 서울대학교 대학원 박사논문, 2005.2, pp.113~116.

로, 1964년 전국군중과외문예경연대회(곧, 전국제1차소수민족과외예술공굴)에 작품 《풍수가》를 가지고 참가함으로써 중국 전국으로 확산된다. 아울러 같은 해 『中央戲劇報』에 「삼로인-문예첨병」이라는 제목과 《풍수가》의 한어 번역이 함께 수록됨으로써 전국에 소개된다.[97]

넷째, 공연형식에 있어서도 즉흥극 공연에서 대본에 기초한 정통극 공연으로 바뀌어간다. 三老人의 대본화는 1960년대부터 집단적 창작으로 시작되면서 그 대본은 문학 장르의 하나로서 잡지에 실리게 된다. 그 대본으로 처음으로 잡지에 발표된 작품은 1958년 《미신타파》라고 주장되기도 한다. 아울러 이 시기 이후 三老人은 각 극단에서도 대본없이 연출하지도 공연하지도 못하게 된다. 그 창작 주체도 1970년대 말부터 집단창작에서 개인 창으로 바뀌어가고 1980년 2월 三老人 작품선집 『웃음소리』(연변인민출판사)가 간행되고 그 선집에는 《회의로 가는 길》, 《살림군》, 《근검하게 살림을 꾸리다》이 한어로 번역되어 수록되기도 한다.

다섯째, 이러한 三老人은, 1966년 문화대혁명 시기 '사회주의를 추화하는 형식'이라는 이유로 공연이 중지된 것을 제외하면 연변지역에서 가장 널리 공연된다. 三老人은, 1950년 1월 22일 생성에서 1966년 문화대혁명 직전까지는 740차 혹은 3,000여 차, 1951년에서 1980년대까지는 2,500~2,600 차, 1979년 3월 연변구연예술단의 창립에서 10년 간에는 1,700차, 연변연극단(1956년 1월 31일 창단)은 2,500차, 화룡현예술

97) 「삼로인-문예첨병」의 『中央戲劇報』 수록연도에 관해서는 이견이 있는 바, 임범송은 1963년 9월에 「문예첨병」으로, 최수봉 및 홍성도는 1964년에 「삼로인-문예첨병」으로 수록되었다고 주장한다.

단의 창단(1957년 3월 15일)에서 1989년까지는 4,700차 공연되었다는 부정확한 추정 통계도 보고 되고 있다. 그 자료의 부정확성에도 불구하고, 三老人은 연변지역을 중심으로 동북지역에서 가장 많이 널리 무대화된 공연양식인 것 같다.

여섯째, 三老人 공연에 관련하여 대표적인 극작가와 극작품은 김세영과 그의 작품들 《계획적으로》, 《밀리운 잔치날》, 《장도 볼겸 님도 볼겸》, 《증산절약타령》, 김창봉과 그의 작품 《소홍정》, 김홍빈과 그의 작품들 《경로원의 기쁨》, 《농촌의 새 기상》, 《로인축구대》, 《발이랑을 타고 세계를 내다본다》, 《오령감의 혼사》, 리영근과 그의 작품들 《꽃묶음》, 《며느리 자랑》을 들기도 한다. 아울러 三老人의 대표 작품으로는 《회의로 가는 길》(첫 작품으로 원제는 《호조조 좋을시구》 이다.), 《풍년가》(1964년 전국제1차소수민족과외예술콩쿨 참가작이면서 최초로 한어로 번역된 작품), 《꽃묶음》으로 들고 있다. 덧붙여서 그 창제자 원주삼, 최수봉, 허창석을 비롯하여 연변연극단의 곽정희, 남수일, 리동범, 리영근, 백종철, 전춘옥, 한성후, 홍정식, 연길시 조선족구연예술단의 리동훈, 한창식, 황명화, 화룡현예술단의 김상옥, 량균, 리룡영, 허상권, 왕청현예술단의 최태수, 룡정시예술단의 권학철, 최인호, 도문시예술단의 리태봉, 훈춘현예술단의 리종훈, 임영구 등 전문 배우들이 三老人 공연에 참가하고 있다.

3. 三老人의 공연양식과 특성

3.1 극적 차이와 구조의 자기완결성

三老人의 공연 원리를 이해하기 위하여 그 첫 작품 《회의로 가는 길》[98]을 실례로 하여 살펴보자.

먼저 텍스트의 줄거리를 요약하면 다음과 같다.

① 최영감이 관중들에게 호조조 회의에 간다고 말을 건네면서 시비가 많은 호조조에 있다고 이야기 하다.

② 허영감이 옥토로 소문난 경칠의 밭이 잡초로 덮혀 있음을 따지자 최영감은 경칠부부가 병으로 앓아 누워서 그렇다고 말하다.

③ 허영감이 호조조로 하면서 김을 맨 밭이 잡초로 뒤덮혀 있다고 하자 최영감은 원래 묵밭이 한 해만에 옥답으로 될 수 없다고 하다.

④ 허영감이 한 동네 살면서 평범하게 지내자고 말했음을 따지자 최영감은 답답해 하면서 그렇다고 답하다.

⑤ 원영감이 허영감과 최영감이 서로 따지는 광경을 보고 듣다.

⑥ 최영감이 소개를 하자 원영감은 호조조회의를 구경왔다고 하면서 허영감과 서로 인사를 하다.

---

98) 본고에서는 편의상 다음 전집에 수록되어 있는 텍스트를 대상으로 하며 앞으로 본문을 인용하고자 할 때에는 그 말미에 괄호로 묶어서 페이지만을 표시한다. 아울러 인용문에서는 수록텍스트의 표기를, 본문에서는 현행 국어맞춤법에 적합한 표기로 변경하여 서술한다.

홍성도, 「회의로 가는 길」, 앞의 책, pp.203~217.

⑦ 원영감이 이 동네 호조조의 성과가 좋다고 하면서 새해에 더 잘 꾸미라고 말하자 최영감은 그렇겠다고 하고 허영감은 열심히 일하는 사람과 쉽게 일하는 사람들이 다 마찬가지이니 호조조를 걷어치우겠다고 하다.

⑧ 허영감이 동네 박돌이를 거론하면서 자기 일은 열심하면서 남의 일은 설렁설렁하는 사람들이 있다고 하자 최영감은 청년들뿐만 아니라 늙은이도 그렇다고 답하다.

⑨ 허영감이 늙은이를 찍어서 증거를 삼는다고 말하고 최영감은 그렇지 않다고 하면서 서로 말싸움을 계속 하자 원영감은 그렇게 시비를 붙다가는 중과 절 모두 팔리겠다고 말리다.

⑩ 원영감이 호조조를 꾸려가면서 시비도 의론도 많지만 농민들을 잘 살게 하겠다는 당과 인민정부의 취지를 말하자, 최영감과 허영감은 그렇다고 동의하다.

⑪ 원영감이 사람이 많으면 똑같을 수 없다고 하자 최영감과 허영감은 동네마다 처지가 다르다 하면서 서로 말싸움을 계속하다.

⑫ 허영감이 남녀가 모여서 히히닥거린다고 비난하자 최영감은 한 동네 사는 사람들이 그런다고 방해할 수 없다고 하다.

⑬ 허영감이 아들 4 형제를 자랑하고 최영감은 자기 딸들을 거증하지 말라고 하자 원영감은 아들 4형제를 두기 때문에 호조조를 하지 않고 자기 혼자서 농사짓겠다고 한 자기 상처를 다시 건드린 것을 방백하다.

⑭ 허영감이 아들 4형제의 노동력으로 새해에는 호조조를 하지 않고 혼자서 농사를 짓겠다고 한 반면, 최영감은 한 숨을 쉬자 원영감은 자기도 허영감처럼 독불장군이었음을 말하다.

⑮ 허영감과 최영감에게 원영감이 남성과 여성들이 서로 힘을 합쳐야 하늘

도 뚫고 태산도 허물 수 있음을 말하다.

⑯ 허영감이 여성들은 부엌일만 하다고 하고 최영감은 동네 남성이 군대에 가고 없을 때 여성들이 일을 다 했다고 하자 원영감은 남존여비의 봉건 사상을 타파하자고 하다.

⑰ 최영감과 허영감이 서로 봉건사상을 가졌다고 허물을 하자 원영감은 호조조에 대한 인식을 달리하여 남존여비사상을 타파하자고 하다.

⑱ 원영감이 당과 인민정부에서 농민을 잘 살게 하기 위해서 호조조를 꾸리라고 했다고 하자 최영감과 허영감은 모두 동의하다.

⑲ 최영감과 허영감이 호조조로 세상에 못할 일이 없다고 하면서 원영감과 함께 호조조 회의에 가다.

⑳ 세 노인은 호조조의 노래를 부르면서 춤을 추고 막이 내리다.

이와 같이 텍스트는 원영감, 최영감, 허영감을 등장인물로 하여 남존여비사상의 타파와 호조조의 참여문제를 사건진행의 선으로 전개되고 있다.

그 세 등장인물들 가운데 원영감은 다른 지역농민이며, 최영감과 허영감은 같은 지역농민이다.

① 에서 개막과 함께 같은 지역농민이 최영감과 허영감이 등장하여 서로 만난다. 극적 사건진행의 시작은 같은 지역농민의 만남이다.

② 에서 그 만남은 다툼으로 시작된다. 다툼의 원인은 '호조조 회의에 참여하느냐 마느냐'의 문제이다. 그 다툼은 ⑰까지 이어진다. 겉으로 드러난 다툼의 원인은 호조조의 참여 여부이지만 그 실제적인 원인은 남존여비의 사상이다. 곧 최영감/허영감은 같은 지역농민으로서 호조조 참여/ 거부를 대립적 자질로 하고 있지만, 실제적으로는 ⑧, ⑨, ⑪, ⑫, ⑬

에서와 같이 남존여비사상이라는 공통적인 자질을 가지고 있다. 이런 의미에서 최영감/ 허영감은 갈등관계가 아니라 차이의 관계에 있다. 최영감과 허영감은 ⑩에서와 같이 기본적으로는 '농민은 잘 살게 하겠다는 당과 인민정부의 취지'에는 동의하고 있기 때문이다. 다만 최영감과 허영감의 차이는 농민이 잘 사는 방법으로 호조조 참여/거부라는 서로 다른 방법론적 차이를 가지고 있다. 서로 간의 이러한 차이는 최영감/허영감이 딸/아들 4형제를 가지고 있는 실제적인 원인과 이에 기인하여 ⑧, ⑨, ⑪, ⑫, ⑬에서와 같이 일하는 사람과 쉽게 일하는 사람, 청년들과 늙은이들, 남녀들의 모임에 관한 시각의 차이이다. 이에 최영감과 허영감의 차이[99]란 호조조 문제에 대하여 자신들이 가지고 있는 독특한 개성에 의해 나타나는 시각의 차이일 뿐이다.

⑮, ⑯, ⑰에서부터는 최영감과 허영감 간에 가로 놓여 있는 차이가 원영감의 중재에 의해서 연극적 상호작용을 일으키기 시작한다. 그 상호작용은 ⑩에서와 같이 최영감과 허영감이 공통 지향성을 가지고 있다는 것에서 이미 시작된 것이다. 원영감은 ⑥에서 등장하여 ⑭에 이르기까지 극적 사건의 전개과정에서 최영감과 허영감에게 서로 간의 공통 자질과 대립자질이 공존해 있으며, 단지 서로 간의 차이만 있을 뿐임을 확인시킨다. 차이는 극적 사건을 정지시키는 것이 아니라 순간 순간 방향을 결정하고 진행시키는 원동력이 되면서 서로 다른 태도는 인물들 간의 극적 갈등을 일으키는 것이 아니라 오히려 연극적 상호작용을 일으키고 결국에는 하나의 해결방안으로 집중하게 만든다.[100]

---

99) J.G.Barry, *Dramatic Structure*, University of California Press, 1970, pp.71ff

100) 극의 본질을 갈등이 아니라 차이로 보는 관점과 차이의 극적 기능에 관해서는 다음 저서에서 상론하고 있다.
민병욱, 『현대희곡론』, 삼영사, 2006, 45~47쪽.

⑱, ⑲, ⑳에 이르러서 최영감과 허영감은 서로 다른 해결태도의 차이를 가지고 잇지만 하나의 해결방안, 곧 호조조의 참여에 이른다.

①에서 ⑳까지의 줄거리 구조에서 본다면 그 줄거리는 '만남→ 다툼→ 화해'의 자기완결적인 구조로 짜여져 있으며 그러한 구조를 작동시키는 것은 등장인물들 간의 서로 다른 차이이다. 따라서 텍스트는 '만남→ 차이에 의한 다툼→ 화해'의 완결된 구조로 되어 있다. 일반적 의미에서 극이 '갈등의 제시' 혹은 '갈등→ 갈등해결' 구조[101]로 되어 있다면 텍스트는 '차이→ 화해' 구조로 되어 있다. 三老人의 전형적인 구조는 '차이→ 화해' 구조이며, 그 구조는 동시대 三老人의 발생론적 상황[20]이 수락할 수 있는 구조이다.

3.2 극적 인물의 정형성과 현실성

텍스트에서 사건진행의 주체는 三老人이며, 三老人은 삼 노인에 의해서 사건진행의 선이 이루어지는 공연양식이다.

먼저 사건전개의 주체자인 三老人의 관계를 H.라우스베르그(Lausberg)가 제시한 등장인물의 결합구도[21]로 살펴보면 <표 3- 三老人의 등장인물

101) 희곡의 본질은 갈등이며, 갈등이론은 오늘날까지 희곡의 구조 원리를 설명할 수 있는 하는 가장 중심적인 가설이다. 심지어, 희곡의 전통적 구조원리를 거부하고 있는 현대 부조리극에서도 갈등은 가장 중심적인 구조적 특성이 된다.
O.L.Brownstein, D.M.Daubert, *Analytical Sourcebook of Concepts in Dramatic Theory*, Greenwood Press,1981, pp.105, 108.

20) 본고의 「2.1 三老人의 발생론적 상황」

21) 등장인물의 결합구도란 줄거리 속에서 특정한 역할을 수행하는 인물들의 상호관계를 구조화하기 위한 기술모델이다. 이 모델은 줄거리 속에서 등장인물이 수행하는 역할을 통하여 인물들 간의 갈등과 그 원인 및 해결방식을 드러낼 수 있다. 뿐만 아니라 등장인물의 결합구도를 통하여 전체 줄거리의 구도, 나아가서 작품이 지향하고자 하는 의미를 드러낼 수 있다. 이 모델은 갈등과 갈등-해결의 구조로 되어 있는

결합구도>과 같다.

<표3>에서 주동세력은 원령감, 반동세력은 허령감, 보조세력자는 최령감이다. 공통적으로 빈고농민의 변신, 곧 가난한 농민들이 부유하게 살아보자는 것에 있다. 그 합법칙적인 매개 수단은 호조조의 참여와 봉건의식의 타파에 있다.

이러한 목적지향성을 준거로 하면 등장인물들은 다음과 같은 공통 자질과 대립 자질을 가지고 있다. OS & Ar 원영감과 Op 허영감은 호조조 참여/불참 및 봉건의식 타파/준수라는 대립적 자질을 가지고 있다. OS & Ar 원영감과 Os-Ad 최영감 사이에는 호조조 참여라는 공통 자질과 봉건의식 타파/ 준수라는 대립자질을 가지고 있다. Os-Ad 최영감과 Op 허영감은 봉건의식 준수라는 공통 자질과 호조조 참여/ 불참이라는 대립자질을 가지고 있다. 따라서 三老人들이 지향하고 있는 바는 <표4 -

---

희곡작품에 널리 적용된다. 아울러 본 도식에서 적용한 용어의 개념들은 다음과 같다.

① 목표지향력(F.O) : 목표지향력이란 한 인물의 내면에 구체화 되어 있으면서 하나의 목표를 향하여 지향이 되어 있는 정념적인 욕구 혹은 욕망이다.
② 소원의 대상(Bs) : 소원의 대상이란 목표지향력에 의해서 추구되는 대상으로서 등장인물일 수도, 비인격적인 사물일수 있다.
③ 소망을 품은 자(Os) : 소망을 품은 자란 목표지향력을 사용하여 소원의 대상을 갈구하는 인물이다.
④ 적대자(Op) : 적대자란 소망을 품은 자의 목표지향력에 거역하거나 소원 대상을 소유하려고 애쓰는 소망을 품은 자를 방해하는 인물이다.
⑤ 상황의 최고 세력자(Ar) : 상황의 최고 세력자란 소망을 품은 자와 적대자 간에 빚어지는 갈등 해결의 결정권을 쥐고 있는 자로서, 한 인물 속에 다른 역할과 함께 결합되어 나타나는 경우도 있다. 즉 상황의 최고 세력자가 소망을 품은 자일 경우는 소원의 대상을 성취할 수 있지만, 적대자일 경우는 성취할 수 없다.
⑥ 조력자(Ad) : 조력자란 다른 등장인물들 가운데 한 사람과 이해를 같이하는 인물이며, 소망을 품은 자, 소원의 대상, 적대자, 상황의 최고 세력자와 언제든지 결합할수 있는 인물이다.

민병욱, 『현대희곡론』, 222~226쪽.

등장인물의 지향성>과 같다.

〈표 3- 三老人의 등장인물 결합구도〉

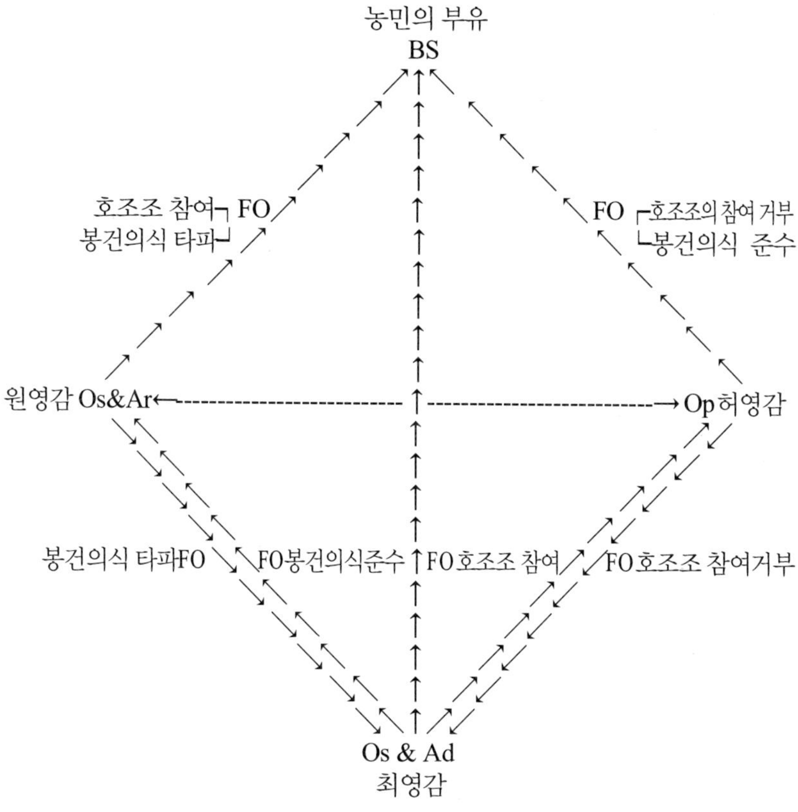

의식 / 인물	지향성	지향도구			
	농민의 부유	봉건의식		호조조	
		타파	준수	참여	불참
원영감	+	+	-	+	-
최영감	+	-	+	+	-
허영감	+	-	+	-	-

도식에서 +/- 기호는 수락/거부의 의미차원에 있다.

<표4>에서 등장인물들 간의 이러한 공통 자질과 대립 자질들은 OS & Ar 원령감에 의해서 호조조 참여와 봉건의식 타파로 해결된다. 따라서 세 명의 등장인물을 三老人의 인물 원리[22]에 비추어 보면 <표5 - 등장인물 유형>과 같다.

의식 / 인물	봉건의식		호조조		인물유형			
	타파	준수	참여	불수	홍성도 · 원주삼	홍성도	최수봉	임범송
원영감	+	-	+	-	적극 분자	선진 인물	개명형	참여 인물
최영감	-	+	+	-	중간 분자	중간 인물	동요형	관망 인물
허영감	-	-	-	+	소극 분자	후진 인물	보수형	반대 인물

22) 등장인물의 명명에 관해서는 다음의 논저에 근거를 두고 있다.
임범송 주필, 앞의 글, pp.159~186.
최수봉, 앞의 글, pp.699~712.
홍성도, 앞의 글, pp.27~32.
홍성도, 원주삼, 앞의 글, pp.299~314,

<표5>에서와 같이 三老人의 등장인물은 봉건의식의 타파/준수 호조조의 참여/거부라는 자질로 정형화 되어 있음을 확인할 수 있다. 이러한 정형화된 인물 유형들은 三老人의 발생론적 상황[23]에서 본다면, 동시대 토지개혁에 관한 현실적인 인물 유형들에 속한다. 동시대 연극을 비롯하여 모든 문예예술이 토지개혁의 선전 매체로 기능할 때, 三老人은 정형화된 인물을 통하여 동시대 토지개혁에서 가장 중요한 매개 수단은 봉건의식의 타파와 호조조의 참여임을 강조하고 있다. 역으로 봉건의식의 타파와 호조조의 참여에 의하여 토지개혁이 이루어질 수 있음을 三老人은 선전하고 있다. 이런 의미에서 등장인물의 정형성은 동시대 현실에 기초하고 있으며, 허구적 인물과 현실적 인물 간의 일체를 이루고 있다.

3.3 극적 상황의 도식성과 현실성

텍스트가 봉건의식 타파와 호조조의 참여 문제를 지향하고 있다면 정형화된 인물들 三老人의 사건진행을 작동하게 하는 극적 상황은 무엇인지를 밝혀낼 필요가 있다. 극적 상황이란 등장인물들의 극적 행동이 일어나는 극적 조건으로서 의사소통적 상황이며 심리적, 사회적 상황이기 때문이다. 텍스트의 극적 상황이 봉건의식 타파와 호조조의 참여 문제에 관련되어 있다면 그 극적 상황은 어떻게 마련되고 있는지를 E.수리오

23) 본고의 「2.2 三老人의 발생론적 상황」을 준거로 한다면 三老人의 생활실제적 근거는 세 노인이 현실에 실존하고 있는 그대로의 인물 유형이며, 철학적 근거는 노인을 중심으로 한 봉건가부장적 유습이 현존하고 있다는 것이다. 아울러 이러한 현실적인 문제를 기동성 있게 즉시 해결하기 위하여서는 즉흥극이 가장 유효하다는 의미에서 三老人의 예술실천적 근거도 마련된다.
임범송 주필, 앞의 책, pp.468~469.

(Souriau)의 '20만개의 극적 상황'[24]으로 유형화 하면 다음과 같다.

역 할	역 할 내 용	텍스트
사자좌	전체 연극이 지향하는 욕망 혹은 극적 행위를 촉진하는 욕망, 의지	원영감
화 성	사자좌의 적수 또는 적대자	허영감
태 양	사자좌의 욕망의 대상 또는 의지의 대상이나 욕망되는 선	빈고농민의 탈피
지 구	욕망되는 선의 예정된 수령자	빈고농민
천칭좌	중재자	
달	협조자, 다섯 기능들의 보조자 혹은 동료	
달-사자좌	사자좌의 협조자	최영감

'원영감+최영감+허영감'의 관계 속의 상황을 도식화 하면, '사자좌+달-사자좌+화성'으로 이루어진다. 곧 텍스트의 극적 상황은 '전체연극이 지향하는 욕망+그 욕망의 협조자+그 욕망의 적대자'라는 단순 상황으로 도식화 된다. 이러한 단순한 극적 상황을 작동하는 조건은 '봉건의식의 타파 및 호조조의 참여'이며, 그 작동의 결과는 '빈고농민'에게 '빈고농민의 탈피'로 주어진다. 따라서 텍스트의 극적 상황은 '봉건의식의 타파 및 호조조의 참여'를 작동시켜서 '빈고농민의 탈피'에 이르는 과정으로 되어 있다. 역으로 텍스트의 이러한 극적 상황은 三老人의 모든 작품에 걸쳐서 그 역할 인물의 명칭만 바뀔 뿐 그대로 수용된다. 이런 의미에

24) 극적 상황이란 극적 상황은 행동이 일어나는 극적 조건이며, 의사소통적 상황이면서 심리적, 사회적 상황이다. 이러한 극적 상황은 작품마다 다르며, 인물들의 기능과 그 결합관계에 의해서 여러 가지로 다양하게 변화해 간다.
민병욱, 앞의 책, 280~283쪽.

서 극적 상황은 동시대 현실을 그대로 반영하고 있는 도식성을 보여주고 있으며, 극적 상황과 현실적 상황 간의 직접적인 반영관계를 이루고 있다.

3.4 무대와 객석 간의 통합

3.4.1 개막의 관객 참여유도 전략

텍스트는 등장인물 및 극적 상황의 정형화를 통하여 관객대중들에게 '봉건의식 타파와 호조조의 참여'를 설득하고 태도의 변화를 요구한다. 그 요구는 공연 전략을 통해서 보다 효율적으로 전달된다.

텍스트는 개막과 함께 최령감이 등장하여 관객들에게 말을 건넨다.

> 최령감 (나들이옷차림하고 지나며) 에 날씨두 맵짜다. (지나가려다가 문득 멈춰서 관중석을 향해) 여러분! 예, 제가 어디로 가는가구요? 예, 호조조회의에 갑네다. 예? 예- 이 동네는 모두 스물 한 호인데 지난 해 상년호조조 두개에 게절호조조 하나가 있었습네다. 예? 예- 상년호조조 둘 중에서 한 호조조는 지난 해 어떻게 물이 못나게 잘 꾸렸던지 전 현 호조조모범대회에서 1등으로 뽑혔는데 앞가슴이 쭉 벌어진 집채같은 황둥글이 한 마리를 상으로 받아왔습네다, 허, 어째 좋지 않겠습네까! 조원들은 너무 좋아서 덩실덩실 (어깨춤을 추며) 춤까지 추었습네다. 그런데 다른 한 호조조는 절반은 그냥 해나가자구 주장하구 절반은 아예 싹 걷어치우구 제집씩 하자구 하여 지금 시비가 많습네다. 예? 예- 헤헤, 저는 지금하자거니 말자거니 시비가 많은 호조조에 있습네다…(p.205.)

개막과 함께 등장하는 최영감은 관객들을 향하여 스스로 물음을 만들고 스스로 대답을 한다. 인용에서 , 곧 '여러분! 예, 제가 어디로 가는가구요? 예, 호조조회의에 갑네다. 예? 예' 같은 말의 과잉현상[25]을 통하여 의사소통의 혼란 상황을 방지하고 관객대중들을 의사소통의 상대로 설정해서 확인물음 및 확인대답을 통하여 극적의 참여를 유도하고 극적 메시지를 전달하고자 한다. 아울러 '어깨춤을 추며'와 같이 텍스트는 '춤'을 통하여 관객들의 극적 참여를 유도하고 관심을 집중시킨다.

개막의 이러한 전략은 三老人 공연양식의 일반적인 유형으로 사용된다. 예컨대 《꽃묶음》, 《노랑 령감》, 《양돈장의 봄》, 《풍년가》《한장의 지표》 등에서도 개막은 관객대중에게 말을 건네는 확인물음과 확인대답으로 시작된다.

3.4.2 방백과 관객의 극적 참여지속

개막에 이어서 극의 전개과정에서 텍스트는 방백을 사용하여 관객들의 극적 참여를 지속시킨다. 그 방백은 다음과 같이 행해진다.

① **허령감** (털모자에 덧저고리를 입었다. 목에 피대를 세우고 대통을 흔들며 나온다.)

최영감 잘 만났소. 그러지 않아두 막 찾아다니던 참이요

최령감 (방백) 이거 공연히 자는 범을 건드려 놓구…

야단났군!(pp.205~206.)

---

25) B.아스무트, 『드라마분석론』 송전 역, 한남대학교 출판부, 1986, p.100.

② 원령감 첨 뵙습니다.

허령감 피차에 그렇습니다. 전 동네 있습니다.

최령감 (방백) 외지에서 점잖은 분이 왔는데 저 령감이 그냥 아다모끼질 하면 어쩐다?(p.207)

③ 허령감 아, 글쎄 뼈빠지게 일하는 사람이나 그저 슬슬 뒤따르며 쉽게 일하는 사람이 나 다한 가지 어디 헤먹겠소. 싹 걷어치워야지!

최령감 (방백) 저 령감이 또 이 동네 허물을 다 드러내놓는군… (p.208.)

④ 허령감 그래 바지 입은 게면 바지 입은 게구 치마 두른 게면 치마두른게지 휩쓸려 다니며 히히 닥거리는게 꼴 좋소? 흥!

최령감 (방백) 저 령감이 또 아들 많은 자랑을 할 작정이군. 이번엔 좀 단단히 해내야 하겠다.(pp.210~211.)

⑤ 허령감 (앉으며) 자그만치 나가 일하는 것만 해두 4형제입니다…

원령감 (방백) 저 령감이 내 상처를 다치는군. 나도 작년 한 때 끌날 같은 아들 4형제나 되니 혼자 하겠다구 우겼는데…

허령감 아니, 그 집두 아들 4형제시우?

원령감 예

허령감 (방백) 허허, 동무를 하나 더 만났군.(pp.211~212.)

⑥ 허령감 (방백) 아무렴, 어째도 아들이 많아야지!

원령감 최령감은 딸이 많으니 좋구…

최령감 (방백) 이것 봐라 딸이 많아 좋다니 이건 정말 처음인데… (황송

하고 기뻐 어쩔 줄 모른다.)(pp.212.)

⑦ **원령감** 하하하. 그러구보니 두 령감이 다 허물이 있구만유. 그러니 우리는 너나없이 다같이 여성을 깔보는 남존녀비사상을 타파하구 힘을 합쳐 가난티를 벗어야 합지유. 그러자면 우선 호조조에 대한 인식을 잘해야 하지유.

최령감 그렇습지요!

허령감 (방백) 허허, 단단히 자루를 잡히는군.(p.215.)

인용에서와 같이 방백은 최영감과 허영감 원영감에 의해서 이루어진다.

최영감의 방백은 허영감의 발언구에 대해서 직접 응답하지 않고 관객들과 원영감에만 그 응답구를 전달한다. 방백이 무대 위에 동시에 있는 등장인물들 가운데 일부 한정된 인물에게만 전달되면서 궁극적으로 관객들에게 전달하여 독백처럼 반성의 과정을 보여주지 않고 오히려 그 결과를 보여 주는 것이라면[26], 최영감의 방백은 허영감이 가지고 있는 허위의식, 허례의식을 비롯하여 남존여비사상을 관객들에게 전달한다.

---

26) 방백의 일반적 기능은 다음과 같다.
첫째, 방백은 한 등장인물의 내적 비밀, 예컨대 의도, 사유, 결의를 밝히는 역할을 하면서 관객과 공모관계를 맺는다.
둘째, 방백은 발언자가 현재 진행되고 있는 극적 사건과 극적 행동을 관객들에게 알려주고 이에 관련된 논평이나 순간적인 감정을 토로하는 역할을 한다.
셋째, 방백은 어떤 계획을 꾸미고 있는 등장인물이 자신의 계획이 진행되고 있는지, 계략이 작용되고 있는지를 관찰할 때 사용된다.
넷째, 방백은 앞으로 일어날 사건을 예고하고 갈등의 점진을 저지한다.
민병욱, 앞의 책, 243~247쪽.

곧 최영감의 방백은 결과적으로 허영감의 성격특성을 알려줌으로써 관객들에게 그의 봉건의식을 봉건의식의 타파를 설득한다.

허영감의 방백은 ⑤, ⑥, ⑦에서 이루어진다. ⑤와 ⑥에서 허영감의 방백은 '아들 4형제를 둔 자랑'으로서 남존여비사상, 곧 봉건의식을 가지고 있음을 관객들에게 스스로 알려준다. ⑦에서 허영감의 방백은 원영감 및 최영감의 대화를 통하여 결과적으로 남존여비사상을 탈피하고 호조조를 잘 인식할 것임을 관객들에게 보여주고 있다.

원영감의 방백은 ⑤에서 이루어지며, 그 내용은 허영감의 성격특성이 '남의 상처를 건드리는 것'에 있음을 관객들에게 알려준다.

이와 같이 텍스트의 전개과정에서 방백은 부정적인 인물의 성격 특성을 밝힘으로써 관객들에게 결과적으로 봉건의식의 타파와 호호조의 참여를 설득하는 전략으로 작동하게 한다.

이러한 텍스트와는 달리 三老人의 극적 전개과정에서 가장 널리 사용되는 전략은 언어유희, 만담, 재담, 말 이어가기 등을 비롯한 희극적 표현이다. 예컨대 《질량보증》에서 그 실례를 들면 다음과 같다.

전령감 그게야 여기 모인 관중들에게 제까닥 물어보면 알 일이지. (관중을 향해) <저 여러분! 우리 세 령감들의 장타령이 마음에 드신다면 드신다고 거기 거 수박이나 거꾸로 올려 보 내주시우다!>

리령감 수박이라니?!

량령감 에이, 령감 이게 어느 때라구 때아닌 수박을 올려보내라구 그러오? 거기다 또 올려보내라면 그저 올려보내라고 할게지 하필 거꿀로 올려보내라구 하오?

전령감 하하하! 수박을 거꾸로 부치면 박수가 아닌가말이요!

리, 량령감 응! 박수를 쳐달라구(p.247.)

에서 텍스트는 언어유희와 재담을 통하여 관객대중에게 배우와의 일체감을 형성하고자 한다. 뿐만 아니라 관객대중들의 주의집중을 유도하기 위하여 희극적 표현을 사용하는 것은 三老人의 일반적 전략이다.

3.4.3 폐막과 관객의 태도변화 전략

방백을 통하여 관객들에게 극적 메시지를 전달하면서 텍스트는 노래와 함께 폐막된다. 그 폐막 장면은 다음과 같다.

원령감 문제는 손맞추어서 해나가는데 있습지요!
최, 허령감 아무렴 그렇구말구. 자, 그럼 호조조회의로 가 봅시다!
원령감 나도 함께 가서 학습합시다!

세 로인 호조조의 노래를 흥겹게 부르며 춤출 때 막이 서서히 내린다.
호조조의 노래

일년농사 잘 하려면 이른 봄에 계획세워
나무하고 가대기 걸고 종자눈도 싹틔어서
철맞추어 씨를 두고 때기마다 잘 가꾸세

혼자 할땐 문전옥토 다루기도 어렵더니
호조조를 무엇더니 불망전이 간 곳 없네

얼싸 좋다 절싸 좋다 호조조가 좋구좋네

공산당과 모주석의 올바르신 령도아래
호조조가 백만농민 뭉쳐서니
빈고농민 번신되고 온 나라가 부강하네 (p.217)

폐막장면에서 세 노인은 서로 대립되는 자질을 가지고 있으면서도 공통적으로 '호조조 회의 참여'로 귀결하면서 '호조조의 노래'를 합창하면서 끝맺는다. '호조조의 노래'가 '빈고농민의 번신과 나라의 부강'을 주제로 하고 있다는 의미에서 텍스트의 극적 주제도 '호조조의 참여'와 이를 통한 빈곤농민의 번신과 나라의 부강에 있음을 물론이다. 이러한 주제를 합창과 춤으로 들려주고 보여줌으로써 텍스트는 무대와 객석 혹은 등장인물과 관객대중 간의 통합[27]을 유도하고 '호조조의 참여'를 강조함으로써 관객대중의 정서와 연극적 상상력를 무대 밖에 있는 현존 사회로 확장하고 있다. 따라서 폐막 장면은 합창과 춤을 통하여 극적 주제와 메시지를 전달하여 관객대중의 의식을 사회현실로 확장하게 한다.

텍스트에서와 같이 三老人의 폐막 전략은 《꽃묶음》, 《노랑 령감》, 《양돈장의 봄》에서 노래와 춤을 사용한다.

---

27) M.L.Pratt, *Toward a Speech Act and Theory of Literauray Discourse*, Indiana University Press, 1977, pp.136ff.

4. 결론 및 앞으로의 문제

본고는 중국조선족에만 고유한 민족 공연양식 三老人을 중심으로 그 공연예술적 특성을 살펴본 바를 요약하여 결론으로 대신하고자 한다.

1) 중국조선족은 국가적 차원에서 중국 전통적인 구연예술을, 민족적 차원에서 조선민족의 전통적인 구연예술을 함께 가지고 있다. 근대 이후에는 근대 이후 중국조선족의 새로운 구연예술들 평고연창(平鼓演唱), 연변창담(延邊唱談), 연변고서(延邊鼓書), '三老人'을 가지고 있다. 이 가운데 '三老人'은 '온돌로부터 무대로, 즉흥으로부터 대본화로, 단순한 정치선전으로부터 예술작품으로' 변화했다는 의미에서 구연예술에서 발생하여 연극예술로 이어진 공연양식이다.

2) 三老人은 1950년 연변문예공작단을 중심으로 문예공연단체들은 토지개혁을 계몽, 선전하기 위하여 조선족 집거 농촌지역으로 들어가서 활발한 공연활동을 하면서 개발한 공연양식이다.

3) 三老人은 공연주체에 있어서는 연변문공단에서 연변주, 시, 현 정부 소속 예술단체와 사설예술단체로, 공연 장소에 있어서는 농촌지역의 공공건물이나 일반 가정집과 같은 무대 밖의 공간에서 공공시설이나 전문적인 극장의 공연무대로, 공연지역에 있어서는 연변 조선족집거 농촌지역에서 도시지역으로, 연변지역에서 동북지역으로, 전국으로, 공연형식에 있어서는 즉흥극 공연에서 대본에 기초한 정통극 공연으로 바뀌어간다.

4) 三老人은 '만남→ 다툼→ 화해'의 자기완결적인 구조로 짜여져 있으며 그러한 구조를 작동시키는 것은 등장인물들 간의 서로 다른 차이

이다. 일반적 의미에서 극이 '갈등의 제시' 혹은 '갈등 → 갈등해결' 구조로 되어 있다면 三老人은 '차이 → 화해' 구조로 되어 있다.

5) 三老人의 등장인물은 봉건의식의 타파/준수 호조조의 참여/거부라는 자질로 정형화 되어 있음을 확인할 수 있다. 이러한 정형화된 인물 유형들은 동시대 토지개혁에 관한 현실적인 인물 유형들에 속한다. 동시대 연극을 비롯하여 모든 문예예술이 토지개혁의 선전 매체로 기능할 때, 三老人은 정형화된 인물을 통하여 동시대 토지개혁에서 가장 중요한 매개 수단은 봉건의식의 타파와 호조조의 참여임을 강조하고 있다. 역으로 봉건의식의 타파와 호조조의 참여에 의하여 토지개혁이 이루어질 수 있음을 三老人은 선전하고 있다.

6) 三老人의 극적 상황은 '봉건의식의 타파 및 호조조의 참여'를 작동시켜서 '빈고농민의 탈피'에 이르는 과정으로 되어 있다.

7) 三老人의 개막 전략은 관객대중들을 의사소통의 상대로 설정해서 확인물음 및 확인대답을 통하여 극적의 참여를 유도하고 극적 메시지를 전달하고자 한다.

8) 三老人의 극적 전개과정에서 가장 널리 사용되는 전략은 언어유희, 만담, 재담, 말 이어가기 등을 비롯한 희극적 표현이다.

9) 三老人의 폐막 전략은 노래와 춤을 기본으로 하여 무대와 객석 혹은 등장인물과 관객대중 간의 통합을 유도하고 '호조조의 참여'를 강조함으로써 관객대중의 정서와 연극적 상상력를 무대 밖에 있는 현존 사회로 확장하고 있다.

끝으로 그 첫 작품 《호조조로 가는 길》을 대상텍스트로 하여 三老人의 공연양식의 원리와 특성을 살펴보았지만 이 글은 다음과 같은 문제점을 남기고 있다.

첫째, 중국 조선족 극예술 연구의 기초 자료가 되는 극예술가들의 회고담이나 관련 텍스트의 신뢰성 및 확보 문제.

둘째, 조선족 극예술의 실질 공연, 특히 三老人의 공연에 관한 연극적 체험의 문제.

셋째, 동시대 동북지역, 특히 조선족 집단거주 지역에서 진행되었던 동시대 중국연극, 조선족 연극 그리고 남북한 연극의 공연과 서로 간의 연극적 혼합현상, 특히 三老人과 중국 相聲, 재담, 만담 간의 장르혼합현상에 관한 문제.

넷째, 공연텍스트와 구술된 대본텍스트 간의 문제.

*** 본 제 2부의 'Ⅲ'은 「중국 조선족 공연양식 《三老人》 연구」(『한중인문과학연구 · 19』, 한중인문학회, 2006, 5-31쪽)의 제목을 변경하여 전제한 것임.**

참고문헌

1) 텍스트

『20세기 중국조선족 문학사료 전집』, 중국조선민족문화예술출판사, 2004

김재석 편저, 『그 총각과 택시아가씨- 중국조선족 희곡선집 3』, 연극과 인간사, 2005

김재석 편저, 『도시+농민=?- 중국조선족 희곡선집 4』, 연극과 인간사, 2005

김재석 편저, 『도시+농촌=?』, 연극과 인간사, 2005.

김재석 편저, 『장백의 아들- 중국조선족 희곡선집 1』, 연극과 인간사, 2005

김재석 편저, 『해토 무렵- 중국조선족 희곡선집 2』, 연극과 인간사, 2005

北京大學朝鮮文化硏究所 編, 『중국조선민족문학선집 7- 희곡편』, 민족출판사 1991.

北京師範大學中文系 編, 『中國現代文學史參考資料 · 3』, 高等教育出版社, 1959.

연변희극작가 편, 『웃음소리』, 연변인민출판사, 1980.2.

2) 논저

강련숙 편, 『중국조선족100년문학예술대사기』, 길림인민출판사, 2001

김승찬 외, 『중국 조선족문학의 전통과 변혁』, 부산대학교출판부, 1997

김운일, 『희곡개론』, 연변대학출판사, 1990.

김학주, 『중국의 희곡과 민간연예』, 明文堂, 2002.

민병욱, 『현대희곡론』, 삼영사, 2006.

백정희, 김상원, 『중국 현·당대문학의 이해』, 한국학술정보, 2003.
북경대학조선문화연구소 편, 『중국조선민족문화사대계 3- 예술사』, 서울대학교출판부, 1994.
서일권 외, 『중국조선족 문학논저 · 작품목록집』, 민족출판사, 1992
소재영 외, 『연변지역 조선족문학 연구』, 숭실대학교 출판부, 1992
임범송 주필, 『중국조선민족예술론』, 료녕민족출판사, 1991
전성호 외, 『중국조선족문학비평사』, 민족출판사, 2007, pp.25~28.
전성호, 『중국조선족 문학예술사 연구』, 이회출판사, 1997
전성호, 『중국조선족 문학예술사 연구』, 이회출판사, 1997
조성일, 권 철 외, 『중국조선족문학통사』, 이회출판사, 1997
조영규, 『20世紀 中國 프로文學』, 인하대학교출판부, 2001.
『中國戲曲劇种大辭典』, 上海辭書出版社, 1995.
毛澤東, 『毛澤東選集 · 3』, 北京外文出版社, 1972.
徐万邦, 祁庆富, 『中國少數民族文化通论』, 中國 中央民族大學出版社, 1996.
王兆一, 王肯, 『二人轉史論』, 時代文藝出版社, 2001.
劉振德 主編, 『二人轉藝術』, 文化藝術出版社, 2000.
章诒和 主编, 『中国戲曲』, 文化藝術出版社, 1998.
中國戲曲誌編委會, 『中國戲曲誌 · 北京卷』, 中國ISBN中心, 1999.
陳乂敏, 刘峻骧 主编, 『中国曲艺, 杂技, 木偶戲, 皮影戲』, 文化藝術出版社, 1998.
陈叉敏, 刘峻骧, 『中国曲艺 · 杂技 · 木偶戲, 皮影戲』, 文化藝術出版社, 1998.
蔡源莉, 吴文科, 『中国曲艺史』, 文化藝術出版社, 1998.

黃 钧, 徐希博 主编, 『京劇文化詞典』, 漢語大詞典出版社, 2001.
中國共産黨 中央文獻編輯委員會, 『毛澤東選集 Ⅰ, Ⅱ』, 全人, 1989.
毛澤東, 『연안문예강화 : 당팔고에 반대한다』(이등연 역), 두레, 1989.
毛澤東, 『모택동의 문학예술론』(이욱연 역), 논장, 1989
부효항, 『中國戲曲理論史』(이용진 역), 중문출판사.
陳白塵 · 董健 主編, 『中國現代戲劇史』(한상덕 역), 한국문화사, 1966.
A.Fowler, *Kinds of Literature*, Clarendon Press, 1982.
R.L.Colie, *The Resources of Kind*, University of California Press, 1973.
T.Hodgson, *The Batsford Dictionary of DRAMA*, B.T.Batsford, 1988.
M.S.Barranger, 『서양연극사 이야기』(우수진 역), 평민사, 2001.
P.Hernadi, 『장르론』(김준오 역), 문장사, 1983.
W.Kayser, 『언어예술작품론』(김윤보 역), 대방출판사, 1982.
김명학, 「20세기 중국 전통희곡의 계승과 개혁」, 『中國學論叢 · 11』, 2001, 한국중국문화학회, pp.1~33.
김병철, 「중국 연변 조선족의 정착과정에 관한 연구」(석사논문), 한국교원대대학원, 1997.
김시준, 「第一次 中華全國文學藝術工作者代表大會의 意義와 反響」, 『중국문학 · 25-1』, 한국중국어문학회, 1996, pp.305~326.
김시준, 「중국의 문예정책 수립 및 변화과정연구」, 『중국문학 · 24-1』, 한국중국어문학회, 1995, pp.337~360.
김영광, 「試論二人轉的起源與形成」, 『중국인문과학 · 36』, 중국

인문학회, 2007, pp.323~337.
김영광, 「秧歌와 農樂 비교 연구」, 『중국인문과학 · 32』, 중국인문학회, 2006, pp.285~307.
김재석, 「격랑의 역사에 대한 연극적 대응- 황봉룡론」, 『한국극예술연구 · 11』, 2000, pp.427~459.
______, 「계몽 선전의 의지와 멜로드라마 선택- 최정연론」, 『어문학 · 70』, 한국어문학회, 2000, pp.129~147.
______, 「연변 조선족 극문학의 극적 특성과 공연기법 연구」, 『비평문학 · 13』, 한국비평문학회, 1999, pp.525~550.
______, 「연변 조선족 연극 '삼노인(三老人)' 연구」, 『한국극예술연구한국비평문학회, 12』, 한국극예술학회, 2000, pp.183~207.
김진경, 「건국초기 중공의 토지개혁(1950~1952)」, 『中國史研究 · 25』, 중국사학회, 2003, pp.171~204.
김향란, 『樣板戲 研究』, 전남대교 대학원 박사학위논문, 2001.8.
김흥우, 「중국조선족연극과 황봉룡 · 박영일의 활동」, 『한국희곡 · 18』, 한국희곡작가협회 편, 연극과 인간사, 2005, pp.348~358.
민병욱, 「三老人의 장르 생성과 정착과정 연구」, 『한중인문학연구 · 25』, 한중인문학회, 2008.12, pp.279 ~303.
_____, 「중국 조선족 공연양식 <삼노인> 연구」, 『한중인문학연구 · 19』, 한중인문학회, 2006, pp.5~31.
민혜란, 「중국광장예술의 역사적 발전과정 및 전개양상」, 『중국어문학논집 · 42』, 중국어문학연구회, 2007, pp.331~353.
박경식, 「중국조선민족극문학에 대하여」, 『중국조선민족문학선집 7- 희곡편』(중국 북경대학조선문화연구소 편), 민족출판사 1991

번리 외, 유세종 역, 「주은래의 문예사상」, 『9인의 문예사상』, 청년사, 1991.
안상복, 「중국 북방 秧歌戲와 二人轉 연구」, 『중국문학 · 48』, 한국중국어문학회, 2006, pp.163~182.
안영은, 『新秧歌運動硏究』, 북경대 대학원 박사학위논문, 2004.
양창삼, 「중국의 근대화와 국가경영에 대한 역사적 고찰」, 『經營史學 · 18-1』, 한국경영사학회, 2003, pp.197~226.
양회석, 「신가극 〈白毛女〉와 민족형식」, 『중국희곡 · 4』, 한국중국희곡학회, 1996, pp.91~113.
______, 「중국 신가극의 형성과 특질」, 『중국문학 · 27-1』, 한국중국어문학회, 1997, pp.353~373.
______, 「중국희곡개혁운동연구」, 『중국현대문학 · 32』, 한국중국현대문학학회, 2005, pp.377~404.
李北陵 「二人转给地方戏曲带来什么启示?」, 『深圳商报』, 2009.4.23
이 훈, 『중국 조선족 공연단체에 관한 음악사회학적 연구』서울대 대학원 박사학위논문, 2005.02
이상준, 「中共의 農業組織 變遷과 人民工社」, 『經濟硏究 · 1』, 홍익대 경제연구소, 1984, pp.51~76.
이화승, 「청대 동북지역의 상점조직에 관한 연구」, 『명청사연구 · 12-1』, 명청사학회, 2000, pp.115~140.
전명용, 「중국동북삼성문화연구」, 『중국학연구 · 20-1』, 중국학연구, 2001, pp.541~567.
정 일, 「중국의 도시빈민예술-상성」, 『중국문학 · 31』, 한국중국어문학회, 1999, pp.215~233.
정지호, 「中國 합과의 現代史的 展開」, 『中國學報 · 45』, 한국중국학회, 2002, pp.329~347.
차미경, 「회관연극의 형성과 공연예술적 특성」, 『중국학보 · 57』, 한국중국학회, 2008, pp.99~117.
최병국, 「연변연극단 40년 사업보고」, 『중국조선민족희곡선집 · 4』(김재석 편저), 연극과 인간사, 2005, pp.315~327.
최병윤, 「중국공산당의 토지개혁에 관한 연구」, 서강대학교 공공정책대학원 석사학위논문, 2001, pp.85~93.
최수봉, 「구연사」, 『예술사- 중국조선민족문화사대계 · 3』, 민족출판사, 1980
______, 「구연예술에 대한 역사적 고증」, 『문학예술연구 · 16』, 1981.
한상복, 「중국 연변 조선족의 생활상」, 『동아시아연구논총 · 3』, 제주대학교 동아시아연구소, 1992, pp.9~66.
한원국, 「연변연극단의 뿌리와 그 빛발」, 『중국조선민족희곡선집 · 4』(김재석 편저), 연극과 인간사, 2005, pp.328~332.
홍성도, 「《삼로인》에 대한 소감」, 『문학과 예술 · 1982-3』, 1982, pp.27~32.
홍성도, 원주삼, 「연변조선족 연극운동에 대한 일고찰」, 『문학예술연구 · 21』, 1983.
______, ______, 「연변조선족연극운동에 대한 회고」, 『문예평론 · 21』, 1983.
______, ______, 「해방 초기 연변연극운동의 초보적 고찰」, 『문학

예술연구 · 20』, 1982.
홍영림, 「명청대 향촌연극과 제의공동체」, 『중국희곡 · 8-1』, 한국중국희곡학회, 2000, pp.111~132.
황선주, 「가극 〈白毛女〉와 대중성의 문제」, 『중국문학 · 21』, 한국중국어문학회, 1993, pp.255~273.

3부
민족분단기 북한 연극

제3부 민족분단기 북한연극

Ⅰ. 하나의 관점

1987년 월북작가를 중심으로 한 금서 해금조치를 계기로 하여 '북한 바로 알기 운동'이 전개되었을 때, 그 운동의 가장 중요한 쟁점은 북한문학예술을 바라보는 시각의 문제였다. 이제 시작 단계에 지나지 않는 북한의 연극 연구에 있어서 가장 중요한, 늘 되풀이되어야 하는 쟁점은 그것을 어떻게 접근하느냐 하는 연구 방법론이다. 그 방법론으로서 가장 설득력 있게 제시된 것은 북한 사회와 문학예술을 남한의 관점에서가 아니라 북한 자체의 관점에서 바라보아야 한다는 내재적 접근이다. 내재적 접근은 무엇보다도 먼저 남/북의 사회 및 문학예술에 관한 우/열의 관계를 지양하고, 북한의 사회와 문학예술을 그 자체의 논리에 따라서 바라보는 시각이다. 이 시각은, 남한의 시각과 방법론을 유보하고 북한 사회의 형성 배경과 원리 속에서 접근하고자하는 것이다. 이것은 북한 사회를 남한 사회의 이데올로기적 대립관계로 설정하는 것이 아니라 미래에는 통합으로 결합되는, 그러나 현재에는 분단 상황 속에 있는 상호 독립적인 사회체제로 인식하자는 것이다. 말하자면 통일을 전제로 하여 현 분단상황을 통합을 지향해 가는 과정으로 인식하자는 것이다. 이러한 내재적 접근의 시각에서 본다면 사회주의체제 아래에 있는 문학예술은 당의 문예노선과 정책에 의해서 결정된다는 것을 전제로 한다. '김일성의 교시→당의 문예 노선과 정책→문학예술의 창작'이라는 결정 과정을 전제로 한다면, 북한 사회와 문학예술은 사회주의에서 주체사상으로, 사회주의적 사실주의에서 주체사실주의로의 변화 과정을 거친다. 따라서 북한 연극을 바라보는 기본적인 관점은 근대 민족문학의 범주 속에서 사실주의의 발전과정으로 이해하는 것이다.

북한 희곡과 연극에 관한 선행 연구는, 문학연구에서의 성과와는 달리, 소수 전문가들이 일반 독서대중을 상대로 한 교양적 계몽의 차원에서 이루어지고 있다.

선행 연구들은 남/북의 사회체제와 문학예술을 우/열 관계로 전제로 하여 대체로 북한 희곡과 연극의 흐름을 개괄적으로 소개하거나 실증적으로 정리하는 단계[1)]에 있다. 그 단계도 말하자면 다음과 같다.

> 북한의 연극과 희곡에 관한 연구는 문학 분야에 비하면 초보적 단계에 있다고 해도 과언이 아니다. 해방 이후부터 현재까지 북한 연극의 변모과정에 대한 파악도 제대로 이루어지지 않는 상태이며, 특정 시기나 작품에 대한 연구 역시 연극 외적인 시각에 사로잡혀 객관적 조망에는 이르지 못한 감이 있다.[2)]

---

1) 물론 북한 희곡에 관한 선행 연구는, 연극 연구에 비해 상대적으로 더 많은 성과를 얻고 있기는 하다. 희곡에 관한 선행 연구는 해방기에서 이른바 전후복구기에 집중되어 있는 서너 편뿐이며, 그것들도 대체로 북한 문학이나 희곡의 개괄하는 한 부분으로 쓰여진 것이다.
희곡과 연극에 관한 선행 연구 목록은 이 글의 말미에 있는 <참고문헌>에서 확인할 수 있다.

2) 현재원, 「재북 작가 리동춘의 작품세계」, 『북한 연극과 희곡문학의 구조와 특성』, 한국극예술학회 주최 2001년 전국학술발표대회자료집, 20쪽.

따라서 북한 희곡과 연극의 실체를 이해하기 위해서는 무엇보다도 먼저 객관적인 시각에서 작품 그 자체를 조망할 필요가 있다.

Ⅱ. 극예술의 종류와 특성

1. 극예술의 종류와 특성

1.1 예술의 정의와 형상적 형식

희곡과 연극은, 북한에서 사용하는 용어로 말한다면, 예술의 한 종류이다.

예술은, 『조선말대사전』(사회과학원 언어연구소 편)에서 살펴보면 다음과 같이 정의된다.

> 예술 [명] 인간과 그 생활을 형상적 수단과 형식으로 반영함으로써 사람들의 사상정서적 교양에 이바지하는 사회적 의식의 한 형태. 가극, 음악, 무용, 미술, 연극, 영화 그 밖의 여러 가지 형식이 있다.

인용에서와 같이 예술의 특성은 인간과 그 생활을 형상적 수단과 형상적 형식으로 반영하는 것이다.

형상적 수단과 형상적 형식은 예술만이 가지고 있는 특성인 바, 논리적 수단과 논리적 형식과 구별된다. 형상적 형식은 그것들을 현실 그대로 구체적이고 생동한 모습으로 보여주는 것이라면, 논리적 형식이 인간과 그 생활을 추리하고 일반화하여 추상화시키는 것이다. 형상적 형식은 예술의 특성인 반면, 논리적 형식은 과학의 특성이다.

예술과 과학의 공통점은 인간과 그 생활을 반영하는 것인 반면, 그 차이점은 반영의 형식, 곧 형상적 형식/논리적 형식에 있다.

1.2 묘사에 의한 예술의 종류와 형태

예술에 있어서 가장 중요한 것은 인간과 그 생활을 현실 그대로의 모습대로 구체적이고 생동하게 그리는 과정, 즉, 형상화의 과정이다. 형상화 과정이란 달리 표현하자면, 특정한 수단을 통하여 생활을 그대로의 모습대로 구체적이고 생동하게 그리는 묘사의 문제이다. 따라서 예술에 있어서 가장 중요한 것은 묘사의 문제이다.

예술은 묘사에 의해서 결정되는 것이며, 예술의 여러 형식, 달리 표현하자면 종류와 형태는 묘사의 차이에 의해서 구별된다. 이 때, 종류는 예술을 1차적으로 분류하는 것이며, 형태는 1차적으로 분류한 것을 다시 분류하는 것이다. 이러한 종류와 형태는 절대적인 것이 아니라 상대적인 것이다.

예컨대 예술을 1차적으로 분류하면, 문학, 연극, 영화, 음악, 무용, 교예의 종류로 나뉘어지며, 다시 그 종류의 하나인 문학을 2차적으로 분류하면 시가문학, 서사문학, 극문학의 형태로 나뉘어진다.

마찬가지로 문학을 1차적으로 분류하면 시가문학, 서사문학, 극문학의 종류와 나뉘어지고, 그 종류의 하나인 시가문학을 2차적으로 분류하면 서정시, 가사 등의 형태로 나뉘어진다.

이러한 분류에서 본다면 문학뿐만 아니라 연극, 영화, 무용, 음악 등등은 예술의 한 종류이면서 그 자체의 독자성을 가진 독립된 예술이기도 하다.

앞서 확인 한 것과 같이, 예술의 종류와 형태를 분류하는 기준은 묘사, 정확하게 표현하자면 묘사 수단과 묘사 방식이다. 묘사 이외에도 일반적이고 관습적으로 사용된 분류 기준에는 묘사 대상, 작품의 용량, 문체 등이 있다.

묘사를 비롯한 여러 기준에 따라서 분류된 예술의 종류와 형태를 살펴보면 다음과 같다.

- 문학
  - 시가문학, 서사문학, 극문학
  - 운문문학, 산문문학
- 연극
  - 정극, 비극, 희극
  - 단막극, 중막극, 장막극
- 영화
  - 예술영화, 기록영화, 과학영화
  - 소폭영화, 광폭영화, 입체영화
- 무용
  - 무용극, 무용조곡, 무용소품
  - 민간무용, 예술무용
  - 생활무용, 상징무용

- 음악
  - 성악
  - 기악
  - 단성음악
  - 다성음악
  - 표제음악
  - 비표제음악
- 교예
  - 체력교예/동물교예/교예막간극/요술
- 미술
  - 화화
  - 조각
  - 공예
  - 건축
  - 일반미술
  - 실용미술
  - 영화미술
  - 무대미술

도식에서와 같이 그 분류 기준에 따라서 예술은 다양한 종류와 형태로 나누어진다.

1.3 극문학의 성립과 종류 및 형태

예술의 이러한 분류에 있어서 문학의 종류와 형태를 구체적으로 살펴보면 다음과 같다.

- 문학
  - 서정문학 : 서정시, 가사, 민요
  - 서사문학 : 소설, 서사시, 설화, 우화
  - 극문학 : 희곡, 영화문학, 가극문학
  - 운문문학
    - 서정적 운문 : 서정시, 민요, 가사
    - 서사적 운문 : 소설
    - 극적 운문 : 운문으로 쓰여진 희곡, 극시
  - 산문문학
    - 서정적 산문 : 산문시, 종론
    - 서사적 산문 : 산문소설, 설화, 우화

└ 극적 산문 : 문으로 쓰여진 희곡, 영화문학, 가극문학

남한에서와는 달리, 문학의 종류에 있어서 가장 특징적인 것은 극문학이다.

남한에서 희곡문학은 서정문학 및 서사문학과 같은 차원에 있는 서로 다른 종류에 속하지만, 북한에서의 희곡문학은 같은 차원에 있는 서로 다른 종류의 하위 개념에 속한다. 곧 남한에서 극문학은 희곡문학과 같은 것이지만, 북한에서 희곡문학은 가극문학 및 영화문학과 같이 극문학의 하위 형태이다.

도식에서와 같이, 희곡은 운문이든 산문이든 상관없이 문학의 극적인 형태, 곧 극적인 문학이다.

극적이라는 것은, 서정적인 것, 서사적인 것과 묘사방식으로 구별된다. 묘사방식을 기준으로 하여 서정적, 서사적, 극적인 것을 구별하면 다음과 같다.

서정적 묘사방식 : 외부세계에서 환기된 인간의 내적 체험, 감정, 정서를 직접 표현하는 방식이다. 말하자면 시인의 내부 체험을 서정적으로 개방하는 형식이다.

서사적 묘사방식 : 인간 생활을 생활논리대로 객관적으로 이야기식으로 그리는 묘사방식을 말한다. 즉 생활 그 자체의 흐름과 모양대로 인간 성격과 사건, 대화와 행동, 사상 등을 그려내는 방식이다.

극적 묘사방식 : 생활의 극적인 것을 중심으로 하여 집중적으로 그리는 방식이다. 즉, 생활의 극성을 등장인물의 행동과 대화로써 일정한 시공간 속

에서 집중적으로 재현하는 방식이다.

극적 묘사방식에 의해서 생활의 극성을 반영하는 극문학에는 희곡문학과 가극문학 그리고 영화문학이 있다.

희곡문학과 가극문학은 기본적으로 극예술에 연원을 두고 있는 반면, 영화문학은 극예술에 발생의 연원을 두지 않는, 독자적인 예술이다.

희곡문학과 가극문학은 공통적으로 극문학에 그 발생의 원천을 두고 있다. 이것은 곧, 희곡문학과 가극문학이 기본적으로 극적 묘사방식에 의해서 생활을 반영한다는 것이다.

반면 희곡문학과 가극문학은 기본적인 형상 수단에 의해서 서로 구별된다. 연극의 창조를 전제로 하는 희곡문학은 말과 행동을, 가극의 창조를 전제로 하는 가극문학은 노래와 음악을 기본적인 형상 수단으로 선택하고 있다.

물론 희곡문학이 노래와 음악을, 가극문학이 말과 행동을 형상 수단으로 사용하지 않는 것은 아니다. 노래와 음악은 희곡문학의 부차적인 형상 수단이며, 말과 행동도 가극문학의 부차적인 형상 수단에 지나지 않는다.

노래와 음악이 기본적인 형상 수단이므로 가극문학은 곧 노래 속에 극이 있고 극 속에 노래가 있는 노래극이다. 노래와 음악을 기본적인 형상 수단으로 삼는다는 것은 가극문학이 서정적 묘사방식으로서 생활을 반영한다는 것이다.

따라서 희곡문학은 극적 묘사방식을, 가극문학은 서정적 묘사방식과 극적 묘사방식에 의해서 생활을 반영한다.

이와는 달리 영화문학은 극문학에 그 발생의 원천을 두고 있지 않는,

독자적인 예술이다. 영화가 극예술로부터 발생한 것이 아니듯이, 영화문학도 원래 극문학의 원천이었던 희곡문학의 계승이나 발전이 아니라 원래 발생부터 독자적인 예술이다.

영화문학은 영화적 묘사방식에 의해서 생활을 반영한다. 영화적 묘사방식이란 생활을 영화적인 지문과 대화, 행동으로서 그리는 방식, 곧 생활을 그림, 사진, 화폭을 조화롭게 묶어 세워서 보여주는 장면적인 예술방식이다. 지문과 대화, 행동을 기본적인 형상 수단으로 하고 있다는 점에서 영화적 묘사방식은 일반적으로 서사적 묘사방식과 극적 묘사방식이 결합된 형태라고 할 수 있다.

따라서 묘사방식을 기준으로 한다면, 희곡문학은 극적 묘사방식, 가극문학은 극적 묘사방식과 서정적 묘사방식의 결합 형태, 영화문학은 극적 묘사방식과 서사적 묘사방식의 결합 형태이다.

2. 연극예술의 특성

2.1 희곡과 연극의 특성

희곡은 확실히 극문학의 정통적인 하위 형태이다.

희곡문학은 서정문학 및 서사문학과 구별되는 극문학이며, 극문학에서도 가극문학 및 영화문학과도 확실히 구별된다. 마찬가지로 연극은 가극 및 영화와도 구별된다.

희곡과 연극은 서정적, 서사적 묘사방식과 전혀 결합하지 않고 가장 정통적인 극적 묘사방식에 의해서, 말과 행동이라는 기본적인 형상 수단에 의해서 생활을 반영한다.

이에 희곡과 연극의 특성은 다음과 같다.

첫째, 희곡은, 서정문학 및 서사문학과는 달리, 독자들에게 읽히기 위한 문학이 아니라 무대예술, 곧 연극으로 재현할 것을 전제로 하여 창조되는 문학이다. 희곡은 그것의 무대화, 곧 연극의 공연을 전제로 한 문학이다.

둘째, 공연을 전제로 한다는 의미에서 희곡은 연극의 특성을 집중적으로 체현한 예술이다. 연극의 특성이 생활에서의 대립과 투쟁을 무대조건 속에서 반영하는 것과 같이, 희곡은 인간과 그 생활에 대립적인 것, 투쟁적인 것을 무대적 조건 속에서 반영한다. 곧 희곡과 연극은 시공간적인 제약성 속에서 대립, 투쟁의 생활을 반영한다.

셋째, 희곡과 연극은, 대립과 투쟁의 생활을 말과 행동의 형상 수단으로 반영한다는 의미에서, 생활 반영에 있어서 그 어떤 제 3자의 개입도 허용하지 않는다. 희곡과 연극은, 다른 극문학과 극예술과 달리, 작가의 개입을 철저히 배제하고 오직 등장인물의 말과 행동을 통해서만 생활을 객관적으로 반영하고 객관적으로 제시하는 예술이다.

넷째, 희곡과 연극에서 가장 중요한 것은 그 기본적인 형상 수단인 말과 행동, 배우의 대사와 행동이다. 희곡과 연극에서 대사는 언어의 전체적인 짜임이라고 할 수 있는 반면, 행동은 등장인물들 간의 관계와 사건 속에서 밝혀지는 것으로서 지문으로 간단히 표시된다. 곧 희곡과 연극은 대사의 문학이며, 등장인물들 간의 대사를 엮어 놓은 것 외에 약간의 지문으로 이루어진 언어예술이면서 무대 위에 창조, 공연되는 무대예술이다.

2.2 연극의 종류와 그 특성

연극은 이러한 특성에 기초하여 다음과 같이 하위갈래로 체계화 된다.

- 형상수단에 따라서
  - 가면극
  - 탈 극
  - 인형극
  - 화 극
  - 시 극
  - 무언극
  - 방송극
    - 련속방송극/화상방송극/
    - 텔레비죤방송극
  - 텔레비죤극

- 생활 내용의 성격에 따라서
  - 주제적 내용
    - 력사극
    - 종교극
    - 민속극
    - 현대극
    - 혁명극
  - 정서적 색깔
    - 정 극 - 선동극/심리극
    - 희 극 - 경희극/풍자극
    - 비 극 - 전통적 비극/혁명적 비극
    - 정희극
    - 희비극
    - 서정극

- 생활내용의 범위 규모에 따라서
  - 장막극 - 장막정극/ 장막희극/ 장막비극
  - 중막극 - 중막정극/ 중막희극/ 중막비극
  - 단막극
    - 단막정극/ 단막희극/ 단막비극
    - 촌극/ 사이극9막간극)/ 토막극

대상에 따라서
- 성인극
- 아동극 - 동화극/ 우화극/ 인형극(손인형/ 종대인형/ 줄인형)

시대 역사적 특성에 따라서
- 민간극 - 두레/ 탈놀이/ 줄인형
- 궁전극
- 도시극
- 종교극
- 신 극

도식에서 연극의 기본 종류3)를 일반적으로 정극과 희극 및 비극으로

---

3) 이와 관련하여 북한 연극의 장르론에서 기본 종류의 하위 갈래들을 분류하는 약호들은 일치하지 않는다.

<table>
<tr><td colspan="3"></td><td>리동원(1985)</td><td>정성무(1988)</td><td>한중모 외(1992)</td><td>안희열(1996)</td></tr>
<tr><td colspan="3">기본 종류
분류 기준</td><td>특성</td><td>양상
(역사적 관습)</td><td>극적 생활- 서정적/ 서사적/ 극적</td><td>양상
(생활내용의 특성)</td></tr>
<tr><td rowspan="4">하위갈래</td><td colspan="2">분류기준</td><td>용적에 의한
정극만의 분류</td><td>용량
(역사적 관습)</td><td></td><td>정서적 색갈</td></tr>
<tr><td rowspan="3">갈래유형</td><td>정극</td><td>촌극,
단막극,
중막극,
장막극 등등</td><td>단막정극,
중막정극,
장막정극</td><td></td><td>선동극,
심리극</td></tr>
<tr><td>희극</td><td>풍자극,
경희극</td><td>단막희극,
중막희극,
장막희극</td><td>풍자극,
경희극</td><td>풍자극,
경희극</td></tr>
<tr><td>비극</td><td>낡은 비극,
혁명적 비극</td><td>단막비극,
중막비극,
장막비극</td><td>전통적 비극
혁명적 비극</td><td>전통적 비극.
혁명적 비극</td></tr>
</table>

리동원, 『문학개론』, 김일성대학종합출판사, 1985, 238~239쪽.
정성무, 『시대와 문학예술 형태』, 문예출판사, 1988, 41쪽.
안희열, 『문학예술의 종류와 형태』, 문학예술종합출판사, 1996, 228쪽.

나눈다.

첫째, 정극은 보통 일반 극을 말하는 바, 극의 일반적 특성을 가장 전형적으로 체현한 연극이다. 희극 및 비극과 달리, 정극은 용적에 의하여 다시 촌극, 단막극, 중막극, 장막극으로 나뉘어진다.

촌극은 가장 짧은 극, 곧 마디극으로서 생활의 어느 한 계기를 집중적으로 보여주면서 그 성격을 밝히는 극이다.

단막극은 한 막으로 된 극 형식으로서, 적은 등장인물들이 단순하고 집중적인 사건을 통하여 단일한 주제를 형상화하는 극이다. 여느 연극과 달리, 현실을 민감하게 반영하므로 단막극은 전투적이고 기동적인 극 형식이다.

중막극은 보통 2, 3막으로 된 극 형식이다.

장막극은 여러 막으로 된 극 형식으로서, 한 시대, 또는 긴 역사적 시기에 있어서 인간과 그 생활을 폭넓게 반영한다.

둘째, 희극은 낡고 부정적인 것을 풍자, 조소, 해학으로 새로운 것을 긍정하는 극 형식이다. 희극은 풍자 대상이나 웃음의 성격에 따라서 경희극과 풍자극으로 나뉘어진다.

경희극은 가벼운 웃음으로 부정을 교양하는 극 형식이다. 그 대상은 긍정적인 것과 부정적인 것을 동시에 가지고 있는, 자기 결핍을 스스로 알지 못하고 있는 인물이다. 이러한 인물은 청산의 대상이 아니라 교양 개조의 대상이 되며, 이 때의 웃음은 잘못을 일깨워주면서 충고를 동반한 가벼운 웃음이다.

풍자극은 낡고 부정적인 것을 날카로운 웃음과 비판으로 사라지게 하

한중모 외, 『주체적 문예리론의 기본 3- 문학예술형태』, 문예출판사, 1992, 138~143쪽.

는 극 형식이다. 풍자극은 낡고 부정적인 것, 곧 시대의 요구에 뒤떨어진 낡고 반동적인 것과의 적대적 갈등이 중심을 이루는 극이다.

셋째, 비극은 미학적 개념이면서 역사적 개념이다. 미학적 개념으로서 비극은 비극적 운명을 겪는 주인물의 비극적 갈등과 비극적 체험을 다루고 있는 극 형식이다. 역사적 개념으로서 비극은 비극적 체험이 사회제도의 모순에 의하여 드러난다는 것에 있다. 사회주의 현실에서는 비극이 창조될 수 있는 생활적 기초[4)]가 없으므로, 비극은 낡은 비극과 혁명적 비극으로 나뉜다.

낡은 비극은 낡은 사회에서 창조된 비극이며, 혁명적 비극은 혁명적 사회에서 창조된 비극이다.

2.3. 가극예술의 특성

영화와는 달리, 가극은 연극과 마찬가지로 극예술에서 발생하여 독자적인 예술 형식으로 정립된 것이다.

가극은, 극예술에서 기본적인 형상 수단에 의하여 희곡 및 연극과 구별

---

4) 사회주의현실에서 비극이 창조될 수 있는 생활적 기초가 없다는 논리의 수락/거부는 북한문학예술에 있어서 현실 인식의 토대로서 작용한다. 즉 문학이 현실을 반영한다는 관점에서 본다면 비극은 비극적 현실을 반영한다. 문학예술에서 비극이 있다는 것은 현실에서 사회제도의 모순에 의한 비극적 현실이 있다는 것이다. 이것은 북한 사회가 문학 X를 수락(/거부)하면 사회적 결과 Y가 나타난다(/나타나지 않는다)는 정치적 논법에 의해서 움직이고 있다는 것이다. 예컨대 그 전형적인 실례가 1953년에서 56년까지 일어났던 반종파 투쟁 이후, 1958년 3월 3일 당 제 1 차 대표자회의에서 천리마운동이 공식화되면서 북한 사회가 사회주의적 개조의 완결을 통하여 사회주의 사회로의 진입을 과제로 내걸자 문학예술에 있어서 갈등론은 완전히 사라진다. 즉 사회주의적 개조가 완결된 상태에서 현실의 적대적 갈등과 모순은 존재하지 않으므로 문학예술에서 갈등도 존재하지 않는다는 것이다.
김재용, 『북한 문학의 역사적 이해』, 문학과 지성사, 1994, 26쪽
G.그라프, 해석의 유사정치학, *Critical Inquiry*(1983.봄), pp.597~608.

된다.

희곡 및 연극의 기본적인 형상 수단이 말과 행동이라면, 가극의 그것은 노래와 음악이다. 글자그대로 가극은 노래극 혹은 음악극인 바, 그 특성은 다음과 같다.

첫째, 가극은 일반 극 및 일반 음악과 다르다. 가극은, 일반 극과 같이 인간과 그 생활을 극적으로 반영하면서도, 일반 극과는 달리 정서적으로도 반영한다. 가극은, 일반 음악과 같이 음악을 기본적인 형상 수단으로 하고 있으면서도, 일반 음악과는 달리 극성을 가지고 있다. 이런 의미에서 가극은 노래 및 음악의 서정적 묘사방식과 극의 극적 묘사방식을 유기적으로 결합시켜서 생활을 서정적으로, 극적으로 반영한다. 곧 가극은 등장인물들의 극적 관계를 정서적으로 승화시킨 노래와 음악을 통하여 표현하는 예술이다.

둘째, 가극은 시각적인 예술 형상과 청각적인 예술 현상을 통하여 생활을 반영하는 무대종합예술이다. 가극은, 노래와 음악을 통하여 극을 전개시켜 나가면서 배우들의 연기, 무용,무대장치, 조명, 분장, 의상 등을 종합적으로 이용하여 무대 위에 재현한다. 이런 의미에서 가극은 무대종합예술이며, 연극과 마찬가지로 시공간적 제약성을 가진다.

셋째, 가극에서 노래는 등장인물들의 인간 관계와 성격을 직접 드러내거나 펼쳐 갈 수 없다. 노래는 인간과 그 생활의 감정정서를 전달하며 서정적인 것으로 이끈다.

넷째, 가극에서 음악은 극적인 음악이다. 가극의 음악은, 먼저 그 자체의 예술적 통일이 이루어져야 하며, 이어서 노래의 가사에 맞게 밀착되면서 모든 노래들이 전일적인 체계를 이루어야 한다.

음악 자체의 예술적 통일은 주선율이 중심에 서고 주선율에 의하여 다른 선율들이 파생되면서 복종되는 통일성을 뜻한다.

아울러 음악은 가사 내용에 적합한 선율로 이루어져야 하며, 그 결과 개별적인 노래들은 개성을 이루고 있으면서 전체적으로 통일되어야 한다.

세계연극사에서 본다면, 가극은 오페라의 현대적 이름이다.

> 가극은 16세기말에 이탈리아에서 처음으로 발생하여 구라파의 여러 나라들에 급속히 전파되었다…..가극예술이 처음 발생하였을 때 그것은 주로 귀족 통치배들의 사상감정과 이익을 반영하는 지배계급의 예술로 되어 왔다.[5)]

> 오페라는 이탈리아 르네상스 시대의 연극 형식 중 현존하는 유일한 장르이다. 오페라는 16세기 말엽에 플로렌스 아카데미에서 탄생하였는데, 고전의 형식을 되살린다는 르네상스의 취지를 신봉했던 창안자들은 오페라를 만들면서 자신들이 드라마에 음악을 가미한 그리이스 비극류의 새로운 장르를 재창조하는 것이라고 믿어 의심치 않았다. 초창기의 오페라는 그리이스 신화와 고대의 역사에 기초를 두고 만들어진 작품들이다.[6)]

인용에서와 같이 이탈리아의 오페라에 그 발생의 연원을 두고 있는 가극을, 북한의 사회주의 관점에서는 '반동적인 가극', '진보적인 가극' 그리고 '혁명 가극'으로 설명하고 있다.

---

5) 정성무, 『시대와 문학예술형태』, 문예출판사, 1988, 222쪽
6) E.Wilson, A.Goldfarb, 『세계연극사』, 김동욱 옮김, 한신문화사, 2000, pp.200~201.

세계연극사에서 본다면, '반동적인 가극'은, 이미 확인한 바 있는, 16세기 이탈리아에서 발생한 오페라이다.

'진보적인 가극'은 18세기 후반 영국에서 새로운 형식으로 만들어진 발라드 오페라(ballad opera), 프랑스에서 만들어진 희가극(comic opera)이다. 발라드 오페라와 코믹 오페라는 동시대 정치와 사회 현실에 대한 풍자를 담고 있다.

이러한 반동적인 가극과 진보적인 가극이 대립 투쟁 속에서 발전한 형식을 혁명 가극이라고 한다. 혁명 가극은 오페라의 현대적 이름에 속한다.

Ⅲ. 혁명 예술의 건설

1. 혁명 예술과 그 건설의 원칙

1.1 낡은 예술과 혁명예술

예술은 고정 불변의 형식으로 존재하는 것이 아니다.

예술은 자율성을 가지고 역동적으로 변화하므로, 예술의 종류도 언제나 변화한다. 그 변화는, 어떤 한 종류가 시간의 흐름에 따라서 자율적으로 변화하거나, 서로 다른 종류와 형태들이 상호 결합하여 전혀 새로운 종류와 형태로 변화하는 것이다. 그러나 특정한 이데올로기집단에 의해서 자율성이 제거된 채 인위적으로 통제될 때, 예술은 자율적인 변화 과정이 아니라 인위적인 변화 과정을 거치게 된다.

북한에서와 같이 예술을 '당의 수중에 장악된 사상교양의 힘있는 무기로서 사람들을 혁명적으로 교양하여 위대한 주체사상으로 무장시켜 온 사회를 김일성주의화 하는데 이바지하는 것을 숭고한 목적[7]'으로 내세울 때, 형식의 상대적인 자율성은 제거된 채, 예술은 언제나 인위적인 개

7) 리동원, 『문학개론』, 김일성대학출판부, 1985, 27쪽

조와 변혁의 대상으로서만 놓이게 된다.

예술은 언제나 개조와 변혁의 대상이 되는 낡은 예술로서 존재한다.

예술의 미래형식이 혁명 예술이라면, 현재 형식은 낡은 예술로서 혁명 예술을 향하여 개조, 변혁되어 가는 과정8)에 있다.

1.2 혁명 예술 건설의 5원칙

낡은 예술에서 혁명 예술로 개조, 변혁되어 가는 과정에서 지켜할 할 원칙9)은 주체의 원칙, 당성 · 노동계급성 · 인민성의 원칙 그리고 현대

---

8) 이 과정에서 없애 버려야 할 예술의 낡은 형식과 요소를, 첫째, 퇴폐적이며 형식주의적인 예술 형식과 그 요소, 둘째, 흥미본위적으로 만들어진 예술 형식, 셋째, 봉건사회에서 만들어진 봉건적인 예술 형식으로 들고 있다.
반면 비판적으로 계승 발전시켜야 할 것으로는 오랜 역사적 과정에서 이루어진 진보적이며 인민적인 예술 형식을 들고 있다.
장르 전이 과정에서의 이러한 원칙은 기본적으로 사회주의적 관점 속에 있다.
정성무, 『시대와 문학 예술 형태』, 118~120쪽.

9) 북한 문학예술의 기본 특성이나 성격으로 설명되고 있는 약호들은 대체로 주체, 당성, 노동계급성, 인민성, 민족적 특성, 현대성 등이 있다. 이를 보다 정확하게 표현하자면 다음과 같다.
첫째, 낡은 예술에서 혁명 예술로 개조 변혁하는 과정에서 지켜야 할 원칙들은 주체의 원칙, 당성 · 노동계급성 · 인민성의 원칙 그리고 현대성의 원칙이다.
둘째, 문학 일반론에서 북한 문학의 사회적 성격이나 특성을 드러내는 것은 당성 · 노동계급성 · 인민성 · 민족적 특성 · 현대성이다.
셋째, 주체적인 사회주의 문학예술의 본성을 드러내는 것은 당성 · 노동계급성 · 인민성이다.
북한에서 문학의 성격이나 특성은, 물론 김일성주의에 이바지하는 것으로 요약되지만, 문학 일반론이나 장르론에 따라서 설명되는 약호의 차이가 있는 것은 지나칠 수 없다.
첫째의 경우는 정성무의 『시대와 문학 예술 형태』, 둘째의 경우는 이동원의 『문학개론』, 셋째의 경우는 사회과학원문학연구소의 『주체사상에 기초한 문예이론』(인동출판사 本)이 그 대표적인 경우이다.
아울러 시대의 변화에 따라서 문학의 성격을 나타내는 약호들의 의미도 변화한다. 이것은 곧 당의 문예 노선과 정책에 관련된 것임은 분명하다.

성의 원칙이다.

주체의 원칙은 예술 개조에서 일관되게 견지하고 있는 기본 원칙이다.

주체의 원칙은 문학예술에 있어서 주체를 세우는 것, 곧 문학예술의 혁명과 건설에 대하여 창조적 입장과 자주적 입장으로 주인다운 태도를 가진다는 것이다. 창조적 입장과 자주적 입장은 문학예술을 자기 나라의 구체적인 실정과 자기 인민들의 이익 및 요구에 맞게 창조적으로 자주적으로 생산하는 원칙을 가리킨다.

주체의 원칙은 기본적으로 "자기 나라 혁명을 중심에 놓고 대하며 자기 나라의 구체적인 실정에 맞게 자기 힘으로 풀어 나가는 관점과 태도"10)이다.

당성의 원칙은 당의 계급적 이해를 반영하는 문학으로서, 당의 수중에 장악된 문학에만 있게 되는 계급적 성격이다. 당성의 원칙은 문학예술 사업과 창작의 전 과정에서 주체사상과 당의 노선과 정책을 옹호, 관철하는 것을 원칙으로 한다.

노동계급성의 원칙은 문학이 노동계급의 혁명 정신을 표현해야 한다는 것이다. 문학예술은 계급적 성격을 가지고 있으며 일정한 계급에게 봉사하고 있으므로, 노동계급성은 노동계급의 사상 감정과 이해 관계를 반영하고 노동계급의 혁명 정신에 이바지하는 문학의 계급적 성격이다.

인민성의 원칙은 문학예술이 인민대중의 감정 정서와 취향에 이바지해야 한다는 것이다. 인민성의 원칙은 문학예술이 인민대중들이 쉽게 이해할 수 있는 통속적인 형식과 내용으로 창작되어야 하며, 인민대중들을 혁명 정신으로 무장시키고 실천하는 것에서 이루어진다.

---

10) 김정일, 『주체문학론』, 조선노동당출판사, 1992, 32쪽

현대성의 원칙은 문학예술이 오늘의 시대적 요구와 미감에 맞게 개조 변혁되어야한다는 것이다.

낡은 예술에서 혁명 예술로 개조 변혁하는 과정에서 지켜야 할 원칙들은 궁극적으로 주체 문학예술의 건설이다.

주체 문학예술의 건설은, 수령과 당과 대중의 사회정치적 생명체를 하나의 운명공동체로 규정한다는 근거[11] 아래서 당의 문예노선과 문예정책에 의거하여 문학 창작과 건설 사업에 나서는 모든 문제를 풀어 가는 것이다.

당의 문예노선과 문예정책은 김일성의 '교시'이다. 김일성의 '교시[12]'에 의해서만 문학예술의 창작 및 건설의 방향이 결정되고 실천되므로, 주체의 원칙은 가장 기초적인 원칙이 된다. 주체의 원칙[13]이란 곧, 김일

---

11) 수령과 당과 대중을 하나의 운명공동체로서의 국체로 받아들이는 것을 전제로 해서 사회정치적 생명체라는 개념이 가능해진다. 사회정치적 생명체라는 것은 수령, 당, 대중을 하나의 통일적 관계로 묶음으로써 수령에 대한 개인 숭배를 제도화 하고 그 제도화된 사회적 도덕률을 창출하고 있다. 이런 의미에서, 김정일은 그의 저서 『주체문학론』에서 「4. 사회정치적 생명체와 문학」의 첫 소항목을 "1)사회정치적 생명체는 우리 문학의 형상 원천이다"이라고 명제의 설명에 할애하고 있다. 사회정치적 생명체에 관한 이론에 의해서 북한 문학예술은 유일 사상의 우상숭배에 이바지하는 정치종속적 문학예술이 되고 있다.

이종석, 『조선노동당연구』, 역사비평사, 1995, 101~120쪽

12) 참고로 『조선말대사전』(사회과학원 언어연구소 편)에서 "교시"를 찾아보면 다음과 같이 풀이하고 있다.

교시 [명]

① 《내가 늘 말하는 바와 같이 수령님의 교시는 곧 법이며 따라서 그 집행에서는 무조건의 원칙을 철저히 지켜야 합니다.》 (김정일)

《혁명의 위대한 수령 김일성동지께서 밝혀주신 혁명과 건설에서 강령적인 지침으로 되는 가르침》을 이르는 말. 우리의 모든 당원들과 근로자들은 (………)

② 지침으로 삼는 가르침.

③ 가르쳐 보이는 것.

13) 일반적으로 북한 문학예술의 기본적인 특성으로 당성, 인민성, 노동계급성을 들고

성주의에 이바지해야 하는 절대 원칙이다.

이에 김일성주의에 적대적인 경향과 사조들은 언제나 '반동적이며 부르주아적인 것', 예컨대 형식주의, 자연주의, 수정주의, 교조주의, 사대주의, 민족허무주의, 민족배타주의 등으로 비판받고 비타협적 적대적 투쟁의 대상이 된다.

2. 혁명 연극 및 혁명 가극으로의 전환

2.1 《성황당》식 혁명 연극

낡은 예술에서 혁명 예술로 개조 변혁된, 곧 무엇보다 가장 중요한 예술은 혁명 연극과 혁명 가극이다.

혁명 연극과 혁명 가극의 새로운 창작은 북한문학예술의 역사적 전통을 카프의 문학예술에서 항일 혁명문학예술로 바꾼 것[14]에 관련된다.

있다. 이것은 적어도 주체문학예술의 성립을 전제로 한 것이다. 낡은 예술에서 혁명 예술, 낡은 예술에서 주체예술로의 장르 전이 과정을 전제로 한다면, 무엇보다도 먼저 지켜야 할 원칙은 주체의 원칙이다. 이 주체의 원칙을 토대로 해서 주체 예술이 성립하고 당성, 인민성, 노동계급성이 담보되기 때문이다. 말하자면 주체의 원칙을 철저히 견지하지 못하면 낡은 문학예술의 혁명적 개조 변혁에서 당성, 노동계급성, 인민성 그리고 현대성의 원칙을 올바르게 구현하지 못한다.
김정일, 『주체문학론』, 조선노동당출판사, 1992, 32쪽
정성무, 『시대와 문학 예술 형태』, 문예출판사, 1988, 114쪽

14) 그러나 북한 문학예술의 역사적 전통을 카프에서 항일 혁명예술로 바꾼 것은 단순한 미학적인 문제가 아니다. 이것은 1967년 반종파 투쟁을 계기로 하여 김일성의 유일지배체제가 등장하고 이를 출발점으로 하여 항일 혁명예술을 역사적 전통으로 삼고 문학예술의 김일성주의화가 이루어지기 때문이다. 1930년대 항일 혁명예술을 역사적 전통으로 삼은 정치적인 문제이며, 그 결과 주체문학예술의 건설이 문학예술의 노선 및 정책과 창작의 기본 과제가 된다.
김재용, 『북한 문학의 역사적 이해』, 125쪽 이하

즉 북한 문학예술의 역사적 전통을 1930년대 김일성을 중심으로 한 항일 무장투쟁시기에 생산된 항일 혁명 문학예술에 둠으로써, 혁명 예술의 새로운 창작을 위한 근거로 삼는다.

항일 혁명예술이 연극과 가요를 중심으로 하고 있으므로, 낡은 예술에서 혁명 예술로 우선 개조 변혁되는 장르는 혁명 연극과 혁명 가극이다.

혁명 연극은 항일 혁명 연극을 기반으로 하여 만들어진 이른바 《성황당》 식 연극이다.

《성황당》 식 혁명 연극은 연극 혁명에서 시작된다. 연극 혁명이란 주체시대의 요구에 맞는 새로운 혁명 연극을 창작하는 것으로서 내용과 형식 및 창조체계와 창조방법의 혁명적 전환에 의해 이루어지는 것이다. 내용의 혁명적 전환이란 참다운 주체형의 인간 전형을 새롭게 창조하는 것이며, 형식의 혁명적 전환이란 혁명적으로 전환된 내용을 더욱 생동하게 드러내는 새로운 형식을 창조하는 것이며, 창조체계와 창조방법의 혁명적 전환이란 연극창조 방법의 근본적인 혁신과 연극예술들인의 주체적 역할을 뜻한다. 이러한 연극 혁명을 실천하기 위해서 국립연극단은 1930년대 김일성이 항일 혁명 전적지에서 창작 공연했다는, 혁명 전통의 순결성을 인정받을 수 있는 일련의 작품들을 재구성하여 공연하게 된다.

김정일의 지도에 의해서 연극 혁명의 출발작품으로 만들어진 것이 《성황당》이며, 이른바 《성황당》 식 혁명 연극이 시작된다.

가장 혁명적이며 인민적인 연극인 《성황당》 식 혁명 연극은 다음과 같은 이론적인 토대[15)]를 가지고 있다.

---

15) 김정일, 「연극예술에 대하여」, 『북한의 문화예술 행정제도 연구-문헌자료편』, 문화체육부, 1995.12, 361~427쪽.

첫째, 《성황당》식 혁명 연극은 주체문예이론과 생활 형식이론에 의해서 만들어진다. 《성황당》식 혁명 연극은, 주체문예이론을 근거로 하여 주체 시대의 자주적인 인간 전형을 창조하는 것이며, 생활 형식이론을 근거로 하여 생활적인 형식을 기본으로 하는 입체적인 형식을 창조한다.

둘째, 《성황당》식 혁명 연극의 대본, 즉 희곡은 i) 내용에 있어서는 자주적인 인간이나 인간의 자주성을 위해 투쟁하는 인간 전형을 창조하는 것이며, ii) 형식에 있어서는 그러한 내용을 현실 생활과 성격의 논리에 맞게 자연스럽고 생동감 있게 구성하고 배열하는 것이다.

셋째, 《성황당》식 혁명 연극에 있어서 연출은 창조와 영도의 임무를 수행해야 한다. i) 연출가는 창조자로서 희곡을 그대로 무대에 옮겨서는 안되며 창작적 주견을 가지고 무대에 형상화 해야 한다. ii) 연출가는 모방, 도식, 교조를 배격하면서 발전하는 현실과 구체적 설정에 맞게 끊임없이 새로운 형상을 창조하여야 한다. iii) 연출가는 무대 창작과정에서 대사를 중심으로 한 형상수단들을 연극적 형태의 특성에 알맞게 사용해야 한다. iv) 연출가는 무대 창조사업에서 집단의 창조정신과 창조능력을 끊임없이 발양시켜야 한다. v) 연출가는 예술지도에 있어서 즉흥, 경험주의를 없애고 과학성을 보장하여야 한다.

넷째, 《성황당》식 혁명 연극에 있어서, 연기 방법론으로는 세 가지가 있다. i) 배우는 혁명적 세계관으로 무장하고 이에 의거하여 등장인물의 성격과 생활을 분석하여 체현해야 하며, ii) 우리말과 화술의 표현수단에 대한 과학적 지식으로 말을 자연스럽고 진실하게 구사해야 하고, iii) 이러한 대사에 알맞은 행동을 통하여 등장인물에 대한 연기를 진실하게 구사해야 한다.

다섯째, 《성황당》 식 혁명 연극에 있어서 무대는 입체화 되어야 한다. ⅰ) 연기자가 심리적 육체적 자각상태에서 연기할 수 있도록 실생활과 같이 꾸며져야 하며, ⅱ) 무대공간에 있어서 배우의 연기 공간을 넓히고 거대한 배경을 장치해야 하며, ⅲ) 무대 효과를 극대화 할 수 있도록 무대장치, 조명, 미술, 음향 등을 균등하게 배합, 조화롭게 사용해야 하며, ⅳ) 작품의 효과 인식교양적 효과를 높이기 위해서 흐름식 무대 전환 방법을 사용해야 한다.

여섯째, 《성황당》 식 혁명 연극에 있어서 음악은 방창의 사용를 적절히 해야 한다. 방창이란 '무대 뒤에서 이야기의 줄거리에 얽힌 인물들의 관계, 갈등, 상황, 사건을 제 3자의 입장에서 객관적으로 서술, 대변, 평가하는 능동적인 수단'이다. 이러한 방창은 ⅰ) 배우의 연기에 어울리게 연기를 음악적 형상으로 받쳐줄 수 있어야 하며, ⅱ) 막과 막, 장과 장 사이의 연결 수단으로 사용되어야 한다.

이러한 이론을 토대로 하여 만들어진 5대 혁명 연극은 《성황당》(1978)을 비롯하여 《혈분만국회》(1984), 《딸에게서 온 편지》(1987), 《경축대회》(1988), 《3인1당》(1988)이다. 5대 혁명 연극을 시작으로 하여 현재에 이르기까지 혁명 연극은 계속 생산된다.

2.2 《피바다》식 혁명 가극

《성황당》식 혁명연극과 비슷한 시기, 주체문예이론에 입각하여 연극, 음악, 미술, 무용을 종합하여 만들어진 공연예술이 이른바 혁명 가극이다.

혁명 가극이란 혁명적 주체사상의 고취 및 김일성과 그 가계의 우상화 작업으로 만들어진 가극을 말한다. 혁명 가극은, 가요의 가극화 형식과 혁명적 대작의 내용이 결합한 것[16]이다. 가요의 가극화란, 혁명 연극과 마찬가지로 항일 혁명 문학예술의 역사적 전통 속에서 혁명 가요를 가극화 형식이다. 혁명적 대작의 내용이란 '역사적 사건을 줄거리로 하여 조선혁명의 발전과 함께 투쟁 속에서 자라나는 주인공들의 전형적인 모습을 그려내는 것'으로 '혁명과 투쟁을 위한 전형적인 인간의 성격과 생활을 형상화 하여 인민대중들로 하여금 혁명적 세계관을 세워서 혁명 투쟁의 경험과 방법을 체득하게 하기 위한 것'이다. 달리 말하자면, 혁명 가극은 혁명적 대작을 가극 형식으로 꾸민 것이다.

가극은 '가사와 음악적 형상 수단을 기본으로 하고 무용, 미술, 등 여

16) 가요를 가극화 하는 것에 있어서 가장 중요한 것은 그 내용이다. 즉 혁명 가극은 가요의 가극화 라는 형식을 전제로 하여 내용을 도입하게 되는데, 이 때 도입된 내용이 혁명적 대작의 내용이다. 혁명적 대작은, 1963년 11월 5일 작가들과의 담화, 곧 「혁명적 대작을 더 많이 창작하자」에서 김일성에 의해 그 개념과 특성이 제시된다. 곧 혁명적 대작은 '역사적 사건을 줄거리로 하여 조선혁명의 발전과 함께 투쟁 속에서 자라나는 주인공들의 전형적인 모습을 그려내는 것'이며 특정한 묘사방식이나 형상수단에 관계없이 소설, 연극, 영화, 가극 등 모든 형식으로 창작되어지는 것으로서, 혁명과 투쟁을 위한 전형적인 인간의 성격과 생활을 형상화 하여 인민대중들로 하여금 혁명적 세계관을 세워서 혁명 투쟁의 경험과 방법을 체득하게 하기 위한 것이다. 혁명 가극은 이러한 혁명적 대작의 내용을 혁명 가요의 가극화 형식에 결합시킨 것이다.
문화체육부, 「북한의 문화예술 행정제도 연구- 문헌자료편」, 161~166쪽.

러 가지 형상 수단을 통하여 인간 생활을 반영하는 종합적인 무대예술의 한 형태이며, 대본에 담겨진 사상주제적 내용을 음악, 연기, 대화, 무용, 장치, 의상과 같은 여러 가지 표현 수단들을 이용하여 형상화 한 것'이다.

혁명 가극은, 혁명 연극과 마찬가지로 김일성이 항일 혁명 전적지에서 창작 공연했다는, 혁명 전통의 순결성을 인정받을 수 있는 일련의 작품들을 재구성하여 공연하게 된다.

김정일의 지도에 의해서 혁명 가극의 출발작품으로 만들어진 것이 《피바다》이며, 이른바 《피바다》 식 혁명 가극이 시작된다.

《피바다》 식 혁명 가극은 다음과 같은 이론 토대[17]를 가지고 있다.

첫째, 《피바다》 식 혁명 가극은 혁명적인 내용으로 일관된 가극이다. 혁명적 내용은 인민대중의 자주성에 관한 문제를 내세우고 자주적인 인간 전형을 창조하여 그 사상예술적 해답을 제시한 가극이다.

둘째, 《피바다》 식 혁명 가극의 형식은 인민적이며, 민족적이고 통속적인 것이다. 인민대중의 감정정서와 비위에 맞는 것으로서 그 형식은 인민적인 절가와 방창, 아름답고 우아한 무용 그리고 입체적이며 생동한 무대미술의 유기적 통일체이다.

셋째, 《피바다》 식 혁명 가극에 있어서 노래와 음악은 절가화 한 것이다. 절가란 '음악적으로 완결된 하나의 곡조에 여러 절의 가사를 반복 결합시켜 부르는 구조가 간결하고 통속적인 가장 작은 노래 형식'으로서 다양한 특성을 지닌다. ⅰ) 절가는 주정적 서술, 서사적 서술, 극적 서술 등 여러 가지 서술방식의 수단도 되면서 등장인물들의 감정정서적

17) 김경희, 임상호, 『'피바다'식 혁명 가극 · 1』, 문예출판사, 1991.
김최원, 『'피바다'식 혁명 가극 · 2』, 문예출판사, 1992.

색깔까지 표현할 수 있다. ii) 절가는 개별 인물들의 내면 세계에서부터 철학적 사색에 이르기까지 모든 사상정서세계를 진실하고 생동하게 표현할 수 있다. iii) 절가는 독창, 중창, 합창과 단성, 다성 등 여러 가지 형식으로 연주할 수 있으므로 극적 생활 내용을 해당 장면의 분위기에 맞는 정서적 색체를 담아낼 수 있다.

넷째, 《피바다》식 혁명 가극에 있어서 음악은 절가를 기본으로 하여 방창 형식을 가장 중요한 형상 수단으로 받아들여야 한다. 방창 형식은 혁명 가극이 무대 밖의 성악 수단을 받아들이는 것으로서 다양한 기능을 한다. i) 방창은 무대 위에서 벌어지는 극적 생활을 남녀의 독창, 중창, 합창 등 다양한 연주 형식으로 자유롭게 표현 전달할 수 있다. ii) 방창은 등장인물의 성격과 생활을 진실하고 생동감 있게 그려낼 수 있다.

다섯째, 《피바다》식 혁명 가극에 있어서 무대미술의 흐름식 입체화가 이루어져야 한다. 무대 미술의 흐름식 입체화는 가극의 진실성과 생동성을 보장하기 위한 가장 중요한 조건이다. i) 무대 미술은 관객들에게 무대라는 인상을 주지 않고 현실을 보는 것과 같은 느낌을 가지게 해야 한다. ii) 무대 미술은 무대 장치의 조형성과 무대 조명의 회화적 표현성을 결합시켜서 입체적인 생활 환경을 조성해야 한다. iii) 무대 미술은 주인공의 운명 발전에 밀착시켜서 극적인 생활의 흐름과 정황에 맞게 움직이며 변하는 것으로 창조되어야 한다.

여섯째, 《피바다》식 혁명 가극에 있어서 무용의 도입이 이루어져야 한다. 무용은 등장인물들의 성격 형상과 극 발전에 유기적으로 이바지하는 것으로서 도입되어야 한다. 무용은 조형성을 가지고 있으므로 혁명 가극의 무용도 등장인물의 사상감정 세계를 조형적으로 부각시키기 위한 것이다.

이러한 이론을 토대로 하여 만들어진 5대 혁명 가극은 《피바다》(1971)를 비롯하여 《당의 참된 딸》(1971), 《밀림아 이야기 하라》(1971), 《꽃파는 처녀》(1972), 《금강산의 노래》(1973)이다. 5대 혁명 가극을 시작으로 하여 현재에 이르기까지 혁명 가극은 계속 생산된다.[18)]

---

18) 가극에서 혁명 가극으로의 전환은, 말할 필요 없이 주체문학예술이론에 의해서 이루어진다. 7, 80년대 혁명 연극과 혁명 가극의 발전으로 일시 퇴조하였다가 90년대 다시 등장한 것은 민족가극이다. 민족가극은 60년대 창극을 개조하여 만든 가극 형식으로서 조선민족제일주의에 이론적 기반을 두고서 등장한 것이다. 1993년 《춘향전》을 시작으로 하여 같은 해 《심청전》, 1995년 《박씨부인전》 등이 공연되었다. 이러한 민족 가극의 등장에 관련하여 북한 가극은 변화의 과정에 있는 것 같다. 그 변화 과정에 대한 판단을 내릴 수 있을 만큼 충분한 것은 아니다.

Ⅳ. 연극의 인식과 역사적 전개과정

1. 전통극의 인식

1.1 역사주의적 원칙과 현대성의 원칙

전통극에 대한 북한의 기본 정책은 '계승과 발전'이다. '계승과 발전'은 물론 전통극 뿐만 아니라 모든 전통 문화예술에 대한 일반적인 태도이다. 그 태도는 이른바 '우리식 사회주의'로 개정한 1972년과 1992년의 '조선인민민주주의 사회주의 헌법'[19]에서 명료하게 밝혀진다. 곧 사회주의적 내용과 민족적 형식이 결합된 사회주의 민족문화를 건설하기 위하여, 전통 문화예술을 주체적인 입장에서 올바르게 평가한다는 것이다.

전통 문화예술과 마찬가지로 전통극에 대한 주체적 입장은 기본적으

---

19) 1992년 개정된 '조선민주주의인민공화국 사회주의 헌법'에 제시된 관련 조항은 '제3장 문화'의 '제 41조'이다.

제 41 조 조선민주주의인민공화국은 사회주의 근로자들을 위하여 복무하는 참다운 인민적이며 혁명적인 문화를 건설한다. 국가는 사회주의적 민족문화 건설에서 제국주의의 문화적 침투와 복고주의적 경향을 반대하며 민족문화유산을 보호하고 사회주의 현실에 맞게 계승 발전시킨다.

로 역사주의적 원칙과 현대성의 원칙[20]이다. 역사주의적 원칙이란 전통극을 발생 시기의 사회역사적 조건과의 연관 속에서 공정하게 분석 평가하는 것이라면, 현대성의 원칙이란 전통극의 유산 계승에 관련되는 모든 문제를 시대적 요구와 인민의 지향에 맞게 풀어 나간다는 것이다.

전통극에 관한 이러한 원칙에서 본다면 무엇보다 지양되어야 할 것은 허무주의와 복고주의이다. 허무주의란, 전통극을 과거의 것이라고 하여 전부 부인하고 말살하는 태도이며, 복고주의란 전통극을 무조건 덮어놓고 답습하는 태도이다. 그 자체가 이미 역사적인 제한성을 가지고 있기 때문에, 전통극은 '낡고 반동적인 것'과 '진보적이고 인민적인 것'으로 되어 있다. 허무주의는 '진보적이고 인민적인 것'을 부정하게 되고, 복고주의는 '낡고 반동적인 것'을 긍정하게 된다.

전통극의 계승 발전에 대한 올바른 태도는 '낡고 반동적인 것'을 버리고 '진보적이고 인민적인 것'을 가려내어서 사회주의적 현실에 알맞게 변형시키는 것이다. 즉 전통극을 주체사실주의, 곧 '사실주의문학이 전통적으로 고수하고 발전시켜 온 전형화 진실성의 원칙을 가장 높은 수준에서 견지하고 있는' 주제사실주의[21]로 다시 그려내는 것이다.

1.2 가면극과 인형극의 계승과 발전

북한에서 전통극은 가면극과 인형극을 중심으로 계승 발전된다. 예컨대 북한에서 발간된 최초의 연극사, 한 효의 『조선연극사개요』(국립출판사, 1957)와 이른바 '주체시대' 직전에 발간된 권택무의 『조선민

20) 김정일, 『주체문학론』, 78~90쪽
21) 김정일, 『주체문학론』, 104쪽.

간극』(조선문학예술동맹출판부, 1966)에서도 전통극은 가면극과 인형극이 중심이 된다.[22)]

22) 『조선연극사개요』에서 전통극을 다루고 있는 <제 1 편>과 『조선민간극』의 차례를 참고로 살펴보면 다음과 같다.

『조선연극사개요』 <제 1 편> 의 차례	『조선민간극』 의 차례	
	제 1편 기원전~19세기 우리나라 연극에 대한 역사적 고찰	제 2 편 기원전~19세기 우리나라 극문학 작품들
一. 연극 이전 1. 원시 가무 2. 처용무 3. 연극에로의 이행	제 1장 기원전~9세기 극희예술 제 1절 매악과 국중대회의 예술 제 2절 탈춤놀이 제 3절 인형놀이 제 4절 월전	
二. 가면극 1. 각종 바리안트들 2. 서로 다른 발전 3. 가면극의 사상 ㄱ. 아름다운 것-그것은 사랑이다. ㄴ. 아침을 기다리는 마음 ㄷ. 탈박은 훨훨 타오르는데	제 2장 10~14세기 연극 제 1절 가면극 제 2절 인형극 제 3절 극	1. 가면극 문학작품 ㄱ. 황해도 가면극 ㄴ. 산대극 ㄷ. 통천가면극
三. 인형극 1. 꼭두각시극 2. 두 꼭두각시극 3. 꼭두각시 극의 사상 ㄱ. 산 좋고 물 좋고 인심 좋은 곳 ㄴ. 최초의 주인공- 박 첨지 ㄷ. 북망산은 바로 눈 앞에 있다	제 3장 15~19세기 연극 제 1절 가면극 제 2절 인형극 제 3절 극 제 4절 판소리가 연극발전에 끼친 작용과 <광한루악부>	2. 인형극 문학작품 ㄱ. 황해도 인형극 ㄴ. 서울 인형극
四. 창극 1. 창극의 발생 2. 창극의 구성 3. 창극의 바리안트들		3. 극문학 작품 ㄱ. 만강홍 ㄴ. 동상기 4. 음악극 문학작품

가면극은 전통극 가운데 가장 높이 평가받고 있는 바, 봉건사회 인민대중들의 계급적 시각에서 지배 양반계급의 억압, 착취, 타락과 사회적 모순을 폭로하고 투쟁하는 반봉건적 민주주의 사상을 담고 있기 때문이다.

북한에서 가면극은 황해도를 중심으로 강원도, 함경도 등에 널리 분포되어 있다. 황해도의 봉산 탈춤과 해주 탈춤, 개성 탈춤, 강원도의 통천 탈춤 그리고 함경도의 북청 사자놀이가 대표적인 경우이다.

북한 가면극들 가운데서 남한에 전혀 알려지지 않은 것은 통천 탈춤이다. 통천 탈춤은 강원도 가면극의 대표적인 사례로 제시된다. 그 대본[23]을 보면 통천 탈춤은 전 3 장으로 구성되어 있다.

먼저 등장하는 인물들은 홍말뚝이, 취발이(5개 이상), 할미 광대(말뚝이의 마누라), 노승, 양반(함경도에서 온 양반), 진사(시골 양반), 곱사(시골 양반인 불구자), 쇠맵시(2개), 사령(2개), 기타 노래하고 춤추는 군중 다수이다.

제 1 과장은 "모두 탈을 쓰지 않고 의상만 입고 나온다. 북을 울리고 계

---

4. 신재효
5. 춘향전의 사상
ㄱ. 금준 미주의 위대한 사상
ㄴ. 봄의 향기인 그 이름
ㄷ. 봉건 조선의 참회
6. 창극의 기타 대본들과 그 사상
ㄱ. 근로와 사랑
ㄴ. 양반과 중과 부자
ㄷ. 착한 것과 아름다운 것의 승리
五. 간단한 결론

ㄱ, 광한루 악부
5. 부록
ㄱ. 배뱅이굿

23) 권택무, 『조선민간극』(예니 영인본), 조선문학예술총동맹출판사, 1966, 185~192쪽.

속하여 타령조의 운율이 울린다. 쇠맵시 춤추며 등장하여 계속 춤을 춘다. 뒤이어 남녀 배합한 굿중패들이 제각기 가지고 있는 재주를 부린다"로 시작한다. 이러한 시작으로 전개되는 내용은, 말뚝이와 함경도 양반 간의 적대적인 갈등이다. 양반은 사령 둘과 함께 청석정에 도착하여 진사댁을 찾는다. 양반은 하인이었던 말뚝이가 진사댁의 집주인이 되어 있는 것을 보고 호령을 한다. 양반은, 말뚝이가 상속할 사람이 없어서 그에게 유산을 주고 죽은 진사의 재산을 빼앗고자 한다. 양반은 곤장을 때려 말뚝이를 추방하고 재산을 차지한다. 곱사, 시골 양반, 오광대, 샌님 등은 양반에게 아첨한다.

제 2 과장은 "노승 무대 중앙에 엎드리고 얼굴을 보이지 않는다. 영산회심곡이 울려 나온다. 노승이 얼굴을 가리운 채 음률에 맞춰서 서서히 일어난다. 일어나서는 대활하게 춤을 춘다. 말뚝이가 장단에 맞추어 등장하여 노승에게로 다가 간다. 노승이 말뚝이를 보고 몸을 웅크리고 숨는다. 말뚝이가 조심조심 노승을 얼린다. 서로 쫓고 피하고 피하다가 어느덧 합의가 된듯 접근하였다가 질겁을 하여 피한다."로 시작된다. 이 과정에서 전개되는 내용은 말뚝이가 노승의 도움으로 양반에게 복수한다는 것이다. 말뚝이가 산 속의 노승을 찾아간다. 말뚝이가 노승에게 자신의 사연을 이야기하고 구원을 청한다. 노승이 말뚝이를 도와줄 것을 약속한다.

제 3 과정은 "탈놀이하는 연등날이다. 모두 탈을 쓰고 명절 기분으로 등장하여 굿거리 장단에 맞추어서 춤을 춘다. 양반 급히 등장하여 무대를 한 바퀴 돌고 한굴늘 때 잦은 가락으로부터 긴 굿거리로 변하여 춤을 춘다. 진사, 개가죽 샌님 곱새들은 모두 양반과 같은 춤을 각기 특색있게 춘다"로 시작한다. 이 과정에서 전개되는 내용은 양반과의 적대적 갈등

에서 말뚝이가 승리하는 것이다. 탈놀이 하는 곳에서 먼저 양반이 진사, 샌님, 곱사 등과 함께 춤을 추다가 잠시 쉰다. 그 사이 사령이 쇠맵시를 데리고 등장하여 춤을 추고 이어서 오광대들이 쇠맵시를 쟁탈하기 위하여 춤추면서 서로 시기한다. 이 때 말뚝이가 사령을 밀어 제끼고 뛰어 들어서 춤을 추고 채찍으로 닥치는 대로 갈긴다. 계속하여 말뚝이가 함경도 양반, 큰 댁 진사, 작은 댁 개가죽 진사, 곱사, 샌님 등 모든 양반들을 채찍질하고 달아나는 양반들을 묶어 놓고 항복을 받는다. 곧 이어서 할미 광대가 영감인 말뚝이를 찾았다고 서로 좋아한다. 모든 놀이꾼들과 관중들이 함께 뒷놀이를 벌인다.

이러한 내용에서 본다면 통천 탈춤은 봉건지배계급에 대한 인민대중의 투쟁과 승리를 담아내고 있는 작품[24]이다.

가면극과 마찬가지로 인형극도 봉건사회에서 살아가는 인민대중들의 생활을 담고 있다. 인형극은, 연극 형식과 드라마투르기에 있어서 가면극 보다 더 발전한 것이다. 즉 인형극은 가면극보다 인민적인 예술이며, 인민예술의 민족적 형식으로 발전한 전통극[25]이다.

북한에서 인형극은 황해도 지역을 중심으로 널리 분포되어 있는 바, 신천과 장연에서 채록된 대본이 있다. 이 대본들은 양성룡이 구술한 것으로서 실제는 동일 판본이다.

그 대본은 일명 《박첨지의 딸》로 불려지는 것으로서 전 10장으로 되

---

24) 아울러 이러한 내용은 탈춤의 일반적인 내용구조와는 사뭇 다르다. 특히 마지막 장면에 양반들을 묶어 놓고 항복을 받는 것은 '지나치게 작위적인 것'으로 비판받을 여지가 있다.
서연호, 「북한의 연극(1)」, 『북한의 예술』, 김문환 책임 편집, 을유문화사, 1990, 279~280쪽.

25) 한 효, 『조선연극사개요』, 국립출판사, 1956, 90쪽

어 있다.

먼저 등장인물들은 박첨지, 박첨지의 두 딸과 아들, 상좌중, 상전중, 목랑청, 현묵대사, 삼천갑자, 장안활자, 평양감사, 기타 유대군, 산몽혜, 새 등이다.

제 1 과장은 팔도강산을 유람 다니던 박첨지가 날이 저물어 숙소에 누웠다가 풍악 소리를 듣고 나와서는 춤을 추는 장면이다.

제 2 과장은 상좌중과 박첨지 딸, 상전 중과 여자들이 춤을 추면서 놀고 있는 가운데 목랑청이 타락한 중들의 행동을 조소하고는 자신도 춤을 춘다. 이 때 현묵대사가 부정한 것을 보지 않으려고 눈을 감고 나오다가 산바지의 권유로 눈을 뜨고 자신도 춤을 추고 노는 장면이다.

제 3 과정은 삼천갑자와 박첨지가 나이 자랑을 재담으로 하면서 춤추는 장면이다.

제 4 과장은 장안 활자와 목랑청이 춤추면서 노는 장면이다.

제 5 과장은 평안 감사가 박첨지를 몰이꾼으로 하여 꿩을 사냥하고 노는 장면이다.

제 6 과정은 박첨지 딸과 장안 활자가 춤추고 노는 장면이다.

제 7 과장은 박첨지가 이시미에 물리자 아들이 구원을 하는 장면이다.

제 8 과장은 평안 감사가 꿩 고기를 먹다가 목에 걸려 죽고, 상여를 따라가던 아들은 친구를 만나서는 개장 추렴을 하다가 상여를 잃어버리는 장면이다.

제 9 과장은 박첨지 식구들이 모여 춤을 추면서 노는 장면이다.

제 10과정은 절을 짓는 장면이다.

이러한 장면들의 내용은 지배계급의 부패와 위선 그리고 그것들에 대한 인민대중들의 투쟁을 담고 있다.

지금까지 살펴 본 바와 같이, 전통극에 대한 기본적인 인식은 주체적 입장이라는 사회주의적 사실주의의 시각에서 텍스트의 재구성과 해석을 가하는 것이다.

2. 근대극의 인식

2.1 카프연극- 진보적인 프롤레타리아 연극

전통극과 현대극 사이를 매개하면서 북한 현대 연극의 역사적 정통성을 부여하는 것은 항일 혁명 연극이다. 항일 혁명 연극은 1926년에서 1945년에 이르는 시기, 곧 항일 혁명투쟁기에 생산된 연극이다.

항일 혁명투쟁시기에 있어서 현대 연극의 출발점은 카프연극이다. 카프연극은, 항일 혁명 연극과 함께 북한 현대 연극의 역사적 혁명적 전통에 관련된다.

북한 문학예술의 역사적 혁명적 전통은, 해방 이후 1956년 10월 제 2차 조선작가대회에 이르기까지 카프로, 1956년 이후 1961년 새로 발족한 조선문학예술총동맹에 이르기까지 카프와 항일 혁명예술을 함께, 1967년 유일사상체제를 확립하고 나서 현재에 이르기까지 항일 혁명예술로 공식화 되어 있다.

이에 따라서 카프연극은, 1967년을 전후로 하여 북한 현대 연극의 역사적 혁명적 전통에서, 항일혁명투쟁기에 전개된 진보적인 프롤레타리아연극운동으로 재평가 받는다.

카프연극은, 가장 최근에 발간된 문학사[26]에 의하면, 항일 혁명투쟁의 영향을 받아서 이루어진 것으로서 항일 혁명 연극과 병존하여 전개되고 있다. 카프연극은, '노동계급의 당과 수령의 영도'를 받지 못하였지만 노동계급적 입장에서 현실문제를 제기한 사회주의적 사실주의 연극 발전에 이바지한 '유산'이다. 이 가운데서 가장 뛰어난 성과를 보여준 극작가는 송 영인 바, 당대 현실 모순과 그에 대한 비판을 풍자적 형상으로 구현하여 당대 현실 반영의 독특한 경지를 보여준 풍자극작가[27]로 평가받고 있다.

동시대 카프계열 극작가들에 대한 이러한 평가는 기본적으로 사회주의적 사실주의에는 도달하지 못한 것임을 전제로 하고, 따라서 북한 현대 연극의 역사적 혁명적 전통도 아님을 전제로 하고 있다. 이에 카프연극은 역사적 혁명적 전통이 아니라 단지 '유산'일 뿐이다.

그 유산으로서 다루고 있는 극작가와 극작품은 도식과 같다.[28]

---

26) 북한에서 가장 최근에 발간된 문학사는 사회과학원 주체문학연구소에서 1991년부터 발간한 『조선문학사』(전 15권)이다. 이 가운데 제 8 권이 항일 혁명문학을, 제 9 권이 카프문학을 다루고 있다.

27) 사회과학원 주체문학연구소에서 발간한 『조선문학사』의 제 9 권에서는 김영팔, 송 영, 이기영을 프롤레타리아 극문학의 발전에 뚜렷한 흔적을 남긴 극작가로 평가하고 있다. 이 가운데 "제 3 절 풍자극의 창작과 송 영의 풍자극"에서와 같이 송 영을 가장 높이 평가하고 있다.
류 만, 『조선문학사(제 9권)』 과학백과종합출판사, 1995, 175~187쪽

28) 박영정, 「북한 문학사에 나타난 희곡사 서술의 양상」, 『한국극예술연구 · 9』, 한국극예술학회, 1999, 335쪽

극작가	극 작 품
김영팔	《싸움》(1926), 《불이야》(1926), 《부음》(1926), 《여성》(1927), 《곱창칼》(1927), 《어떤 무대 감독의 이야기》(1927)
나운규	《철도공부의 죽음》(1930)
남궁만	《청춘》(1936)
박아지	《어머니와 딸》(1936)
송 영	《백양화》(1925), 《일체 면회를 거절하라》(1930), 《호신술》(1931), 《신임 이사장》(1933), 《황금산》(1937), 《월파선생》(1937), 《윤씨일가》(1939), 《김삿갓》(1938), 《남자폐업》(1939)
여 심	《긴 밤》(1927)
이기영	《월희》(1929), 《인신교주》(1933)
이서향	《제방을 넘는 곳》(1933), 《어머니》(1936), 《초련기》(1937), 《다리목》(1939)
주영섭	《나루》(1935)
채만식	《인테리와 빈대떡》(1934), 《예수나 안 믿었더면》(1937), 《흘러간 고향》(1937), 《제향날》(1937)
한태천	《토성랑》(1935)

2.2 항일 혁명 연극

카프와는 달리, 북한 현대 연극의 역사적 혁명적 전통으로 설정하고 있는 것은 항일 혁명 연극이다.

항일 혁명 연극이란 물론 항일 혁명 문학예술이다. 항일 혁명 문학예술이란, 김일성이 항일혁명 투쟁 과정에서 창조한 혁명적이고 전투적인 문학예술로 북한학계에서는 공식화 하고 있다. 항일 혁명 문학예술을 연극을 북한의 역사적 혁명적 전통으로 설정한 것은 궁극적으로 1953년에서 시작된 반종파 투쟁의 종결과 1967년 김일성 유일사상체제의 확립에 긴밀히 연관된다.

1953년에서 1956년에 이르기까지 반종파 투쟁은 카프를 어떻게 볼 것인지를 쟁점으로 하여 북한의 혁명적 전통을 공식화하는 것에 이른 투쟁이다. 이 투쟁 과정에서 카프를 비판한 임 화, 이태준, 김남천은 비판받는다. 이것은, 1956년 10월에 열린 제 2차 조선작가대회에서 조선작가동맹이 민족문화 유산의 진보적 전통과 카프의 혁명적 전통을 계승한다는 규약을 채택함으로써 일단락 짓는다. 반종파투쟁이 시작된 1953년에 '항일 무장투쟁 전적지 조사단'이 만들어지고 같은 해 8월 26일부터 12월 12일까지 113일에 걸쳐서 항일 혁명 문학예술에 관련된 자료들이 조사, 보고된다.

1956년 일단락 된 것으로 여겨지던 반종파투쟁은, 같은 해 천리마운동이 발기됨으로써 공산주의교양 사업을 반부르주아 투쟁으로 연결된다. 반부르주아 투쟁은 1958년에서 1959년 사이에 걸쳐서 문학예술계에서 전개된 것으로서, 공산주문학예술을 건설하기 위한 부르주아 문학예술의 잔재와의 투쟁이다. 그 투쟁 과정에서 가장 핵심적인 문제는 반혁명분자와의 투쟁이며, '공산주의 교양'의 강화이다. 이것은 1959년 다시 '제 2차 항일 혁명 전적지 답사단'이 구성되어서 항일 혁명 투쟁과정에서 생산된 문학예술의 자료를 발굴, 보고하는 것과 무관하지 않다. 이러한 반부르주아 투쟁 과정에서, 1958년 3월 3일 당 제 1 차 대표자 회의에 의해 천리마운동이 공식화 되고, 1959년 4월 조선작가동맹주앙위원회 제 4차 전원회의에서 문학예술의 당면 과제로 공산주의 교양이 설정된다.

이어 1960년 11월 27일 김일성의 교시, '천리마시대에 맞는 문학예술을 창조하자'에 따라서 1961년에 조선문학예술총동맹과 각 부문별 동맹이 부활된다. 1961년 3월 2일 조선문학예술총동맹 결성대회에서 한설야에 의하여 '천리마시대의 문학예술 창조를 위하여'가 보고되고, 동맹 규약으로 '유구한 역사를 통하여 발전한 진보적인 민족 문화유산과 조선프롤레타리아문학예술동맹(카프)의 문학예술전통, 특히 1930년대 항일 무장 투쟁시기의 혁명적 문학예술 전통을 계승 발전시킨다'는 것을 채택한다.

1961년 조선문학총동맹의 결성에서 강화되기 시작한 항일 혁명 문학예술은 1967년을 전환점으로 하여 북한 문학예술의 유일한 역사적 혁명적 전통이 된다. 즉 1967년 5월 4일에서 8일까지 열린 당 중앙위원회 제4기 제 15차 전원회의에서 김일성의 유일사상체계가 확립됨으로써 항일 혁명 문학예술만이 문학예술의 역사적 혁명적 전통이 된다. 이어 같은 해 12월 16일 최고인민회의 제 4기 제 1차 회의에서 '10대 정부 정강'을 발표하는 자리에서도 항일 혁명 문학예술을 당의 전통으로 공식화한다.

1967년 김일성의 유일사상체계에 밀접한 연관을 가진 항일 혁명 문학예술 가운데 가장 중심적인 것은 혁명 연극과 혁명 가요이다.

항일 혁명 연극이란 말할 필요도 없이, 민족수난기 항일 혁명의 투쟁과정에서 창조되고 공연된 연극이다. 공식적인 견해를 빌린다면 항일 혁명 연극이란 "김일성동지의 주체적인 혁명 노선과 전략 전술적 방침들을 극 형상 창조에서 구현한 것"[29]이다. 항일 혁명 연극은, 가장 최근

---

29) 『항일 혁명 문학예술』(사회과학출판사, 1971), 도서출판, 갈무리(영인본), 1972, 7쪽.

에 발간된 문학사에 의한다면, 1931년[30]을 기점으로 하여 그 전후로 나뉜다. 즉 1926년에서 1931년까지를 '항일혁명투쟁의 첫 시기 혁명적 극문학', 1931년에서 1945년까지를 '항일무장투쟁시기의 혁명적 극문학'으로 나눈다.[31]

항일 혁명투쟁의 첫 시기, 혁명 연극은 동시대 사회역사적 현실을 반영하면서 인민 대중들의 계급적 각성과 투쟁을 형상화 하고 있는 작품들이 창작되는 바, 그 유형은 다음과 같다.

첫째, 과거 반일 투쟁 역사의 실패를 교훈으로 하여 항일 투쟁의 방향과 혁명의 시대적 요구를 밝혀 주는 작품으로서, 《안중근 이등박문을 쏘다》, 《혈분만국회》, 《3인1당》 등이 있다.

둘째, 대중에게 혁명적 각성을 깨우쳐서 의식화 하기 위한 계몽적인 작품으로서, 《딸에게서 온 편지》 등이 있다.

셋째, 대중의 불행과 고통, 계급적 각성을 통하여 자기 자신과 민족을 해방하는 유일한 방법이 계급투쟁임을 보여주는 작품으로서, 《꽃파는

30) 문학사를 비롯하여 모든 역사 서술에 있어서 1926년과 1931년은 역사적 기점이 된다. 1926년은 김일성이 "타도제국주의동맹"을 결성하여 항일 혁명 투쟁을 시작한 원년으로, 1931년은 그 해 12월 김일성이 중국 연길 명월구 회의에서 해방의 결정적 계기가 되는 무장투쟁의 전략을 제시한 것으로 인식하고 있다. 그것은 역사적 허구로서 다음 저서에 상론되어 있다.
와다 하루끼, 『김일성과 만주항일전쟁』 이종석 역, 창작과 비평사, 1992, 31~33, 84~87쪽.

31) 이러한 시기 구분뿐만 아니라 항일 혁명 연극의 '사실적 현상'에 관해서는 아무리 주의깊게 살펴보아도 지나치지 않다. 특히 항일 혁명 연극의 사실적 현상은 중국 연변 조선족의 자료들과 실증적인 단계에서부터 비교, 검증할 필요가 있다. 북한학계의 주장을 그대로 답습하고 있는 경우가 중국 연변대학 김해룡 교수이다. 북한학계와 연변 학계 간의 공통점과 차이점은 다음 문제로 넘기고, 본고는 일단 항일 혁명 연극작품의 종류와 경향에 한해서만 북한학계의 주장을 소개하고자 한다.
김해룡, 『광복전 중조연극사 비교 연구』 (동북조선민족교육출판사, 1999), 한국문화사(영인본), 2000, '제 7 제 프로극'.

처녀》 등이 있다.

넷째, 민족수난기 아래 민족모순과 계급모순 및 착취계급의 반동성을 폭로하면서 투쟁의 방향을 밝힌 작품으로서 《지주와 머슴꾼》, 《흡혈귀》, 《젊은 소작농》, 《복수》 등이 있다.

이어서 항일 무장 투쟁시기, 혁명 연극은 유격근거지와 반유격구를 거점으로 하여 새롭게 창조 발전된 바, 그 종류는 다음과 같다.

첫째, 항일 투쟁과정에서 무기 탈취와 무장대오의 확대 강화를 내용으로 하는 작품으로서, 《아버지는 이겼다》 등이 있다.

둘째, 항일 유격대와의 혈연적 결합을 대중들에게 항일 무장 투쟁에 나서도록 이바지한 작품으로서, 《기민탄식》, 《유언을 받들고》, 《길남이》, 《10월의 결의》 등이 있다.

셋째, 항일 유격 근거지 아래 대중들의 생활과 투쟁을 반영한 작품으로서, 《승냥이》, 《벌거벗은 행상인》, 《용정고학생》, 《이 원수를 갚으리》, 《귀신굴》, 《굿과 약》, 《무당과 의원》, 《고아의 기쁨》 등이 있다.

넷째, 항일 무장 투쟁을 강화하기 위하여 반제혁명역량과의 공동전선을 실현하는 방침과 그 정당성을 보여주는 작품으로서, 《승냥이와 여우는 때려 잡아야 한다》, 《아버지와 남편을 찾는 사람들》, 《결의형제》, 《한길》, 《개싸움》 등이 있다.

다섯째, 항일무장 투쟁의 영향 아래서 계급적 각성을 깨달아 가는 과정을 그린 작품으로서, 《한 고학생의 가정》, 《소는 일떠섰다》 등이 있다.

여섯째, 계급적으로 각성하고 혁명적 세계관을 세워 나가는 혁명화 과정을 그리면서 무장 투쟁의 길을 밝히는 작품으로서, 《피바다》, 《한

자위단원의 운명》 등이 있다.

일곱째, 일제의 토벌과 파괴책동에 맞서서 유격대가 언제나 무장 투쟁에서 승리하는 것을 보여주는 작품으로서 《경축대회》 등이 있다.

이 밖에도 김일성의 영도를 내용으로 한 《혁명의 한 길에서》, 일제 침략자들의 멸망을 그린 《게다짝이 운다》, 한 지식인의 계급적 각성과 무장 투쟁의 실천을 그린 《한 지식인의 각성》 등이 있다.

이러한 항일 혁명 연극의 특징은 작가에 있어서는 공동창작[32]이며, 작품에 있어서는 일제와 조선 간의 적대적 갈등과 그것의 폭력적 해결을 통하여 공산주의자의 전형을 창조하는 것이며, 독자에게 있어서는 계몽적인 것이다.

3. 현대극 및 현대 희곡의 인식과 전개과정

3.1 평화적 건설시기의 연극과 희곡

평화적 건설시기란 1945년 8월 해방에서 1950년 6월 전쟁 직전까지의 시기이다. 이 시기는 8 · 15 해방을 계기로 하여 사회주의자들이 다원적인 세력의 분화와 통합을 이르는 과정이다. 그 과정은 조선노동당 북조선 분국의 창설에서 시작하여 남북 노동당의 합당을 거쳐서 조선노동당

32) 작가 문제에 있어서, 연변 조선족 학계의 실증에 의해서 혁명 연극이 김일성의 창작이라는 주장은 허구임이 밝혀진 바 있다. 1930년대 동시대 현실을 고려한다면 혁명 연극은 공동창작일 가능성이 훨씬 더 높다. 이 때, 공동 창작이란 희곡작품이 먼저 공동으로 쓰여지고 그것이 연극으로 공연된 것이 아니라 먼저 특정 집단에 의해서 연극공연이 이루어지고 그것이 전승되다가 채록되었다는 의미이다.
조성일, 권 철 외, 『중국조선족문학통사』, 이회출판사, 1997, 190~200쪽
신형기, 오성호, 『북한문학사』, 평민사, 2000, 246~247쪽

의 창당에 이르는 과정이다. 이 시기의 가장 중요한 정치사회적 목표는 맑스-레닌주의를 이념으로 하여 민주주의 자주 독립국가를 건설하는 것[33]이다. 그 건설을 위하여 북한지역을 '민주기지'로 규정하고 토지개혁을 비롯하여 제도의 '민주 개혁'을 시행한다. 제도의 민주적인 개혁은 문화예술에 있어서 '일제 잔재의 청산과 민족문화예술의 정상적 발전을 도모하는 것'이다.

'민족문화예술의 정상적 발전'은 1946년 3월 북조선예술총동맹, 같은 해 10월 북조선문학예술총동맹의 결성과 이에 북조선연극동맹의 결성으로 제도화 되기 시작한다. 해방이 되자마자 송 영, 안영일, 이서향 등이 중심 되어서 그 전에 있었던 조선연극협회를 접수하여 조선문학건설본부의 결성과 때 맞추어서 조선연극건설본부를 조직한다. 그 조직 및 정체성 문제에 반발하여 송 영, 신고송, 박영호 등이 1945년 9월 28일 조선프롤레타리아연극동맹을 결성한다. 이 단체들은 이른바 박헌영의 8월 테제에 의하여 1945년 12월 20일 조선연극동맹으로 통합하여 1947년 8월 13일 조선문학가동맹의 폐쇄에 이르기까지 남한에서 사회주의 연극운동을 주도한다. 아울러 이 과정에서 미군정의 탄압과 남한 단독정부의 수립으로 나 웅, 박영호, 송 영, 신고송, 한태천, 한 효 등 월북한다.

남한에서와는 달리 북한에서 가장 먼저 결성된 것은, 최명익, 주영섭을 중심으로 하여 순수예술을 지향하는 평양예술문화협회이다. 이에 맞서서 남궁만을 중심으로 한 평남지구 프롤레타리아예술동맹이 창립되

33) 1949년 6월 창당된 조선노동당은 "노동대중의 이익을 대표 옹호하며 부강한 민주주 독립국가를 건설하기 위하여 투쟁한다"는 강령으로 시작하여 13개의 세부 과업을 정한 바, 제 10 과제가 일제 잔재의 청산과 민족문화예술의 정상적 발전'이다. 통일원, 『조선노동당대회자료집(제 1집)』, 1988, 87~91쪽.

고, 한재덕 및 한홍규를 영입하여 공산당 예술계의 조직을 강화한다. 이에 당 선전부장 김창만에 의하여 1946년 3월 25일 북조선예술총연맹으로 결성되고, 1946년 10월 북조선문학예술총동맹으로 재편됨과 동시에, 월북연극인들을 결합하여 북조선연극동맹이 결성된다.

이와 같이 1946년 3월 북조선예술동맹에서 같은 해 10월 북조선문학예술총동맹(문예총)의 결성은 곧 연극부문에 있어서 '민족문화예술의 정상적 발전'을 제도화 한 출발 단계이다. 1946년 3월과 같은 해 10월 사이, 연극 부문의 '정상적 발전'을 도모하기 위하여, '북조선 각 도 인민위원회, 정당, 사회단체 선전원, 문화인, 예술인 대회'에서 김일성의 연설이 행해진다. 김일성의 연설은, 1946년 5월 24일 제 1차 대회에서 「문화인들은 문화전선의 투사로 되어야 한다」로, 같은 해 9월 28일 제 2차 대회에서 「민주건설의 현 단계와 문화인의 임무」로 행해진다. 그 내용에서 가장 핵심적인 것은 문화예술인들이 '새로운 민주사회 건설'을 위하여, 첫째, 일제 잔재와의 사상적 투쟁을 강화하고, 둘째, 문화전선을 형성하여 정치투쟁적인 선전전, 문화전에 이바지해야 한다는 것이다.

즉 김일성의 연설에서 강조되고 있는 것은 문학예술의 정상적 발전은 제도 개혁과 함께 의식 개혁을 통하여 이루어진다는 것이다. 그 의식 개혁의 결정적인 계기가 되는 문예 정책이, 같은 해 12월 3일 제 14 차 당 중앙위원회 상무위원회의 결정서 「사상 의식 개혁을 위한 투쟁 전개에 관하여」이다. 제 14 차 당 중앙위원회 상무위원회의 결정서는 이른바 '건국 사상 총동원'으로서 '새로운 민족적 기풍을 창조하기 위하여 일제의 타락적, 말세기적, 퇴폐적 유습과 생활태도를 청산할 것[34]'을 결정

34) 김일성, 「북조선 민주 선거의 총결과 인민위원회의 당면 과제」, 『북한 연구 자료집(제 1집)』, (김준엽 외 편, 고려대 아세아문제연구소, 1969), 167쪽

한 것이다.

당의 이러한 지침은 북조선문학예술총동맹에 바로 영향을 미쳐서 같은 해 12월 7일 '총동맹'의 중앙상무위원회에서 사상 의식 개혁을 위한 투쟁에 관한 조직적 대책을 마련하는 한편, 12월20일 중앙상무위원회를 통하여 원산문학동맹에서 발간한 시집 『응향』을 타락적이고 퇴폐적인 경향으로 규정하고 비판한다.

이어서 곧 1947년 1월 15일 제 1 차 확대 상임위원회를 열고 시집 『응향』에 관한 결정서, 「민주 건국을 위한 노력과 투쟁을 고무하자」를 결정하여 반동적인 문학예술과의 투쟁을 강화한다. 그 투쟁의 궁극적인 목표는 민주주의 민족 문화 건설이며, 곧 고상한 사실주의이다. 같은해 3월 28일 제 29차 당 중앙위원회 상무위원회에서 「북조선에 있어서의 민주주의 민족문화 건설에 관하여」라는 결정서가 채택된다. 이 결정서의 핵심은 문학예술의 기본 노선으로 고상한 사실주의를 확립하는 것이다.

고상한 사실주의란 '이른바 건국 사상을 구현한 인간 타입의 창조'이며, '국가와 인민을 진심으로 사랑하는 민주주의 국가 건설을 위하여 헌신적으로 투쟁하는 모든 낡은 구습과 침체성에서 벗어나 높은 민족적 자신과 민족적 자각을 가진 고상한 목표를 향하여 만난을 극복할 줄 아는, 모든 문제를 해결하는 데 있어서 높은 창의와 재능을 발양하는 고독치 않고 배타적이 아닌, 다른 사람들을 이끌고 용감하게 나아가는 그야말로 … 생기 발랄한 민족적 품성을 가진 그러한 조선 사람의 형상을 말하는 것[35]'이다. 곧 고상한 사실주의란, 1946년 12월 3일 제 14차 당 중

35) 안 막, 「민족문학과 민족예술 건설의 고상한 수준을 위하여」, 『현대문학비평자료집(이북편/1945~1950)』, 이선영 외 편, 태학사, 1993, 243쪽

앙위원회 상무위원회에서 결정한 바 있는, '새로운 민족적 기풍을 전형적인 인간'의 창조이다. 그 전형은 다름 아니라 김일성이며, 조기천의 장편 서사시 《백두산》으로 형상화 되면서 일단 완결된다.

고상한 사실주의는 평화적 건설 시기에 있어서 문학예술의 기본 노선이 된다. 이러한 노선에 토대를 두면서 1949년 12월 문학예술인들에게 새로운 과제가 제시된다. 즉 6·25전쟁을 앞두고 문학예술인들에게 한 김일성의 '훈시'는 「현 시기 문학예술인들 앞에 나서는 몇 가지 과업」[36]이다. 그 과업은 첫째, 노동자, 농민을 비롯한 근로인민들의 투쟁 모습을 형상화 작품의 창작, 둘째, 사회의 민주화와 조국의 통일을 위하여 투쟁하는 남반부 인민들을 형상화 한 작품의 창작, 셋째, 인민군대를 형상화 한 작품의 창작이다. 이러한 근로인민, 남반부 인민, 인민군대의 인민들이, 고상한 사실주의에서 말하는 인간 전형의 유형에 속할 것이다.

지금까지 살펴 본 바와 같이 평화적 건설 시기는, 문예 노선으로 고상한 사실주의를 채택하여 새로운 건국에 필요한 인간 전형을 창조하는 것에 창작의 목표를 두고 있다.

이에 따라서 고상한 사실주의의 시각에서 본다면 이 시기 희곡도 다음과 같이 유형화 될 수 있다.

첫째, 새로운 건국 사상과 민족적 기풍을 구현한 인간 전형으로서 김일성을 형상화 한 작품으로서는, 박영보의 《장백산》(1947)과 《태양을 기다리는 사람들》(1948)이 있다.

이와 유사한 유형에 속하는 것으로서 새로운 인간 전형으로서 역사적

---

36) 문화체육부, 『북한의 문화예술 행정제도 연구(자료편)』, 339~345쪽

영웅을 빌려 온 작품으로서는 김태진의 《이순신장군》(1948), 남궁만의 《홍경래》(1947) 등이 있다.

둘째, 새로운 조국을 건설하기 위하여 노동자, 농민의 영웅적인 투쟁을 형상화 한 작품으로서, 남궁만의 《복사꽃 필 때》(1946), 박영호의 《비룡리 사람들》(1947), 백문환의 《성장》(1948), 송 영의 《인민은 조국을 지킨다》(1947)와 《자매》(1947), 신고송의 《불길》(1949), 탁 진의 《꽉쇠》(1947), 한 민의 《장가가는 날》(1948), 한태천의 《바우》(1946) 등이 있다.

셋째, 남한 사회의 모순과 이에 맞서서 투쟁하는 대중들의 저항을 형상화 한 작품으로서, 남궁만의 《하의도》(1949), 류기홍의 《은파산》(1950), 송 영의 《금산군수》(1949)와 《어머니》(1949), 함세덕의 《산사람들》(1949)과 《소위 대통령》(1950) 등이 있다.

3.2 조국해방전쟁시기의 연극과 희곡

이 시기는 1950년 6월 전쟁에서 1953년 7월까지, 즉 6 · 25 전쟁의 발발에서부터 휴전에 이르는 시기이다. 이 시기는 전쟁의 시기이므로, 당의 슬로건 '모든 힘을 전쟁 승리를 위하여!'와 같이, 연극도 승전에 이바지해야 하는 과제를 안고 있는 시기이다. 그 과제는, 사실상 1949년에서부터 시작된 프롤레타리아 국제주의의 원칙이다.

1948년 남한 단독정부의 수립을 계기로 하여 북한에서 확립된 이데올로기는 소련과의 연합 전선 및 미국 제국주의와의 투쟁을 담아 내어야 하는 바, 곧 프롤레타리아 국제주의이다.

프롤레타리아 애국주의와 국제주의는 1949년 김일성의 신년사 「국토의 완정과 조국의 통일을 위하여 궐기하자」[37]를 시작으로 하여 당의 모든 매체들이 가장 중요한 주제를 삼다가 그 해 12월 15일 제 2 차 당 중앙위원회 전원회의에서 「맑스-레닌주의와 프롤레타리아 국제주의 원칙에 더욱 충실하자」[38]라는 결정서로 결정된다.

프롤레타리아 국제주의란 프롤레타리아 애국주의에 기초한 국제주의이다. 애국주의란 '고상한 애국심과 민족적 자부심'으로서 '자기 고국의 역사를 알며 자기 민족의 우수한 전통과 문화와 풍습을 잘 아는 것'이며, 국제주의란 그러한 애국주의를 바탕으로 하여 '민족주의와 배타주의의 요소를 추호도 용납하지는 철저한 국제주의 정신[39]'이다. 이것은 프롤레타리아 애국주의가 미국을 중심으로 하는 부르주아 민족주의에 대항하는 이데올로기이며, 국제주의란 소련을 중심으로 한 사회주의와의 국제적인 연합전선을 옹호하고자 하는 이데올로기이다. 따라서 프롤레타리아 애국주의에 기초한 국제주의 원칙은 이른바 조국해방 전쟁의 이데올로기적 명분이면서 실천으로 작용한 것이다.

이것은 곧 전쟁 과정에서 연극을 비롯한 문학예술이 받아들이고 실천해야할 원칙인 바, 1950년 12월 24일 「우리의 예술은 전쟁 승리를 앞당기는데 이바지하여야 한다」, 1951년 6월 30일 「우리 문학예술의 몇 가지 문제에 대하여」, 1951년 12월 12일 「우리 예술을 높은 수준에로 발전시키기 위하여」에서도 구체화 된다. 이 '담화'나 '연설'들은 전쟁

---

37) 문화체육부, 『북한의 문화예술 행정제도 연구(문헌자료편)』, 431쪽
38) 북한연구소, 『북한총람(1945~1982)』 195쪽
39) 이런 의미에서 본다면 문학예술에 있어서 프롤레타리아 애국주의는 민족적 형식으로서, 프롤레타리아 국제주의는 사회주의적 내용으로서 구체화된다고 할 수 있다. 「우리 문학예술의 몇 가지 문제에 대하여」, 『북한의 문화예술 행정제도 연구(문헌자료편)』, 문화체육부 편), 338쪽.

시기 프롤레타리아 국제주의 원칙 아래서 연극이 '싸우는 우리 인민들의 수중에서 가장 강력하고도 예리한 무기가 되게 하며 전체 인민을 최후의 승리에로 고무 추동하기 위한 것'이 되어야 한다면서 그 구체적인 과제[40]를 제시한다.

첫째, 그 과제는 인민 군대의 영웅성과 완강성을 담아 내는 것이다. 이것은 전선 영웅들의 투쟁과 후방 및 적의 강점 아래에 있는 인민들의 영웅적인 투쟁을 담아내는 것이다.

둘째, 그 과제는 미제국주의자들을 중심으로 일본 군국주의자들, 이승만 정권의 역사적인 만행을 폭로하는 것이다.

셋째, 그 과제는 자연주의와 형식주의 수법을 지양하고 민족적 형식을 계승 발전 시켜서 수용하는 것이다.

지금까지 살펴 본 바와 같이 조국해방전쟁 시기는, 문예 노선으로 프롤레타리아 애국주의에 기초한 국제주의를 채택하고 전쟁의 승리에 이바지하기 위해서 연극이 인민군대의 영웅성과 미제의 만행을 민족적 형식으로 담아내는 것에 창작의 목표를 두었다.

이에 따라서 프롤레타리아 국제주의 원칙에서 본다면 이 시기 희곡도 다음과 같이 유형화 될 수 있다.

첫째, 인민군의 영웅적 투쟁을 형상화 한 작품으로서, 박영호의 《푸른 신호》(1952), 박태영의 《우리나라 청년들》(1952), 이지용의 《고지의 별들》(1951), 한 성의 《바다가 보인다》(1953), 한태천의 《명령은 하나 밖에 받지 않았다》(1952)가 있다.

둘째, 후방 인민들의 영웅적 투쟁을 형상화 한 작품으로서, 권준원의

40) 본문에서 제시한 세 종류의 '담화' 혹은 '연설'의 전문은 다음에 수록된 것임
문화체육부, 『북한의 문화예술 행정제도 연구(문헌자료편)』, 324~339쪽.

《가을전선》 (1952), 남궁만의 《싸우는 노동자들》 (1951), 박 훈의 《산의 개가》 (1952), 한봉식의 《탄광사람들》 (1951), 한태천의 《고향사람들》 (1952) 등이 있다.

셋째, 미국을 비롯한 남한 정권의 만행을 형상화 한 작품으로서, 허춘의 《수원회담》 (1950), 송 영의 《강화도》 (1953) 등이 있다.

이 밖에 김정일이 직접 창작한 것으로 주장하고 있는 혁명 연극 《패전장군의 말로》 (1953)[41]가 있다.

3.3 사회주의 기초 건설시기의 연극과 희곡

이 시기는 1953년 7월 '휴전'에서 1961년 9월 제 4차 당 대회[42] 직전의 1960년까지이다. 이 시기는 이른바 '전후 복구건설과 사회주의 기초 건설을 위한 투쟁시기'이다. 이 시기에서 가장 중요한 사회적 명제는 이른바 '모든 것을 민주기지 강화를 위한 전후 인민경제 복구 발전에로!' 정해져 있다. 문제는 '휴전'의 형식으로 전쟁이 끝난 뒤, 사회와 문화예술 전반의 건설 방향을 제시하는 것이다.

그 방향의 제시는 문학예술이 전쟁과정에서 수행한 역할을 반성하는 것에서부터 출발할 수밖에 없다. 그 반성은 이른바 반종파 투쟁으로서 세 차례에 걸쳐서 일어난다.

---

41) 『조선문학사』 제 11권에서는 조국해방전쟁 시기 '불후의 고전적 명작 혁명 연극 《패전장군의 말로》를 김정일이 직접 창작하고 연출한 작품으로 소개하고 있다.

42) 그 역사적 전환점이 되는 근거는 제 4 차 당 대회에서부터 김일성의 단일 지도체제가 이루어지고 항일무장투쟁의 혁명적 전통의 계승자로 조선노동당을 규정하고 있기 때문이다. 아울러 제 4차 당 대회가 열린 1961년은, 문학예술부문에 있어서 조선문학예술 총동맹이 결성되고 항일혁명문학예술의 역사적 혁명적 전통이 확립되기 때문이다.

첫째, 1952년 12월 당 중앙위원회 제 5 차 전원회의에서 김남천, 이태준, 이원조, 임 화 등에 대한 비판, 둘째, 1956년 1월 7일 조선작가동맹 중앙위원회 제 22차 상무위원회에서 기석복, 정 률, 민병균, 김조규에 대한 비판, 셋째, 1959년 4월 조선작가동맹 중앙위원회 제 4차 전원회의에서 안 막, 서만일, 윤두헌 등에 대한 비판이 그것이다. 첫째의 경우, 1952년 12월 15일 당 중앙위원회 제 5 차 전원회의에서 김일성은 「당의 조직사상적 강화는 우리 승리의 기초」라는 보고 연설을 통하여 '협애한 지방주의적 종파주의적 잔재사상과의 엄격한 투쟁'을 지시한다. 그 지시는 김남천, 이태준, 이원조, 임 화 등에 비판으로 구체화 된다.

둘째의 경우, 1955년 12월 28일 김일성은 당 선전 선동 일꾼들과의 한 담화, 곧 「사상사업에 있어서 교조주의와 형식주의를 퇴치하고 주체를 확립할 것에 대하여」에서 이태준을 반동적 부르주아 작가로 비판한다. 이에 영향을 받아서 1956년 1월 7일 조선작가동맹 중앙위원회가 개최되고 이어 1월 18일 결정서 「문학예술 분야에 있어서의 반동적 부르주아 사상과의 투쟁을 더욱 강화함에 대하여」가 채택된다. 그 결정서는 김남천, 이태준, 임 화 등 반동적 작가를 지지한 기석복, 김조규, 민병균, 정 률을 역시 부르주아 작가라고 비판한다.

셋째의 경우, 1958년 10월 14일 김일성은 작가, 예술인들 앞에서 「작가, 예술인들 속에서 낡은 사상 잔재를 반대하는 투쟁을 힘있게 벌릴 데 대하여」 연설한다. 이 연설은 1959년 4월 조선작가동맹중앙위원회 제 4 차 전원회의에서 한설야의 보고문 「공산주의 교양과 우리 문학의 당면과업」을 결정서로 채택한다. 이 결정서는 서만일, 윤두헌, 안 막 등을 부르주아 작가로 비판한다.

반종파 투쟁의 이러한 과정에서 첫째와 둘째의 경우는 이른바 8월 종파 사건으로 불린다. 8월 종파 사건은, 전쟁과정에서 이미 비판한 자연주의와 형식주의를 '반동적 부르주아'로 재비판한 것이다. 이 때, '반동적 부르주아'는 카프를 북한 문학예술의 역사적 혁명적 전통으로 인정하지 않는다는 것이다. 8월 종파 사건은 결국 북한문학예술의 혁명적 전통을 카프에 두느냐, 두지 않느냐의 문제이며, 카프의 사회주의적 사실주의를 문학예술의 기본 노선으로 인정하느냐, 하지 않느냐의 문제이다.

8월 종파 사건을 통하여 카프와 사회주의적 사실주의가 북한문학예술의 전통이면서 기본 노선임이 재확인 된 것이다. 이것은 8월 종파 사건이 마무리 된 뒤, 이어서 1956년 10월에 열린 조선작가동맹의 제 2 차 작가 대회에서 '사회주의적 사실주의의 창작 방법과 그 혁명적 원칙'의 결정으로 확인된다. 아울러 8월 종파 사건의 이러한 전개 과정에 맞추어서 항일 혁명문학예술이 새로운 혁명적 전통으로 다가서는 것이다.

둘째, 8월 종파 사건의 시작과 함께 1953년 8월 26일부터 1912월 21일까지 항일 유격투쟁전적지조사단에 의해서 항일혁명문학예술에 관한 발굴 사업이 이루어지고, 종파 사건의 종결과 함께 항일혁명 문학예술에 관한 논저들이 활발하게 출간된다. 그 논저들의 핵심적인 주제는 항일무장투쟁 과정에서 창조된 혁명 문학예술이 카프의 문학예술에 끼친 영향에 관한 것[43]이다. 이것은 8월 종파 사건이 단순히 권력 투쟁이 아니며, 북한 사회 전반에 걸쳐서 그 역사적 혁명 전통을 확립하는 것에 관련된다는 것이다. 더욱더 중요한 것은 8월 종파 사건의 종결 뒤, 1956년 12월 당 중앙위원회 전원회의에서 천리마운동이 발기된다. 이 때부터 반종파 투쟁은 권력 투쟁에서 사회 전반에 걸친 사회문화 투쟁으로 확

43) 김재용, 『북한문학의 역사적 이해』, 154~155쪽

산되어간다[44].

셋째는, 첫째 및 둘째와는 달리, 권력 투쟁의 일환으로서 이루어지는 것이 아니라 문화 사상의 일환으로 이루어진다. 즉 첫째 및 둘째에서 권력 투쟁의 일환으로 이루어진 문학 투쟁을 사상투쟁으로 문화 전반에 걸쳐서 확산시킨 것이다. 그 실례가 셋째의 '부르주아 잔재와의 투쟁'에 이론적 근거를 제시한 1958년 10월 14일 김일성의 연설 「작가, 예술인들 속에서 낡은 사상 잔재를 반대하는 투쟁을 힘있게 벌릴 데 대하여」이다. 이 연설에서 가장 핵심적인 문제는, 작가 예술인들 그 스스로가 아니라 '문학예술의 당 조직들이 작가, 예술인들 속에서 개인이기주의, 공명주의, 자유주의, 가족주의 등 자본주의사상의 잔재를 뿌리뽑기 위한 사상투쟁을 벌여야 한다는 것'이다.

사회 문화 전반에 걸쳐서 행해야 할 사상 투쟁은 곧 공산주의 교양 사업이다. 1959년 4월 조선작가동맹중앙위원회 제 4차 전원회의 결정서로 채택된 한설야의 보고문 「공산주의 교양과 우리 문학의 당면 과업」[45]이 바로 그것이다. 이 보고문에서 '우리 문학의 당면 과업'으로 '공산주의 문학 건설'을 들면서 다음과 같이 제안하고 있다.

> 첫째, 문학은 '공산주의적 당성 원칙을 더욱 견지하여 사회주의적 사실주의 창작 방법의 가일층 공고화와 풍부화를 위하여 더욱 견결히 투쟁해야 한다'.
>
> 둘째, 문학은 '높은 긍지를 가지고 사람들의 모범으로 되는 공산주의자의 형상을 많이 창조하여야 하며 우리 시대의 사회주의-공산주의 건설자들의

44) 이종석, 『조선노동당 연구』, 282쪽

45) 이선영 외, 『현대문학비평자료집(이북편/1959~1962)』, 7~38쪽.

고상한 정신적 도덕적 미를 보여주어야 한다.'

셋째, '작가들의 현실 연구와 예술적 소양을 높이는 사업을 더욱더 강화해야 한다.'

이와 같이 셋째의 경우, 곧 '부르주아 잔재와의 투쟁'은 다음 시기에 가장 중요한 쟁점이 되는 천리마 문학예술로 이어진다.

지금까지 살펴 본 바와 같이 사회주의 기초 건설 시기는, 사회주의적 사실주의를 문예 노선으로 견지하되, 카프에 이어서 항일 혁명 문학예술을 역사적 혁명 전통으로 삼고자 시도한다. 아울러 전후 복구 건설에 이바지하기 위해서 연극을 비롯한 모든 문화예술이 부르주아 잔재와 투쟁함으로써 다음 시기 천리마문학예술이 등장할 수 있도록 준비한 것이다. 이 시기는, 다른 여느 시기와 달리 투쟁의 과정에 있었기 때문에 문학예술이 담아내어야 할 내용에 관해서는 구체적인 제안을 마련하지 못했다. 그 제안을 살펴볼 수 있는 것은, 1954년 8월 10일 「문학예술을 더욱 발전시키 위하여」, 1956년 12월 25일 「현실을 반영한 문학예술작품을 많이 창작하자」로 제한되어 있다.

이를 기준으로 이 시기 희곡을 유형화 하면 다음과 같다.

첫째, 전후 복구 건설에 나선 노동자들의 투쟁과정과 이에 의한 성과를 형상화 한 작품으로서, 류기홍의 《그립던 곳에서》(1954), 이동춘의 《어선 전진호》(1955)와 《위대한 힘》(1958) 등이 있다.

둘째, 전후 복구 건설에 나선 농민들의 투쟁과정과 농촌의 개조 과정을 형상화 한 작품으로서, 이동춘의 《새길》(1954), 조영출과 김덕윤의 《열두삼천리벌》(1954) 등이 있다.

셋째, 항일무장투쟁시기와 조국해방시기를 소재로 하여 혁명 전통을 주제로 형상화 한 작품으로서, 송 영의 《백두산은 어데서나 보인다》(1956)와 《불사조》(1959), 이종순의 《조국 산천에 안개 개인다》(1960), 한 성의 《우리를 기다리라》(1954) 등이 있다.

넷째, 남한을 지옥으로 북한을 천당으로 하여 체제우월성을 형상화 한 작품으로서 이종순과 최 건의 《다시는 그렇게 살 수 없다》(1954) 등이 있다.

3.4 사회주의 전면적 건설시기의 연극과 희곡

이 시기는 제 4차 당 대회가 열렸던 1961년에서 당 중앙위원회 제 4기 15차 전원회의가 열렸던 1967년 전까지이다. 이 시기는, 제 4차 당 대회에서 김일성의 단일 지배체제가 이루어지면서부터 제 4 기 15차 전원회의에서 확립된 김일성의 유일사상체계 직전까지이다. 이 시기는 이른바 '사회주의 전면적 건설과 사회주의의 완전 승리를 앞당기기 위한 투쟁 시기'로서 김일성의 단일 지배체제의 시기이다. 이 시기에서 가장 중요한 슬로건은 천리마운동이며, 천리마 시대의 문학예술 창조이다.

천리마운동은 사실상 1956년 12월 당 중앙위원회 전원회의에서 '인민경제 발전계획을 위한' 사회주의적 대중운동으로 발기되었다가 사회 전반에 걸친 문화투쟁운동으로 확산된 것이다. 이 확산의 과정에서 공산주의 교양사업이 강화되고 항일 혁명무장 투쟁의 전통이 확립된다. 1956년에서 시작된 이러한 천리마 운동이 문학예술의 가장 중요한 슬로건으로 나타난 것은 1960년부터이다. 이 시기의 가장 중요한 김일성의 교시는 1960년 11월 27일 김일성은 '작가, 작곡가, 영화 부문 일꾼들과 한 담화', 곧 「천리마시대에 맞는 문학예술을 창조하자」이다. 그 교시에서 지적하고 있는 것은 다음과 같다.

> 첫째, 천리마시대 문학예술은 천리마 기수들의 생활과 영웅적 투쟁을 형상화 해야 한다.
>
> 둘째, 천리마시대 문학예술은 항일무장투쟁시기에서 현재에 이르기까지 혁명적 전통과 인민들의 영웅적 투쟁을 형상화해야 한다.
>
> 셋째, 천리마시대에 적합하게 문학예술의 지도체계를 고쳐야 한다.

첫째와 둘째는 천리마 기수의 형상화를 중심으로 한 혁명 문학예술의 창작 문제이며, 셋째는 천리마시대에 적합한 문학예술부문의 지도체계를 재조직화 하는 것이다. 즉 첫째와 둘째는 문학예술의 창작 방향의 문제이며, 셋째는 조직의 문제이다.

이 가운데서 가장 먼저 실천되는 것은 셋째의 조직 문제인 바, 1961년 3월 2일 조선문학예술총동맹[46]이 결성되고 각 부문 동맹, 예컨대 문학동맹, 연극동맹, 음악 동맹도 결성된다. 조직의 결성과 관련하여 첫째 및 둘째의 혁명 문학예술의 창작 방향이 제시되는 바, 결성대회에서 행한 한설야의 보고 「천리마시대의 문학예술의 창조를 위하여」가 그것이다. 이 보고에 이어 61년 3월 4일 김일성이, '조선문학예술동맹중앙위원회집행위원들과 한 담화', 곧 「문학예술총동맹의 임무에 대하여」와 함께 천리마 시대의 문학예술이 나아갈 방향을 제시한 것이다. 그 방향은 "문학예술부문 일꾼들이 당의 문예정책을 받들고 사회의 긍정적 사

---

46) 보다 자세한 결성 과정은 다음에서 상론하고 있다.
좌담 「북한의 주체 문예 60년을 점검한다」, 『역사비평・4』(1989・봄), 42~48쪽.

실들과 공산주의자의 전형을 형상화 한 작품을 창작하여 근로자들을 공산주의적으로 교양 하는데 이바지하는 것"이다. 곧 천리마 시대 문학예술의 기본 방향은 천리마 기수의 형상화를 중심으로 한 혁명적 작품의 창작 문제이다. 그 문제는 1963년 11월 5일 김일성이 '작가들과 한 담화', 곧 「혁명적 대작을 더 많이 창작하자」에서 구체화 된다.

혁명적 대작이란 '당의 혁명적 전통을 주제로 한 대작'인 바, 첫째, 항일혁명 투사들의 혁명 활동을 개별적인 사람들의 전기나 연대기를 지양하는 작품의 창작, 둘째, 조국해방전쟁을 주제로 한 작품의 창작, 셋째, 사회주의 건설을 주제로 한 작품의 창작, 셋째, 남조선혁명을 주제로 한 작품의 창작, 넷째, 수정주의와 예술지상주의를 반대하는 작품의 창작으로 구체화 된다. 아울러 혁명적 대작의 창작에 있어서 그 기본 방향은, 「천리마시대에 맞는 문학예술을 창조하자」에서 이미 밝힌 바, '부정적 사실의 비판을 지양하고 긍정적 모범을 내세우는 것'이다.

이것은 64년 1월 8일 김일성이 '연극 《아침노을》을 보고 연극예술인들과 한 담화', 곧 「문학예술작품에서의 갈등 문제에 대하여」에서 재확인된다. 문학예술작품, 특히 연극에 있어서 갈등은 적대적 갈등이 아니다. 문학예술작품에 있어서 갈등은 사회관계의 성격에 따라서 달라지는 바, 사회주의의 전면적 건설 시기에 있어서 노동자는 적대적 갈등과 모순을 가지고 있지 않기 때문이다. 이에 '부정적 사실의 비판을 지양하고 긍정적 모범을 내세우기' 위해서, 창작의 기본 방향은 다음과 같이 설정되어야 한다.

> 첫째, 긍정인물에게는 모든 긍정적인 측면을, 부정 인물에게는 모든 부정적인 측면을 집중시켜서는 안 된다.

둘째, 투쟁 대상을 부정인물로 설정할 것이 아니라 그가 가지고 있는 낡은 사상 잔재와 생활 습성을 설정해야 한다.

셋째, 핵심 군중들의 역할을 무시하고 주인공의 역할만 내세우거나 부정 인물만 많이 등장시켜서는 안된다.

넷째, 개별적 주인공을 영웅으로 그릴 것이 아니라 집단적 영웅주의를 그려야 한다.

작품의 주제와 창작의 이러한 방향 제시는 혁명적 문학예술의 지침이 된다. 이것은 다시 1964년 11월 7일 김일성이 '문학예술 일꾼들에 한 연설', 곧 「혁명적 문학예술을 창작함에 대하여」에서도 강조된다.

지금까지 살펴 본 바와 같이 사회주의 전면적 건설 시기는, 천리마문학예술을 문예 노선으로 삼으면서 사회주의적 사실주의 시각에서 천리마 기수를 중심으로 하여 혁명 문학예술의 형상화를 시대적 사명으로 삼고자 한 것이다. 이 시기는 천리마시대이므로, 문학예술이 담아내어야 할 내용도 천리마 시대에 적합한 사회를 반영하는 것이다. 이 시기 희곡도 예외는 아니다.

첫째, 천리마 기수의 형상화를 중심으로 천리마시대의 현실을 반영한 작품으로서, 박령보의 《아침노을》(1964), 이동춘의 《산울림》(1961), 조백령의 《붉은 선동원》(1961), 지재룡의 《청춘의 활무대》(1963) 등이 있다.

둘째, 항일혁명적 전통을 주제로 형상화 한 작품으로서, 김유택의 《습격》(1965), 박령보의 《해바라기》(1960)와 《태양의 딸》(1961) 등이 있다.

셋째, 남한의 혁명을 주제로 한 작품으로서, 송 영의 《분노의 활화산은 터졌다》(1960), 지재룡의 《푸른 잔디》(1965) 등이 있다.

3.5 유일사상체계 시기의 연극과 희곡

이 시기는 제 4 기 15차 전원회의가 열렸던 1967년에서부터 현재에 이르는 시기이다. 이 시기의 출발점이 되는 1967년 5월 4일에서 8일까지 열렸던 제 4기 15차 전원회의는 김일성의 유일사상체계를 확립한 시기이다. 이른바 주체의 시대이면서 주체문학예술의 시대이다. 주체의 시대란 '맑스-레닌주의에 기초한 사회주의'를 폐기하고 '우리식 사회주의'에 근거한 유일지도체계와 후계체제를 확립한 시기이다. 이 시기에 상응하는 주체문학예술도 맑스-레닌사상에 기초한 사회주의적 사실주의가 아니라 김일성 유일사상체계와 유일후계체제에 기초한 주체사실주의[47]를 확립한 시기이다. 이 시기는 이른바 주체의 시대로서 김일성

---

47) 주체사실주의와 사회주의적 사실주의는 김정일의 『주체문학론』(조선노동당출판사, 1992)에서 상론하고 있는 바, 다음과 같다.

사회주의적 사실주의와 주체사실주의는 공통적으로 혁명투쟁의 과정을 반영하면서 그 혁명의 완성을 목적으로 하고 있다. 그 차이점은 주체사실주의가 사회주의적 사실주의의 한계를 극복하여 조선현실에 맞게 발전시킨 것이라는 것이다.

시대적 과제에 있어서, 사회주의적 사실주의가 자본주의와 제국주의의 예속에서 근로대중을 해방하는 것을 과제로 한다면, 주체사실주의는 인민대중이 역사의 주체로 등장하여 그 자주성을 완전히 실현하는 것을 과제로 한다.

세계관에 있어서, 사회주의적 사실주의가 유물변증법적 세계관에 기초하고 있다면, 주체사실주의는 주체의 세계관, 사람 중심의 세계관에 기초하고 있다.

창작의 목적에 있어서, 사회주의적 사실주의가 계급투쟁과 사회주의 혁명의 완성에 있다면, 주체사실주의는 반제·반미 투쟁과 주체적 사회주의의 성립에 있다.

전형 창조에 있어서, 사회주의적 사실주의가 노동계급의식이 투철한 해방운동가에 있다면, 주체사실주의는 주체사상과 김일성 유일체제를 내면화 한 자주적 인간형에 있다.

이러한 차이점을 근거로 하여 주체사실주의는, 사회주의적 사실주의가 혁명 투쟁에서 사람의 역할보다는 사회역사적 환경 및 조건과 혁명적 현실에 초점을 둔다고 비판한다. 이에 주체사실주의는 혁명 투쟁에서 사람에 초점을 둔다. 주체사실주의에서와 같이 현실이 아니라 그 현실 속에서 살아가는 인간을 초점에 둔다면, 현실의 사실성과 진실성은 인간을 위하여 축소, 변형되거나 왜곡되어 신화화 됨은 물론이다.

에서 김정일로 이어지는 지배체제의 변화가 전개된 시기이며, 이에 따라서 주체사실주의의 의미내용도 변화한 시기이다. 주체 시대의 지배체제와 주체사실주의의 의미 변화를 기준으로 한다면, 이 시기는 다시 네 시기로 나눌 수 있을 것 같다.

첫째 시기는 1967년 김일성의 유일사상체계가 확립된 것에서부터 1980년 제 6 차 당 대회 직전까지 이른바 '주체의 시기'이다.

둘째 시기는 1980년 제 6차 당 대회에서부터 1991년 제 6 기 19차 전원회의 직전까지 이른바 '김정일 후계체제의 시기'이다.

셋째 시기는 1991년 제 6 기 19차 전원회의에서부터 1997년 10월 당 총비서와 1998년 9월 국방위원장이 되기 직전까지 이른바 '김정일 체제의 모색기'이다.

넷째 시기는 1998년 개정 헌법 곧 '김일성 헌법'으로 김정일이 국방위위원회 위원장으로서 공식 통치를 시작하여 현재에 이르는 이른바 '김정일 체제기'이다.

이 시기는 공통적으로 주체사실주의를 문학예술의 기본 노선으로 하여 항일 혁명 문학예술을 당의 역사적 혁명적 전통으로 공식화 한 것이다.

3.5.1 주체 시기의 연극과 희곡

첫째의 시기는 주체의 시대이다. 이 시기는 1967년 제 4 기 15차 전원회의에서 김일성의 유일사상체계 확립을 시작하여 1970년 11월 제 5 차 당 대회에서 주체사상을 당의 유일한 지도 이념으로 선언한 것을 거쳐서, 1980년 제 6차 당 대회에서 김정일 후계체제의 확립을 공식화 하기 직전까지이다.

주체 시대의 출발점으로서 1967년은 문학예술에 있어서도 주체문예의 시대로서 출발한다. 그 출발은, 앞 시기 천리마 기수의 형상을 중심으로 한 혁명 문학예술을 계승하여 '새로운 혁명 문학예술'을 창작하는 것이다. 새로운 혁명 문학예술은 다름 아니라 주체문학예술이며, 항일 혁명 문학예술의 역사적 혁명적 전통을 확립하고 계승하는 것이다.

주체 문학예술의 지도원리는 김정일에 의해서 지적된다. 김정일은 1966년 2월 7일 「새로운 혁명 문학을 건설할 데 대하여」를 시작으로 하여 주체 문학예술의 지도 방향을 수령 형상 문학예술로 구체화 한다. 수령 형상 문학예술은 글자 그대로 수령을 형상화 문학예술로서 '노동계급의 문학 건설에서 가장 중요한 초미의 과업으로 당의 문예정책의 기본 문제로 되었으며 사회주의제도의 본성에 맞게 목적의식적이고 조직적인 사업으로 되게 된 것[48]'이다. 곧 주체 시대의 문학예술이란 수령 형상 문학예술이다.

이러한 수령 형상 문학예술의 창작은 제도의 새로운 정비에 의해서 실천된다. 그 제도의 새로운 정비는 이른바 '문학예술사업의 3위1체' 체제이다. 이 체제는 수령을 중심으로 당과 문학예술행정, 사회단체가 문학예술사업을 공동으로 추진하는 것이다. 즉, 당은 작가의 활동과 작품 내용을 감독하고, 문학예술행정조직은 창작 여건을 조성하며, 작가는 문예총이나 작가동맹, 연극동맹과 같은 사회단체에 소속되어서 작품을 창작한다는 것이다. 이것은 작가의 활동과 작품 창작에 대한 당의 지배 통제를 강화하는 것으로서, 수령 형상 문학예술을 형상화를 주체사상

48) 윤기덕, 『수령형상문학』, 문예출판사, 1991, 5쪽.

속에서만 이루어지도록 심의하는 것과 다르지 않다. 이 3위 1체 체제에 의해 수령 형상 문학예술의 창작을 실천하기 위하여 4 · 15 문학창작단과 같은 전문적인 창작단이 결성된다. 전문적인 창작단은 수령 형상 문학예술에 대한 집체적인 창작을 전문으로 하면서 그것을 다양한 갈래로서 재창작하는 것이다. 이에 따라서 이 시기에는 수령 형상 문학을 중심으로 하여 혁명적 문학예술의 집체 창작이 이루어지면서 연극의 다양한 갈래로 혁명 연극과 혁명 가극이 지배적인 흐름을 이룬다.

마찬가지로 희곡도 수령 형상 희곡을 중심으로 혁명 연극과 혁명 가극의 대본으로 유형화 된다.

첫째, 수령 형상의 집체 희곡으로서, 《승리의 기치따라》(1968), 《우리의 어머니》(1970), 《혁명의 새 아침》(1971), 《위대한 전환》(1973) 등 있다.

둘째, 혁명 연극의 대본으로서 《성황당》(1978), 혁명 가극의 대본으로서 《피바다》(1971)를 시작으로 하여 《당의 참된 딸》(1971), 《꽃 파는 처녀》(1972), 《밀림아 이야기하라》(1972), 《은혜로운 햇빛 아래》(1972), 《금강산의 노래》(1973), 《연풍호》(1973), 《남강마을 여성들》(1974), 《청춘과원》(1974), 《한 자위단원의 운명》(1974), 《밝은 태양 아래》(1976) 등이 있다. 이러한 혁명 가극들은 이 시기에 혁명 영화와 혁명 소설로 재창작된다.

이 밖에도 천리마 시대의 희곡 전통을 이어 받은 경희극에는 이동춘의 《자랑 끝에 있은 일》(1968), 김용완의 《군민은 한 마음》(1972), 박라섭의 《수박산》(1982) 등이 있다.

3.5.2 김정일 후계체제 시기의 연극과 희곡

둘째의 시기는 이른바 김정일 후계체제의 시기이다. 이 시기는 1980년 제 6차 당 대회에서 김정일 후계체제의 공식화를 시작으로 하여 1991년 제 6기 19차 전원회의에서 조선인민군 최고사령관으로 추대되기 직전까지 이른바 김정일 후계체제의 시기이다. 이 시기는 앞 시기 주체문학예술을 더욱더 발전시키는 시기로서, 1980년 1월 7일 조선작가동맹 제 3차 대회에서 천세봉이 보고한 「혁명적 문학작품에서 새로운 앙양을 일으키자」와 같이, 이른바 '혁명적 문학예술의 새로운 앙양 시기'라고 할 수 있다.

혁명적 문학예술의 새로운 앙양은 1980년 10월 조선노동당 제 6 차 대회를 전후로 하여, 1980년 1월 7일에서 10일까지 조선작가동맹 제 3 차 대회, 1981년 3월 전국문화예술인열성자대회에서도 가장 중요한 슬로건이 된다. 그것은 1986년 3월 27에서 28일까지 열린 조선문학예술총동맹 제 6 차 대회와 그 대회 직후 1986년 5월 17일 김정일이 '문학예술부문 일꾼들과 한 담화', 곧 「혁명적 문학예술 창작에서 새로운 앙양을 일으키자」에서도 확인된다.

이 시기의 가장 중요한 슬로건 '혁명적 문학예술의 새로운 앙양'은 첫째, 수령 형상 문학예술의 계승 발전을 강화하면서, 둘째 숨은 영웅 형상 문학예술의 창작을 가리킨다.

첫째의 경우는 주체문학예술의 발전으로서, 앞 시기에 이미 제시된 수령 형상 문학예술을 계승 발전시키는 것이다.

둘째의 경우는 조선노동당 제 6 차 당 대회에서 평가된 '숨은 영웅 따라 배우기' 운동의 연장선상에 있다. '숨은 영웅 따라 배우기' 운동은 80

년대 시작된 '혁명적 위업을 추동하는 새로운 공산주의적 대중운동[49]' 으로서 문학예술부문에 있어서 '숨은 영웅 형상 문학예술'로 구체화 된다. 숨은 영웅 형상 문학예술은 궁극적으로 일반 인민들을 수령과 당에 충직한 주체형의 공산주의적 인간을 만들기 위한 것으로서, 일반 인민들, 예컨대 하급 당원, 하급 기술자, 농민과 어민, 주부 등과 그 일상 생활이 작품으로 형상화 된 것이다. 이에 따라서 숨은 영웅 형상 문학예술은 노동자의 적대적 갈등 및 모순뿐만 아니라 세대 간, 지역 간, 남녀 간의 갈등을 다양하게 형상화 하고 있다.

수령 형상 문학예술의 계승 발전과 숨은 영웅 형상 문학예술의 새로운 창작에 의하여 이 시기는 앞 시기의 혁명 가극과 혁명 연극의 계승 발전이 이루어지고 숨은 영웅과 같은 일반 인민들의 일상 생활을 반영하는 희곡들이 창작된다.

첫째, 혁명 연극의 대본으로서, 앞 시기 《성황당》(1978)의 성과에 힘입어서 《혈분만국회》(1984), 《딸에게서 온 편지》(1987), 《경축대회》(1988), 《3인1당》(1988) 등이 있다. 반면 혁명 가극의 경우, 앞 시기 5대 혁명 가극의 재 공연이 이루어짐으로써 창작 대본은 거의 생산되지 않는다.

둘째, 숨은 영웅 형상 희곡으로서, 문병익의 《우리가 사는 집》(1991)을 비롯하여 《행복한 세대》(1983), 《평양처녀》(1985), 《지배인과 도장》(1986), 《현장기사》(1987) 등 다양하게 있다.

물론 이 밖에도 항일 혁명의 역사적 혁명적 전통을 비롯하여 사회주의제도의 우월성, 건설 및 생산 투쟁, 남한 현실의 비판 그리고 해외동포

49) 이우영, 『김정일 문예정책의 지속과 변화』, 민족통일연구원 1998, 24쪽.

문제 등 다양한 주제들을 형상화 한 희곡들이 창작된다.

3.5.3 김정일 체제 모색기의 연극과 희곡

셋째 시기는 김정일 체제의 모색 시기이다. 이 시기는 1991년 제 6 기 19차 전원회의에서 조선인민군 최고사령관으로 추대되고, 1994년 7월 김일성의 사망을 계기로 한 유훈통치기를 거쳐서 1997년 10월 당 총비서와 1998년 9월 국방위원장으로서 국가 수반이 되어 김정일 체제를 모색하는 시기이다. 이 시기는 주체문학예술이론의 실질적인 주도자로서 김정일이 『무용예술론』(1990.9.13), 『미술론』(1991.10.16), 『음악예술론』(1991.7.17), 『건축예술론』(1991.10.23), 『주체문학론』(1992.1.20) 등 일련의 주체문학예술이론을 완성하여 주체사실주의를 공식화하고 완성한 시기이다. 이 시기에 무엇보다도 중요한 것은, 이론체계가 확립된 주체문학예술을 더욱더 강화시키는 것이다. 그것은 사회주의 체제의 강화와 함께 문학예술의 새로운 전환으로 구체화 된다.

1991년 김일성은 신년사[50]에서 사회주의 체제를 강화하고 발전시켜서 완전 승리를 쟁취하자고 역설한다. 사회주의체제의 강화 발전은, 1990년 소련을 비롯한 동구 사회주의의 몰락을 뜻하는 '사회주의 위기' 혹은 '제국주의자들의 반공화국, 반사회주의 소동'에 대응하여 유일사상체계와 후계체계를 더욱더 강화하기 위한 것이다. 이에 맞추어서 김정일은 주체문학예술의 '새로운 전기'를 마련할 것을 제안한다. 그 제안은 1992년 5월 23일 김정일이 발표한 논문, 「다부작 예술영화 《민족과 운명》의 창작 성과에 토대하여 문학예술 건설에서 새로운 전환을

50) 문화체육부, 『북한의 문화예술 행정제도 연구(문헌자료편)』, 489~499쪽.

일으키자」에서 구체화 된다. 그 교시는 조선민족제일주의사상[51)]을 토대로 하여 창작한다면 문학예술은 다음과 같은 성과를 이루어낸다는 것이다.

첫째, 자주성, 창조성, 의식성을 진실하게 그릴 수 있으며,

둘째, 월북한 사람이나 친북한적인 사람, 해외교포 등을 주인물로 하여 남한, 일본, 미국 등 자본주의 사회의 풍요와 빈곤을 동시에 보여줄 수 있고,

셋째, 북한 사회는 다양한 출신의 사람들, 예컨대 반동적인 성분에 속하는 사람들까지 포용하고 있으며,

넷째, 주제와 소재의 편협성, 예컨대 김일성 찬양과 항일 무장혁명의 승리, 제국주의의 적대적 관계와 모순에서 벗어나서 다양한 주제와 소재를 다룰 수 있고,

다섯째, 새로운 서구적인 문학예술의 기법들을 통하여 북한 주민의 문화 취향에 맞추어서 주체사실주의를 결합시킬 수 있다는 것이다.[52)]

---

51) 다부작 영화 《민족과 운명》으로 구체화 된 조선민족제일주의는 연극에서 민족 가극으로 형상화 된다. 먼저 연극에서 있어서 주체사실주의는 1971년 《피바다》를 출발로 하여 가극에서 혁명 가극으로의 전환이 일어나고, 이에 따라서 1978년 《성황당》을 시작으로 하여 연극에서 혁명 연극으로의 전환이 일어난다. 혁명 가극과 혁명 연극으로의 전환은 197, 80년대 그 극에 달하며 다른 모든 가극과 연극은 거의 사라진다. 1990년대에 이르러서 혁명 가극과 혁명 연극의 완성이 이루어졌다고 스스로 선언하면서 새로운 작품을 창작하지도 공연하지도 못하자 등장한 가장 중요한 연극 형식이 민족가극이다. 그 구체적인 실천의 첫 작품이 《춘향전》이다. 민족가극은 조선시대 고전의 문학적 유산을 토대로 재창작된 것이다. 그 유산은 《춘향전》, 《심청전》, 《박씨부인전》 등과 같이 창극으로 1960년대까지 전승되어오다가 197,80년대 혁명가극과 혁명연극의 시대적 흐름에 밀려서 사라지는 듯하다가 1980년대에서 1990년대로 넘어오는 과정, 곧 혁명가극과 혁명연극의 시대적 흐름이 사라지면서 민족가극이라는 새로운 연극장르로 다시 되살아난다.

52) 김정일, 『다부작 예술영화 《민족과 운명》의 창작성과에 토대하여 문학예술건설에서 새로운 전환을 일으키자』, 조선로동당출판사, 1992.

조선민족제일주의는 김정일 후계체제의 시기와 김정일 체제 모색의 시기에 등장한 문학예술이론이다. 주체사실주의에 토대를 둔 조선민족제일주의는 인민대중 가요 《내 나라 제일로 좋아》에서 시작되고, 이 가요를 처음으로 문학예술부문에서 재창작한 것이 다부작 예술영화 《민족과 운명》이다.

《민족과 운명》[53]은 주체사실주의에 토대를 둔 조선민족제일주의를 실천한 첫 번째 문학예술 작품이다. 2003년 7월 현재 총 65부작이 창작되어서 상영되고 있는 《민족과 운명》은 첫 기획 제작은 7부작이다. 그 7부작은 제 1부에서 제 4부까지는 최덕신을 모델로 한 최현덕 편, 제 5부는 윤이상을 모델로 한 윤상민 편, 제 6, 7, 8, 9, 10부는 최홍희를 모델로 한 차홍기 편, 제 11부에서 제 13부까지 이인모를 모델로 한 리정모 편, 제 5부 윤상민 편이 다시 제 14에서 제 16부까지로 기획 제작 된다. 제 17, 18부는 허정숙을 모델로 한 허정순 편, 제 19부에서 제 24부까지는 귀화한 일본인 녀성 편으로 기획 제작된다.

이와 같이 민족과 운명은, 그 첫 번째로 기획된 제 1부에서 제 7부까지는 조선민족제일주의의 실천적 모델이 되는 작품으로, 제 24부까지는

53) 이 영화는 가요 《내 나라 제일로 좋아》를 바탕으로 만들어 진 것으로서 조선민족제일주의사상을 토대로 하고 있다. 조선민족제일주의사상은 1986년 7월 김정일이 '당 중앙위원회 책임 일꾼들 앞에서 한 연설', 곧 「주체사상에서 제기되는 몇 가지 문제에 대하여」에서 강조한 것이다. 조선민족제일주의란 글자 그대로의 뜻이며, 당시 사회주의의 몰락에 대응하여 북한사회체제를 안정시키기 위한 것으로서 제기된 것이다. 영화 《민족과 운명》의 성과가 조선민족제일주의에 있다는 것은 기본적으로 주체사실주의의 시각에 있다는 것이다. 따라서 '문학예술 건설에 있어서 새로운 전환'은 주제사실주의로부터의 전환이 아니라 오히려 그것을 더욱더 견고히 하기 위해서 문학예술가들의 '구태의연한 창작 태도와 자세'를 비판한 것이다. 즉 '문학예술 건설의 새로운 전환'은 주체사실주의를 고수하기 위하여 문학예술가들의 창작 태도 및 자세의 전환을 의미하는 것이다.

월북한 사람이나 친북한적인 사람, 해외교포 , 반동적인 성분에 속한 사람들까지 포함한 다양한 사람들을 주인물로 하여 남한, 일본, 미국 등 자본주의 사회의 풍요와 빈곤을 동시에 보여주고 있다. 나아가서 제 25부에서 제 33부까지에 이어서 제 43, 44부까지는 노동계급 편, 제 34부에서 제 42부까지는 카프작가편, 제 45부에서 제 47부까지에 이이서 제 53부에서 제 55부까지는 최 현 편, 제 48부에서 제 52부까지는 어제 오늘 그리고 내일이 기획 제작된다. 이와 같이 제 25부에서부터는 노동계급이나 카프작가와 같은 북한사회의 주도세력을 이루는 특정 집단 속의 인물을 모델로 하고 있다.

따라서 《민족과 운명》은, 정치사회적으로는 국제 사회주의의 해체 대한 북한사회의 통제이데올로기로서, 문학예술적으로는 주체사실주의의 완성으로 인하여 오히려 소멸해가는 혁명문학예술의 새로운 창작과 통제의 이데올로기로서 대두한 조선민족주의제일주의의 실천적 작품이다.

1997년 6월 현재 총 41부작이 완성되어 개봉된 영화 《민족과 운명》의 성과는 일반적으로 다음과 같이 지적된다.

첫째, 《민족과 운명》은 조선민족제일주의사상을 토대로 하여 자주성, 창조성, 의식성을 진실하게 그리고 있다.
둘째, 《민족과 운명》은 월북한 사람이나 친북한적인 사람, 해외교포 등을 주인물로 하여 남한, 일본, 미국 등 자본주의 사회의 풍요와 빈곤을 동시에 보여주고 있다.
셋째, 《민족과 운명》은 다양한 출신의 사람들, 예컨대 반동적인 성분에 속하는 사람들까지 포용하고 있다.

> 넷째, 《민족과 운명》은 주제와 소재의 편협성, 예컨대 김일성 찬양과 항일 무장혁명의 승리, 제국주의의 적대적 관계와 모순에서 벗어나서 다양한 주제와 소재를 다루고 있다.
> 다섯째, 《민족과 운명》은 북한 주민의 문화 취향에 맞추어서 새로운 서구적인 문학예술의 기법들을 결합하고 있다.54)

《민족과 운명》의 이러한 성과를 토대로 하여 '문학예술의 새로운 전기'로 제시되는 것은 문학예술가들의 '새로운 창작 앙양'이다. 곧 문학예술가들은 "문학혁명예술이 70년대에 끝난 것처럼 생각하고 있기 때문에" 작품을 전혀 창작하고 있지 못하므로, 《민족과 운명》을 토대로 하여 더욱더 창작을 앙양하자는 것이다. 이것은 곧 '문학예술의 새로운 전기'란 주체사실주의의 원칙 아래서 새로운 작품을 더욱더 많이 창작하는 것이다. '문학예술의 새로운 전기'란 주체사실주의에 입각한 작품의 지속적인 창작을 뜻한다. 달리 말하자면 오히려 1990년대에 들어와서 혁명 문학 예술작품의 창작 양이 상대적으로 적어진다는 것이다. 이것은 1994년 7월 김일성의 사망을 계기로 하여 5년 간 진행되었던 유훈통치기, 이른바 '고난의 행군' 기간 속에서도 작품 창작의 양도 훨씬 감소하고 있는 것에서도 확인된다. 따라서 이 시기에는 작품 창작이 상대적으로 감소하는 가운데서도 민족제일주의에 입각한 연극 갈래를 중심으로, 앞 시기에 이루어진 연극 갈래들이 혼재해 있다.
이와 마찬가지로 희곡도 다음과 같이 유형화 된다.

---

54) 이것들은 다음 연구보고서에서 《민족과 운명》의 성과와 한계로 지적한 것을 재해석한 것이다.
이우영, 『김정일 문예정책의 지속과 변화』(민족통일원, 1998), 52~56쪽

첫째, 조선민족제일주의에 입각한 작품으로서, 민족가극 《춘향전》(1988)을 선두로 하여 《심청전》(1993), 《박씨부인전》(1995) 등이 있다.

둘째, 수령 형상 희곡으로서, 김정일을 형상화 한 주문중의 《사랑의 기념 사진》(1991),전상식의 《떠날 수 없는 대오》(1994), 김장건의 《우리 아버지》(1995), 김근엽의 《고귀한 사랑》(1996) 등이 있다. 물론 이 밖에도 김일성의 유훈 교시를 다른 희곡들도 있다.

셋째, 혁명 가극과 혁명 연극으로서, 집체작 《백양나무》(1993) 등이 있다.

넷째, 혁명 가극과 혁명 연극의 형식을 인형극의 특성에 맞게 구현한 것으로서, 《셋째의 착한 마음》(1990)을 비롯하여 《토끼의 발도장》(1991), 《악마를 이긴 억쇠》(1992),《은동이》(1993) 등이 있다.

다섯째, 신세대의 문제를 다룬 것으로서, 젊은이들의 도시 진출을 소재로 한 이기초의 《어머니와 딸》(1990), 홍치걸의 《할아버지의 마음》(1991) 등이 있으며, 경제 선동을 중심으로 하여 신세대 간의 사랑을 소재로 한 나성덕의 《우리 새 세대》(1990), 김영일의 《그가 울린 기적리》(1997) 등이 있다.

이 밖에도 동시대 현실의 가장 중요한 문제인 경제선동을 다룬 김용완의 《땅은 노래한다》(1991), 고아를 데려다 기르는 처녀의 미담을 다룬 윤태종의 《보람》(1997) 등이 있다.

3.5.4 김정일 체제기 경희극의 새로운 등장

이 시기는 1998년 개정 헌법 곧 '김일성 헌법'으로 김정일이 국방위위원회 위원장으로서 공식 통치를 시작하여 현재에 이르는 이른바 '김정일 체제기'이다. 이 시기는 2009년 년 최고인민회의 제 12기 제 1차 회의에서 1998년 개정 사회주의헌법을 다시 개정하여 주체사상과 함께 선군사상을 공식 통치이데올로기로 명시한 시기이다. 이 시기에 무엇보다도 중요한 것은, 주체문학예술과 함께 선군혁명문학예술을 강화시키는 것이다. 이것은 '강성 대국'을 건설하기 위한 선군사상을 정치선동과 경제선동을 형상화하는 연극예술을 요청하는 것이다. 그 요청은 경희극[55]의 새로운 등장으로 이루어진다.

경희극은 1960년대 리동춘의 《산울림》(1961)을 비롯하여 지재룡의 《청춘의 활무대》(1963), 리동춘의 《자랑 끝에 있은 일》(1968) 등으로 시작된 희극 형태이다. 1960년대 시작된 경희극은 1971년 《피바다식》 혁명 가극, 1978년 《성황당》식 혁명 연극이 주도적인 흐름이 되자 주변자리로 밀려난다. 1980년대 새롭게 등장한 경희극은 한태갑의 《연구해보겠습니다》(1984.11), 전평창의 《뻐국새 운다》(1986.1)와 김준영의 《지향》(1988.5) 등과 같이 경제 선동을 형상화 하고 있다. 이러한 경제 선동을 형상화 한 경희극 작품들은 1996년 1996년 '고난의 행군' 시기[56]를 정점으로 하여 선군정치의 등장으로 인하여 군민일치시

55) 경희극은 시대에 뒤떨어진 낡고 부정적인 현상들을 가벼운 웃음을 통하여 비판 개조하는 갈래이다. 풍자극과 달리, 경희극은 극적 주인물들을 전면적으로 부정하는 것이 아니라 그 인물에게 있는 낡고 부정적인 측면을 명랑하고 가벼운 웃음으로 비판한다. 풍자극이 착취사회에서 주된 희극 형태라면 경희극은 인간에 의한 인간의 착취가 없어지고 긍정적인 것이 지배적인 사회주의 사회에서 주된 희극 형태로 근로자들을 교양하는 힘있는 수단이다.
『문학예술사전(상)』, 과학백과사전종합출판사, 1988, 182쪽.

56) '고난의 행군' 정신의 핵심에는, 1) 혁명의 수뇌부를 철저히 옹호・보위하자, 2) 자력갱생의 정신으로 난관을 뚫고 나가자, 3) 어떠한 어려움 속에서도 혁명적 낙관주의를 잃어버리지 말자, 4) 온갖 어려움을 뚫고 나아갈 수 있는 불요불굴의 투쟁정신

상을 형상화 하게 된다. 김국성, 리성일의 《하나로 잇닿은 마음》(1988.6)에서 시작된 선군사상은, 박호일의 《한마음 한 모습으로》(1993.7), 《편지》(1999.9), 《동지》(1999.10) 등이 그 대표적인 작품들이다.

김국성, 리성일의 《하나로 잇닿은 마음》은 관민일치사상을 주제로 한 첫 작품이다. 텍스트는 '광복거리 건설장'을 배경으로 '60톤이나 되는 대형 트라스를 시급히 조립하고 들어올리는 것'을 극적 상황으로 설정하고 있다. 극적 상황에서 트라스를 들어 올리는 것을 '군인건설자들과 처녀돌격대장 홍선희'가 아무도 몰래한다. 이러한 극적 전개과정에서 미담의 주인공을 찾으려는 황재식과 그것을 숨기려는 홍선희 및 고광진 부부 간에 '찾음/숨김'의 태도 차이가 일어난다. 그 태도의 차이는 '광복거리 건설에 이바지 한 숨은 영웅'을 찾으려는 태도와 스스로 숨기려는 태도의 차이뿐이다. 이런 의미에서 텍스트는 '숨은 영웅 찾기'에 관련된 이야기이며, 영웅을 형상화 한 희극[57]이다.

박호일의 《한마음 한 모습으로》도 《하나로 잇닿은 마음》과 주제를 같이 한다. 텍스트는 '조국해방전쟁승리기념탑 건설장에 남아 일하기 위하여 부부행세를 하는 전쟁참가자 박두칠과 김보미의 이야기'이다. 박두칠과 김보미의 부부행세는 등장인물들에게는 차례로 알려진다. 그 비밀을 등장인물들이 '모른 체'하자 청년돌격대 비편제 영접지도원 영달이 그 사실을 몰라 물러나게 될 상황에서 의식을 잃고 쓰러지려 한다. 이에 박두칠과 김보미는 영달에게 사실을 알리고 성대한 김정일 찬

을 갖자 등이 있다. 이러한 고난의 행군 정신을 형상화 하기에 적합한 연극으로서 경희극이 선택된다.

57) 임영태, 『북한 50년사 2』, 들녘, 1999, 136쪽

양으로 끝맺는다. 텍스트에 이어서 《편지》와 《동지》도 군민일치사상을 주제로 형상화 한 경희극 작품들이다.

이 시기 경희극은 군민일치사상을 주제로 하여 김정일 찬양으로 끝맺음을 한다. 이전 시기 대체로 오해와 간계로 인한 단순한 해프닝들을 다루어 왔던 데 비하여, 이시기 경희극들은 더 사실적이고 진지한 사건 전개를 보이며 결말에서는 숭엄미를 유발하며 정극적 요소를 결합하여 '즐거운 웃음도 있고 감동의 눈물도 있는'[58] 작품들을 만든다. 뿐만 아니라 이 시기 군민일치사상을 주제로 경희극들은 조선예술촬영소와 조선2·8예술영화촬영소의 200여명의 인원이 동원된 대작으로 만들어진다.[59]

군민일치사상의 경희극은 2000년대에 이르러서는 선군사상의 주제로 이어진다. 그 대표적인 작품으로는 《약속》(2001), 《청춘은 빛나리》(2001), 《철령》(2003), 《계승자》(2003), 《대흥단 건설》(2003), 《열매》(2004), 《생명》(2005), 《우리》(2006), 《가짜와 진짜》(2006) 등이 있다. 이러한 작품들의 대량 생산으로 2003년을 '경희극의 최전성기 해'[60]로 부르고 경희극을 선군혁명문학예술의 하위 갈래인 '혁명적 경희극'으로 명명한다.

---

58) 박호일, 「창작수기 : 새롭고 특색있는 경희극을 창작하기까지」, 『조선예술』, 1997.1.
조맹덕, 「관평 : 즐거운 웃음도 있고 감동의 눈물도 있는 특색있는 예술적 형상」, 『조선예술』, 1997.7.
안광일, 「관평 : 우리의 위대한 현실을 격조높이 구가한 만점짜리 명작」, 『조선예술』, 1998.6.

59) 박병권, 「관평 : 위대한 사랑, 뜨거운 마음에 대한 감동깊은 화폭」, 『조선예술』, 1988.6.

60) 로동신문, 2003.11.30

V. 현대 희곡의 실제 :
《우리 새 세대》의 구조와 사회문화사적 의미

1. 문제의 제기

라성덕의 《우리 새 세대》(1989~1990)[61]는 김정일 후계체제시기(1980~1991)에서 체제모색기(1991~1998)[62]로 이어지는 지점에 자리

61) 텍스트는 1989년도 성과작으로 『1989년 성과 문학작품집』(문예출판사, 1989, 100~135쪽)에 먼저 발표되고 1990년 6월 『조선예술』(통권 402호, 14~24쪽)에 재수록된다. 본고에서는 편의상 『1989년 성과 문학작품집』에 수록된 텍스트를 원본으로 한다. 아울러 본문을 인용하고자 할 때에는 그 말미에 쪽수를 괄호로 표기할 것이다.

62) 북한에서는 조선노동당 제 4기 15차 전원회의에서 김일성의 유일사상체계를 확립한 1967년부터 현재에 이르기까지 주체시기로 규정하고 있다. 본고에서는 그 주체시기를 김일성 유일체제기, 김정일 후계체제기, 김정일 체제모색기로 나누고자 한다. 김일성 유일체제기는 1967년 조선노동당 제 4기 15차 전원회의에서부터 김정일 후계체제를 공식화 한 1980년 제 6차 당 대회 직전까지, 김정일 후계체제기는 1980년 제 6차 당 대회에서부터 1991년 제 6기 19차 전원회의에서 조선인민군 최고사령관으로 추대되기 직전까지, 김정일 체제모색기는 1991년 제 6기 19차 전원회의에서부터 1997년 10월 당 총비서를 거쳐서 1998년 9월 국방위원장이 되기 직전까지로 나눈다. 이러한 시기구분은 김일성, 김정일의 문예정책과 이에 따른 문학예술의 변화를 기준으로 한 것으로서 북한문학예술사에서 이미 공식화 된 것이기도 하다. 이다. 덧붙여서 이러한 시기구분에 따른 북한 희곡과 연극의 특성은 다음에서 상론한

잡고 있다. 그 지점은 「혁명적 문학예술 창작에서 새로운 앙양을 일으키자」(1986.5.17)에서의 숨은 영웅형상 문학예술과 『다부작 예술영화 《민족과 운명》의 창작성과에 토대하여 문학예술 건설에서 새로운 전환을 일으키자』(1992.5.23)에서의 조선민족제일주의를 연결하고 있는 지점[63]이기도 하다. 아울러 그 시기들에 걸쳐서 공통적으로 강조되는 것은 문학예술의 기본 원리들[64], 주체, 당성, 노동계급성, 민족적 특성, 현대성보다도 '인민성의 강화'이다. '인민성의 강화'는 '근로대중은 문화와 예술의 창조자이며 향유자입니다.', '문학예술의 예술적 품위는

바 있다.

민병욱 편저, 『북한 연극의 이해』, 삼영사, 2001

63) 1986년 5월 17일 문학예술부문 일꾼들과 한 김정일의 담화는 수령형상 문학예술의 계승, 발전과 숨은 영웅형상문학예술의 창작을, 1992년 5월 23일 발표한 김정일의 논문은 조선민족제일주의를 주체문학예술의 기본 원칙으로 제시하고 있다. 앞의 경우는 김일성에서 김정일로 이어지는 후계체제를 공고히 하기 위한 공산주의적 대중운동이며, 뒤의 경우는 1990년 소련을 비롯한 동구 사회주의의 몰락에 대응하여 북한사회체제를 강화하기 위한 것이다. 이에 관해서는 다음의 저서에서 상론한 바 있다.

민병욱 편저, 「북한 연극의 특성과 역사적 인식」, 『북한 연극의 이해』, 53~57쪽.

64) 북한 문학예술의 기본 특성이나 성격을 설명하는 약호들은 주체, 당성, 노동계급성, 인민성, 민족적 특성, 현대성 등이 있다. 이를 보다 정확하게 표현하자면 다음과 같다.

첫째, 낡은 예술에서 혁명 예술로 개조 변혁하는 과정에서 지켜야 할 원칙들은 주체의 원칙, 당성·노동계급성, 인민성의 원칙, 현대성의 원칙이다. 이 경우는 정성무의 『시대와 문학 예술 형태』(문예출판사, 1988)가 대표적이다.

둘째, 문학 일반론에서 북한 문학예술의 사회적 성격이나 특성을 드러내는 것은 당성, 노동계급성, 인민성, 민족적 특성, ·현대성이다. 이 경우는 리동원의 『문학개론』(김일성종합대학출판사, 1985)이 대표적이다.

셋째, 주체사회주의 문학예술의 본성을 드러내는 것은 당성, 노동계급성, 인민성이다. 이 경우는 사회과학원문학연구소의 『주체사상에 기초한 문예이론』(인동출판사 영인본)이 대표적이다.

북한에서 문학예술의 궁극적인 특성은 김일성주의에 이바지하는 것으로 요약되지만, 문학 일반론이나 장르론에 따라서 설명하는 약호의 차이가 있음은 분명하다.

작품의 형식, 형상이 인민들의 생활감정과 정서에 맞는가 맞지 않는가 하는데 크게 달려있다.', '인민들이 좋아하는 것이라야 훌륭한 작품이다.[65]'라는 비평적 도그마로 구체화 된다. 이러한 인민성의 강조에 따라서 문학예술을 비롯하여 희곡은, 첫째, 그 정치적 목적은 여전히 강조되고 있으나, 개별 작품의 수요자인 북한 주민들의 요구가 중시되고 있으며, 둘째, 혁명적 전통에서 일상적인 삶의 문제로 작품 소재가 바뀌고, 셋째, 소재의 이러한 변화는 작품에서의 현재성이 강조되고 있으며, 넷째, 이러한 현재성의 강조는 작품 자체의 다양화를 동반하고 있다.[66] 이에 본고는 인민성의 강화를 기본 원리로 하면서 숨은 영웅형상 문학예술과 조선민족제일주의, 선군사상을 연결하고 있는 텍스트의 구조 및 의미구조의 실체를 밝혀보고자 한다.

2. 《우리 새 세대》의 구조와 의미구조

2.1 새 세대와 그 생활모습의 형상

텍스트의 구조와 의미구조를 살펴보기 위하여 우선 그 줄거리를 요약하면 다음과 같다.

① 평양역 안내원 정옥이 지하 개찰구 문을 닫으려 하자 인민군 길남이 기다려 달라고 말하는 과정에서 언쟁이 일어나고 차가 떠난다.

---

65) 리수림, 『위대한 수령 김일성동지 문학령도사 3』, 문학예술종합출판사, 1994, 370쪽.
한중모, 정성무, 『주체의 문예리론 연구』, 사회과학출판사, 1991, 105~106쪽.
66) 이우영, 「김정일 문예정책의 지속과 변화」, 민족통일연구원, 1998, 29~30쪽.

② 새 세대 군인 윤철이 정옥에게 사과하면서 길남과 함께 내일 기차를 타기로 하여 역을 나간다.

③ 길남이 분계선 초소에서 분대원들을 구하고 눈을 잃은 분대장이 윤철임을 알리자 정옥이 감격하여 그들을 부르며 따라 나선다.

④ 이웃 여인 탄실이 정옥의 어머니 연화에게 남자 사진을 보여주면서 중매를 하자, 연화도 정옥의 아버지 학근에게 그 혼처를 권한다.

⑤ 정옥이 부모에게 역에서 일어났던 사건을 이야기 하면서 윤철과 길남에게 자기 집을 여관으로 속이고 머물게 한다.

⑥ 여관이 아니고 정오의 집임을 알게 된 윤철이 떠나려 하자, 학근은 자신도 제대 군인임을 알리고 서로 출신 성분과 가정사를 이야기 하다.

⑦ 정옥이 부모에게 윤철과 약혼할 결심을 이야기하자 받아들여진다.

⑧ 길남이 약혼소개자가 되기로 하고 정옥이 윤철을 따라서 그의 고향으로 간다.

이러한 줄거리에서 본다면 텍스트는 새 세대들이 약혼에 이르는 과정을 형상화 하고 작품이다. 곧 텍스트의 형상[67]은 새 세대들과 그 세대들의 생활 모습이다.

2.2 사회적 상황의 극적 설정

그렇다면 텍스트에서 담아내고 있는 새 세대의 실체는 무엇인가? 텍스

67) 문학예술에 있어서의 형상이란 '작품에 들어 온 생활 화폭'이다. 말하자면 문학예술에 있어서의 형상이란 문학예술작품에서 창조되어서 담겨진 인간과 그 생활의 새로운 모습을 뜻한다. 문학예술의 독자성을 담보해 주는 이러한 형상의 특성은 진실성, 구체성, 생동성, 개성, 비반복성에 있다.
리동원, 『문학개론』, 86쪽 이하.

트에서 새 세대를 중심으로 한 인물들 간의 상호관계는 등장인물표에서 제시되어 있다.

△ 나오는 사람

윤철 고향으로 돌아가는 영예군인

정옥 평양역 안내원

학근 정옥의 아버지

연화 정옥의 어머니

길남 윤철과 동행하는 조선인민군 상등병

탄실 이웃 녀인

그 밖에 려행하는 손님들

등장인물표에서 확인할 수 있는 인물 상호간의 관계는 신 세대 윤철, 정옥, 길남과 그 부모 세대 학근, 연화, 탄실이다. 등장인물의 이러한 세대관계는 텍스트에서 '항일투사들은 물론 전쟁을 겪은 우리 부모들 세대, 전후복구건설을 한 우리 형님들 세대(120쪽)'로 구체화 된다. 북한사회에서 일반적인 세대 구분[68]에서 본다면 학근, 정화, 탄실은 구 세대인 반면, 윤철, 정옥, 길남은 새 세대이다. 아울러 등장인물표에서는 제시되어 있지 않지만 윤철이 보고줄거리로 제시하는 그 부모, '땅 때문에

---

68) 북한사회에서는 4 세대로 구분하여 제 1세대는 혁명의 첫 세대로서 항일혁명투사들을 중심으로 한 세대, 제 2세대는 조국해방전쟁을 경험하고 사회주의를 건설한 천리마 영웅세대, 제 3세대는 사회주의건설이 이루어지고 난 뒤 그 혜택을 받고 있는 전후 세대, 제 4세대는 사회주의건설이 완성된 주체시기의 세대이다. 구세대는 제 1, 2 세대이며, 신세대는 제 3, 4세대이다.
김재용, 『북한문학의 역사적 이해』, 292~295쪽.

고향을 떠났고 땅 때문에 이국살이 피눈물을 흘렸으며 조국에 와서는 그 땅이 소중해 농사를 짓는' 부모(118쪽)도 구 세대이다. 따라서 텍스트는 구 세대와 새 세대를 전후복구건설시기를 기준으로 하여 부모 세대와 자식 세대로 구분하고 있다.

전후복구건설시기[69]가 1953년 7월 휴전에서 1961년 9월 제4차 당 대회 직전까지이므로, 부모세대는 '항일혁명투쟁, 조국해방전쟁, 전후복구 건설과 사회주의 기초 건설'을 경험한 세대이며, 자식 세대는 '사회주의 전면적 건설시기, 주체시기'를 경험하고 있는 세대이다. 곧 사회주의 건설의 완성이 구 세대와 새 세대 구분의 기준이다. 이러한 세대 구분을 통하여 텍스트는 사회주의 건설의 완성이라는 사회적 상황을 작품의 컨텍스트(사회적 연관 의미)로 설정하고 그러한 상황에 놓여 있는 구 세대와 새 세대의 생활 모습을 드러내고자 한 것이다.

2.3 새 세대의 약혼과 선군사상

텍스트는 구 세대와 새 세대 간의 생활모습을 담아내기 위하여 그 세대들 간의 공통인물로 '군인'을 설정하고 있다. 텍스트에서 군인은 윤철, 길남, 학근이다.

㉠ **길남** 쉬, 떠들지 말라요. 한마디만 하자요. 저 우리 분대장동지가 어떤 사람인줄 아오. 동무두 신문을 봤게지요. 3월 21일부 《로동청년》에 실

---

69) 북한사회 전체가 단일 해석공동체이기 때문에, 김일성 및 김정일의 영도사와 조선노동당의 역사를 기준으로 하여 북한역사는 ①항일무장혁명투쟁시기(1910~1945.8), ②평화적 건설시기(1945.8~1950.6), ③조국해방전쟁시기(1950.6~1953.7), ④사회주의 기초 건설시기(1953.7~1961.9), ⑤사회주의 전면적 건설시기(1961.9~1967.7), ⑥주체시기(1967.7~현재)로 구분되고 있다.

린 《총잡은 새 세대》

정옥 예?!…

길남 지난봄 분계선에서 놈들의 악랄한 도발책동때 여섯명의 우리 분대원들을 구출하구 놈들의 책동을 짓부셔버린 장윤철, 장윤철분대장이란 말이요!

정옥 어머나!

길남 난 그 분대원이구

정옥 아니, 그럼 저 동무가?!…(105쪽)

ⓛ **학근** 내 지금은 기계공업부문에서 국장일을 하지만 나도 같은 제대군인, 락동강까지 갔다 온 근위상사야.

윤철 그렇습니까. (경례를 붙이며) 근위상사동지! 근위중사 장윤철은…

인용에서 윤철은 '분계선에서 놈들의 책동을 짓부순' 분대장이면서 '눈을 잃은' 영예군인'이며, 길남은 그 분대원이면서 상등병이고, 학근은 '조국해방전쟁'에 참여한 '근위상사'이다. 윤철이 주인공이며, 학근이 아버지로서 여주인공 정옥과의 결혼을 허락하는 인물이라는 의미에서 텍스트에서 '군인'은 남녀주인공을 약혼에 이르게 하는 지배적 계기가 된다. 아울러 윤철이 '영예군인'이라는 것은 정옥과의 약혼이 이르도록 하는 극적 사건진행의 지배적인 모티브가 된다. 텍스트의 제 1장 끝부분에서 윤철이 '영예군인'임을 뒤늦게 알고서 정옥은 부모에게 약혼 승낙을 얻고 그의 고향으로 함께 가는 과정은 다음과 같다.

㉠ △ 정옥의 심정이 방백으로 울린다. 《장윤철! 장윤철! 저 동무가 바로

우리들의 마음을 그렇게도 흔들어놓은 그 분대장이란 말인가. 그런데 그 동무를 이렇게 대하다니…》

△ 모대기던 정옥 갑자기 무슨 생각이 났던지 《상등병동무! 상등병동무》 하고 부르며 따라나가는데 무대 어두워진다.(106쪽)

㉡ △ **정옥** 깊은 생각에 잠기는데 떠나는 승용차의 경적소리

정옥 어머나! (멀어져가는 경적소리에 더욱 놀라며) 야, 이걸 어쩌나… (창가로 달려 가 멀어져가는 차를 바라본다. 순간 가슴속에 련민의 정이 끓어올라 안절부절하며 모대긴다.)

△ 그의 심정이 방창으로 울린다.

조국을 위하여
　청춘을 바쳐온
값높은 그 삶을
　내 미처 몰랐네
꿈많은 저 동무
　한생을 어이 갈가
아 내 과연
　도울길 없는가

정옥 야, 넌 어쩌면…(의자에 쓰러진다.)

△ **정옥** 뜨겁게 고동치는 마음 달랠 길 없어 얼굴을 묻고 흐느낀다.(124~125쪽)

㉢ △ **정옥**, 길남 나간다.

△ 떠나는 그들의 축복을 담아 방창이 울린다.

방창 아 아름다워라 값높아라

우리 당의 품에 자란 새 세대

아름다운 꽃들이여!

학근 여보, 이제 저애들이 우리의 큰 기쁨으로 될거요.

연화 아무렴요.

학근 정말 당신이 우리 정옥일 잘 키웠소.

연화 아니웨다. 저애들을 진짜로 키운것은 어머니우리당이였수다!

학근 암, 친애하는 지도자 김정일동지의 의지로 자라난 우리의 새 세대들이지! … 여보, 정말 기쁘구려.(132쪽)

㉠의 방백은 정옥이 윤철이 '눈을 잃은 영예군인'임을 알고 난 순간(텍스트의 줄거리 ③)에 이루어진다. 그 방백은 그녀가 '평양을 떠나서 청수로 가는 급행렬차'를 못 타게 한 윤철이 '우리들이 마음을 그렇게도 흔들어놓은 그 분대장'임을 알고 난 뒤 정옥이 행한다. 물론 윤철과 길남에게는 전달되지 않았지만, 그 내용은 관객들에게 전달된 정옥의 심정[70)]으로, '영예군인'에 대한 '철도 규정'을 이유로 하여 '세도, 특세'를 부린 것(111쪽)을 스스로 부끄러워한 것이다. 그 부끄러움으로 정옥은 텍스트의 줄거리(④⑤⑥)에서와 같이 윤철과 길남을 여관이라고 속이면서 자기 집으로 데리고 간다.

70) 북한 극이론에서 방백을 '독백의 일종으로서 두 사람 이상의 인물들이 대화를 하고 있다가 상대에게 하는 말이 아닌, 그러나 관중들에게는 전달할 목적으로 혼자말투로 하는 대사, 물론 상대 인물과 관계되는 말이지만 상대는 못 듣는 것으로 되어야 하며 관중들에게만 그 심리와 의사가 전달되도록 하는 형식을 취하는 것이 상례로 되어있다.'로 규정하고 있다. 이런 의미에서 정옥의 방백은 관객들에게 군인의 '특세'를 인정해야 한다는 것을 암암리에 강조하고 있다.
강 진, 『주체 극문학의 새 기원』, 문학예술종합출판사, 1996, 275쪽.

㉡은 정옥이 윤철과의 결혼, 곧 그의 '두 눈'이 되겠다고 결심을 하게 된 첫 부분(⑦)이다. 이 부분은, 텍스트 줄거리에서 본다면 윤철이 정옥의 집을 여관이라고 속인 사실을 알고난 뒤 그녀 아버지 학근의 승용차를 타고 고향으로 떠나려는 순간에 이루어진다. 그 과정에서 정옥은 텍스트의 줄거리 ⑥에서 윤철과 그의 어머니가 보낸 편지로부터 감동을 받는다. 정옥은 '우린 전 세대가 가꾸어놓은 꽃밭에서 꿀만 빨아 먹는 벌나비, 그런 벌나비가 되고 싶지 않다'는 '윤철의 말에 충격'(120쪽)을 받고, '네 비록 놈들에게 눈을 빼앗겼지만 내가 네 눈을 대신해줄테니 어버이수령님과 친애하는 지도자동지께 기쁨을 드리겠다던 그 꿈만 버리지 말고 어서 돌아오너라'고 하는 윤철의 어머니 편지(121쪽)에 감동을 받는다. 그 충격과 감동으로 정옥은 '순간 가슴 속에 련민의 정이 끓어 올라 안절부절하며 모대긴다.' 정옥의 이러한 심정은 스스로의 독백이 아니라 '제 3자의 입장에서 객관적으로 서술되는 방창'[71]으로 표현된다.

71) 방창은, 『문학예술사전』(과학백과사전종합출판사, 1988)에 따르면, '가극을 비롯하여 영화, 연극, 무용 등의 예술 종류의 작품들에서 등장인물이 아닌 제 3자가 무대 밖에서 하는 성악 연주 방식'이면서 '무대 뒤에서 이야기의 줄거리에 얽힌 인물들의 관계, 갈등, 상황, 사건을 제 3자의 입장에서 객관적으로 서술, 대변, 평가하는 능동적인 수단'이다. 방창은 무대 노래가 할 수 없는 서사적인 묘사를 할 수 있을 뿐만 아니라 극적인 묘사나 서정적인 묘사도 할 수 있는 새로운 수단'이라고 정의하고 있다. 이러한 방창은, 첫째, 무대 위에서 벌어지는 극적 생활을 남녀의 독창, 중창, 합창 등 다양한 연주 형식으로 자유롭게 표현 전달할 수 있으며, 둘째, 등장인물의 성격과 생활을 진실하고 생동감 있게 그려낼 수 있고, 셋째, 배우의 연기에 어울리게 연기를 음악적 형상으로 받쳐줄 수 있어야 하며, 넷째, 막과 막, 장과 장 사이의 연결 수단으로 사용되어야 한다. 이러한 방창은 가극에서는 기본적 형상수단이 되지만 연극에서는 보조적 형상수단으로 작용한다. 곧 연극에서 방창은, 가극에서와는 달리, '성격창조의 수단으로서 인물의 성격과 감정세계를 정서적으로 돋구어주는 역할을 하며 등장인물의 운명선을 따라 가면서 극 발전을 힘있는 추동하는 기능을 수행'해야 한다. 아울러 대사와 행동으로 극이 지속되어야 하므로, 방창은 '독방창으로 짧게 울려주는 것'이 좋고 '절가화 된 가사'로 불리워질 수 있어야 한다.
김정일, 「연극예술에 대하여」(문화체육부, 『북한의 문화예술 행정제도 연구(문

그 방창의 내용은 '아 내 과연 도울길 없는가' 하고 '뜨겁게 고동치는 마음' 인 바, 정옥은 윤철의 '두 눈'이 되고자 하는 마음이다.

㉢은 정옥이 윤철과 함께 그의 고향으로 떠나는 부분(⑧)이다. 정옥과 윤철이라는 새 세대를, '당의 품에 자란 새 세대', '김정일동지의 의지로 자라난 우리의 새 세대'라고 하면서 막이 내린다. 곧 새 세대는 '어머니 우리당에서 키운 것'이라는 의미에서 텍스트는 김정일과 당과 새 세대 간을 사회정치적 생명체[72]로서 담아내고 있다.

㉠에서 ㉡을 거쳐서 ㉢에 이르는 과정은 영예군인 윤철과 지하철 역 안내원 정옥 간의 약혼에 이르는 과정이다. 그 과정을 진행시키는 지배적인 모티브는 윤철이 영예군인이라는 사실과 정옥이 그 사실을 모르다가 알았다는 것이다. 이러한 새 세대 간의 약혼은 '김정일의 의지'이며, '조선인민군병사의 영예'라는 것이다.

△ 이때 치마저고리를 갈아입은 정옥이 연화와 함께 나온다.

길남(너무도 달라진 정옥의 모습을 보고) 야, 우리 분대장동지한테 팔선녀구나야! (감격하여 흐 느끼며 만세! 만세!… 고맙습니다!

헌자료편)』, 문화체육부, 1995, 361~427쪽.),
강 진, 『주체 극문학의 새 기원』(276~278쪽.), 김준규, 『'피바다식' 가극의 방창에 관한 연구』(사회과학출판사, 1984)

72) 수령과 당과 인민대중을 하나의 운명공동체로서 받아들이는 것을 전제로 해서 사회정치적 생명체라는 개념이 가능해진다. 사회정치적 생명체라는 것은 수령, 당, 대중을 하나의 통일적 관계로 묶음으로써 수령에 대한 개인숭배를, 사회를 하나의 가족단위로 제도화 하고 그 제도화된 사회적 도덕률을 창출하고 있다. 이런 의미에서, 김정일은 그의 저서 『주체문학론』에서 「4. 사회정치적 생명체와 문학」의 첫 소항목을 "1)사회정치적 생명체는 우리 문학의 형상 원천이다."라는 논리의 틀을 강조하고 있다. 사회정치적 생명체에 관한 이론에 의해서 북한 문학예술은 유일사상의 우상숭배에 이바지하는 정치종속적 문학예술이 되고 있다.
이종석, 『조선노동당연구』, 역사비평사, 1995, 101~120쪽.

학근 이사람아… 뭘 그러나.

길남 이런줄은 몰랐습니다. 난 정말 우리 조선인민군병사의 영예가 이렇게도 큰 줄은 몰랐습니다! 이 소식을 우리 병사들이 알면 큰 힘이 됩니다. 원자탄보다두 더 큰 힘이 됩니다!…(길남 격한 심정으로 정옥에게 다가가 거수경례를 하며) 우리 군대의 아름다운 꽃이며 참된 동지인 정옥동무! 조국을 위하여 헌신복무하겠습니다!(흐느낀다.)(131~132쪽)

인용은 길남을 통해서 윤철과 정옥 간의 약혼이 '김정일의 의지'이며, '조선인민군병사의 영예'에 의해서 이루어진 것이라고 확인하고 있다. 따라서 텍스트는 김정일과 당과 새 세대를 사회정치적 생명체로 묶고 '전세대들이 가꾸어놓은 꽃밭에서 꿀만 빨아먹는 벌나비, 그런 벌나비가 되고 싶지 않아 하는', 현실과 싸우는 윤철과 정옥의 운명을 형상화하고 있다. 되돌려서 말한다면 윤철과 정옥은 사회정치적 생명체에 서로의 결혼과 운명을 맡기고 혁명적으로 살아가고 싸우는 모습을 보여준다. 이것은 곧 텍스트가 '사회정치적 생명체에 자기 운명을 맡기고 혁명적 군인정신으로 살며 싸우는 인간들을 가장 아름답고 숭고한 인간미의 체험자로 형상한다'는 선군혁명문학[73]에 가까이 놓여 있음을 보여준다.

73) 선군혁명문학은 1990년대 북한 통치이데올로기 선군사상(2004~)의 문학예술 형태이다. 북한에서 선군사상이 본격적으로 등장한 것은 2003년 1월 1일 『로동신문』의 사설, 「위대한 선군기치따라 공화국의 존엄과 위력을 떨치자」에서부터이며, 2004년에 이르러서야 통치이데올로기로 체계화 된다. 이에 문학예술에서 선군혁명문학이 개념화 되고 규정된다. 주체사실주의가 현실 속에서 살아가는 인간에 초점을 둔다면, 선군혁명문학은 현실과 환경을 지배하고 능동적으로 개척해 나가는 인간성격 창조에 초점을 두고 있다. 선군사상과 선군혁명문학에 관해서는 다음 논저에 힘입고 있다.
박현중 외, 「김정일 시대의 북한정치체제」, 통일연구원 연구총서 04-11, 2004, 35~48쪽.

2.4 새 세대의 조선민족제일주의

텍스트가 구 세대와 새 세대 간의 공통인물로 '군인'을 설정하고 있다면 그 차이점은 무엇으로 설정하고 있는가?

학근 그건 억지야. 억지란 말일세. 난 자네를 하루가 아니라 열흘, 보름이라도 잡아두고 락원으로 꽃핀 이 수도의 행복을 다 누리도록 하겠네.

정옥 (기뻐서) 아버지, 그럼 내가 휴가를 받고 함께 다니겠어요.

윤철 안됩니다. 그건 안됩니다. 전 아직 그럴 권리가 없습니다.

학근 뭐 권리가… 그럼 그 권리가 누구에게 있단말인가. 전쟁때도 아닌 지금, 요새 젊은이들이 일요일마다 대성산, 모란봉으로 춤추며 다니는 이 때 조국에 눈을 바친 자네같은 사람들에게 그 권리가 없다면 도대체 누구에게 그 권리가 있단 말인가?

윤철 국장동지, 이러지 마십시오. 그래 국장동진 그 권리를 누리자고 락동강에서 피를 흘렸습니까. 그리고 20대 청춘시절에 그 권리를 누렸습니까 못 누렸지요. 아니 안누렸을겁니다. 아마 우리 전 세대는 그 누구도 청춘시절을 향락으로 보낸 사람이 없을겁니다. 항일투사들은 물론 전쟁을 겪은 우리 부모들세대, 전후복구건설을 한 우리 형님들 세대, 그들은 다 청춘을 조국에 바쳤기에 향락이라는건 알지도 못했습니다. 그런데 우리 세대, 왜 우리 세대만은 그걸 누려야 합니까. 오늘 우리 세대 중에서 어떤 사람들은 전세

오일환, 「북한의 선군정치의 현황과 쟁점 분석」, 『亞太 쟁점과 연구 · 1』, 한양대학교 아태지역연구센터, 2006.4, 95~118쪽.
김성수, 「김정일 시대 문학에 대한 비판적 고찰」, 『민족문학사연구 · 27』, 민족문학사학회 민족문학사연구소, 2005. 4), 206~230쪽.
한국문화정책개발원 편, 『북한 문화예술계의 현황과 운영 체계』, 한국문화정책개발원, 2002.

대들이 청춘을 바쳐 창조한 재부에서 향락을 누릴 생각을 하는데 도대체 시시합니다. 부끄럽습니다. 우린 전세대가 가꾸어 놓은 꽃밭에서 꿀만 빨아먹는 벌나비, 그런 벌나비가 되고싶지 않습니다.

△ 정옥 윤철의 말에 충격을 받고 학근을 바라본다.(119~120쪽)

인용에서는 구 세대와 새 세대는 다음과 같은 변별자질들을 가지고 있다.

구 세대 VS 새 세대
향락을 알지 못함 VS 향락을 누림
청춘을 조국에 받침 VS 일요일마다 대성산,
모란봉으로 춤추며 다님
청춘을 받쳐서 부를 창조함 VS 꽃밭에서 꿀만 빨아먹는 벌나비

구 세대와 새 세대 간의 가장 중요한 차이의 기준은 향락이다. 곧 구 세대는 조국에 청춘을 받쳐서 부를 창조한 세대이며, 새 세대는 그렇게 창조된 부를 바탕으로 향락을 즐기는 세대이다. 새 세대의 이러한 향락은 주인공 윤철과 정옥의 경우에는 서로 다른 내포를 지닌다.

윤철과 정옥은 같은 새 세대이지만 다음과 같은 공통자질과 변별자질을 가지고 있다.

윤철 VS 정옥
1.성 : 남성 VS 여성
2. 나이 : 미혼 총각 VS 결혼적령기 여성

3. 현직 : 영예군인 VS 평양역 안내원
4. 전직 : 분계선 초소 분대장 VS 사로청 조직원
5. 거주 : 농촌거주 VS 평양 거주
6. 가족관계 : 외아들 VS 외딸
7. 부모존재 : 부모생존 VS 부모생존
8. 부모의 현직 : 농민 VS 기계공업부문 국장
9. 부모의 전직 : 해외귀국동포 VS 제대 군인-근위상사
: 전후복구건설 후 귀국 VS 전후복구건설 참여
10. 행동특성 : 분계선에서 두 눈을 잃음 VS 시간이 있을 때 마다 놀러 다님
11. 지향행동 : 농산기사 VS 윤철과의 결혼

'부모생존-미혼'이라는 공통자질과 '남성-총각/여성-처녀'라는 변별자질에서 본다면 윤철과 정옥은 결혼적령기의 새 세대라는 동일한 의미차원에 있다. 반면 윤철과 정옥은 '현직, 전직, 거주, 가족관계, 부모관계, 행동특성, 지향성'에서 서로 다른 차이를 가지고 있다. 북한사회가 계급사회이므로, 그 차이점들 가운데 가장 먼저 살펴보아야 할 것은 가족관계이다.

윤철의 부모는 전후복구건설시기(1953.7~1961.4)이후 북한으로 귀국하여 농민(118~120쪽)으로 살아간다. 북한주민 조사사업[74]에서 본다

---

74) 북한의 주민성분조사사업은 1958년 '중앙당 집중지도사업'에서 시작하여 1983년 '공민증 갱신사업'에 이르기까지 지속적으로 실시된다. 그 가운데 1966년 4월부터 1967년 3월까지 실시된 주민재등록사업에서 모든 주민들을 직계 3대와 처가 및 외가의 6촌까지 내사하여 핵심군중, 기본군중, 복잡군중으로, 1967년에서 1970년 사이에 실시된 '3계층 51개 부류 구분사업'에서 계층을 핵심계층, 동요계층, 적대계층

면, 그의 부모는 '동요계층'의 '일본귀환민'에 속한다. 아울러 남한에 인척이 있기 때문에 그의 가족들은 '동향 감시 대상'이면서 '교양 개조 대상'이 된다. 이러한 가족의 계급적 위치에서 본다면, '분계선에 근무하는 근위중사'로서 '영예군인'이 된 것은 그가 '핵심계층' 속하게 되었다는 것이다. 곧 윤철은 '동요계층'의 출신성분에서 '핵심계층'의 사회 성분으로 계층이동을 한 것이다. 그의 이러한 계층이동은 '당성'에 의하여 가능한 것인 바, '지난 봄 분계선에서 분대원들을 구출하고 두 눈을 잃은 총잡은 새 세대'(105쪽)로서 윤철은 '군사복무가 끝나면 농산기사가 되어 우리 군에도 벼마다 설레이게 하리라는 꿈을 안고 살았는데 놈들이 내 눈을 빼앗아갔지만 절대로 물러서지 않고(119쪽)' 그 꿈을 이루겠다는 행동의지를 가지고 있다. 윤철의 이러한 행동의지는 귀향으로 실천된다.

윤철 길남동무! 난 정말 행복해

길남 뭐가요?

윤철 보라구, 어딜가나 제 집, 제 고향 사람들 속에 살고 있지 않나. 아마 자본주의사회에서 살아보지 못한 사람은 이런 행복을 다는 모를거야!

길남 정말 그렇습니다.(122쪽)

으로 3계층 51부류로 나누었다. 이러한 분류에서 본다면 일본귀환민은 동요계층에 속하며, '동향 감시 대상'이면서 '교양 개조 대상'이 되며, '영예군인'은 핵심계층이 된다. 동요계층에서 핵심계층으로의 계층이동은 극소수에 한정되어 있다. 이에 관해서는 다음 저서에 힘입은 바 크다.
정용하 외, 『북한사회의 변화와 남북한 정치쟁점』, 부산대학교 출판부, 2003, 111~126쪽,
최 명 편저, 『북한 개론』, 을유문화사, 1995, 265~296쪽.

윤철의 귀향은 단순히 고향으로 되돌아가는 것이 아니라 '자본주의사회에서 살아 보지 못한 사람'이 '사회주의사회의 행복'을 모른다는 의미 차원에 있다. 곧 자본주의 사회에 살고 있는 사람은 사회주의사회의 행복을 알지만 사회주의사회에 살고 있는 사람들은 사회주의사회의 행복을 모른다는 것이다. 이러한 의미 차원에서 본다면 윤철의 귀향은 조선민족제일주의 정신[75]에 가깝게 놓여있다.

윤철과는 달리 정옥은 우선 그 출신성분이 다르다. 정옥의 아버지 학근은 '락동강에 피를 뿌리구 대동강반에 땀을 묻으며 전쟁을 이기구 사회주의를 건설하던'(129쪽) 제대 군인이면서 현재 '기계공업부문 국장'이다. 그 출신성분에서 본다면 '핵심계층'으로서 정옥은, 타 계층과 분리

---

75) 1986년 7월 김정일이 '당 중앙위원회 책임 일꾼들 앞에서 한 연설', 곧 「주체사상에서 제기되는 몇 가지 문제에 대하여」에서 강조한 것은 주체사상의 실천이론으로서 조선민족제일주의이다. 이어서, 1989년 12월 28일 당 중앙위원회 책임 일군들에게 한 연설 「조선민족제일주의정신을 높이 발양시키자」에서는 조선민족제일주의를 '조선민족의 긍지와 자부심'으로 정의하여 문학예술 창작의 기본 이론으로 삼는다. 이러한 과정을 거쳐서 인민대중 가요 《내 나라 제일로 좋아》(1991)를 예술영화 《민족과 운명》으로 제작할 것을 지시하여 1992년 《민족과 운명》 창작 국가준비위원회가 구성되면서 조선민족제일주의는 '우리 수령이 제일이고 우리 당이 제일이고 우리 인민이 제일이고 우리 사회가 제일이라는 정신'으로 이데올로기화 된다. 이러한 조선민족제일주의의 이데올로기화는 동시대 사회주의의 위기에 관련된다. 1991년 김일성은 노동신문에 발표한 신년사에서 사회주의 체제를 강화하고 발전시켜서 완전 승리를 쟁취하자고 역설한다. 사회주의체제의 강화 발전은, 1990년 소련을 비롯한 동구 사회주의의 몰락을 뜻하는 '사회주의 위기' 혹은 '제국주의자들의 반공화국, 반사회주의 소동'에 대응하여 유일사상체계와 후계체계를 더욱더 강화하기 위한 것이다. 이에 맞추어서 김정일은 "오늘 제국주의자들이 사회주의제도를 내부로부터 와해시키려고 더욱 악랄하게 책동하며 사회주의를 건설하던 일부 나라들에서 혁명에 대한 신심을 잃고 사회주의를 자본주의로 되돌려 세우고 있는 조건에서 더욱 절실하게 제기되는 것"으로 조선민족제일주의정신을 강조하고 있다.
김일성, 「사회주의체제강화 발전(신년사)」, 『로동신문』, 1991.1.1.
김정일, 『다부작 예술영화 《민족과 운명》의 창작성과에 토대하여 문학예술 건설에서 새로운 전환을 일으키자』, 평양, 조선로동당출판사, 1992, 11쪽

되어서 특혜를 받고 있다. 그녀의 집은 '인민군대가 다 드는 보통려관'이 아니라 '색텔레비, 랭동기, 쏘파, 선풍기에 세상에 좋은 가구들로 쭉 꾸려 놓은' 호텔(113쪽)과 같으며, 정옥은 '사로청'(사회주의노동청년동맹)에 속해 있고 '평양역 안내원'인 노동계급[76]이다. 이러한 계급적 위치에서 본다면 정옥은, 이미 구 세대에 속하는 아버지 학근의 지적과 마찬가지로, '시간만 있으면 대성산, 모란봉으로 춤추며 다닌다'(127쪽)고 스스로 인정하고 있다. 그녀의 이러한 행동특성에 관해서 구 세대는 다음과 같이 지적하고 있다.

㉠ **연화** 하루도 몇 번 옷맵시나 볼 줄 알지…(107쪽)

㉡ **탄실** 뭐니뭐니해도 지금 총각들은 인물이 첫째래요. 왜 안그러겠어요. 이 좋은 세월이 얼싸한 평양에서 꽃같은 처녀를 옆에 척 끼고 구경을 한번 가두 그렇구… (107쪽)

㉢ **학근** 허지만 우리 정옥일 놓고 보면 걱정되는게 많아. 이젠 시집갈 나이가 다 된게 철이 없거든. 그저 제 치장하고 저 좋은 생각만 하니.(109쪽)

㉣ **학근** 당신두 거 외딸이라고 너무 끼고 어자어자하지 마오. 골라 입히구, 골라 먹이구… 젊어서 고생한 자식은 사람질해두 그저 호의호식만 하며

76) 핵심계층은 전체 주민의 약 28%에 해당되며, 당 · 정 · 군의 간부로 등용되며, 진학, 승진, 배급, 거주, 진료 등 모든 부분에서 특혜를 받고 있다. 그 계층에는 노동계급, 조선노동당원, 혁명유가족, 애국열사유가족, 영예군인 등이 12부류가 있다. 정옥은 그녀의 아버지 학근이 '당에선 널 노동계급이 되라구 철도제복을 입혔다'(11쪽)라는 말과 같이 핵심계층의 노동계급 부류에 속한다.

자란 자식은 사람질 못해(109쪽)

ⓜ **학근** 어떻게 되어 그러는지 모르겠거든. 내 참… 학교 다닐 땐 순진하던 게 사회 나오더니 세도 부터 먼저 부리니… 어떻게 되어 봉사일군인 네가 그런 특세야! 응?(111쪽)

ⓑ **연화** 뭐라구. 농촌지원 며칠을 나갔다가도 평양 떠나선 못살겠다구 하던 네가 아니야.(126쪽)

ⓢ **학근** 전쟁시기나 전후직후라면 숱한 영예군인들이 있어서 그들에게 자신을 바친 여자들의 마음이 변치 않을수 있지만 요새 행복만을 아는 너희들 또래들은 달라. 일시적 흥분이나 동정으로 한 결심때문에 일생을 후회할수 있다.(127쪽)

인용에서 새 세대의 행동특성은 자기중심적인 행복을 추구하는 '직업, 재산 인물 그런 타산'(128쪽) 속에 있다. 이러한 행동특성을 가진 정옥에게 변화를 가져다 준 것은 윤철과의 만남이다. 그 만남을 통하여 정옥은 윤철과의 동질적인 정체성을 가진다.

ⓖ **윤철** (………) 그런데 우리 세대, 왜 우리 세대만은 그걸 누려야 합니까. 오늘 우리 세대 중에서 어떤 사람들은 전세대들이 청춘을 바쳐 창조한 재부우에서 향락을 누릴 생각을 하는데 도대체 시시합니다. 부끄럽습니다. 우린 전세대가 가꾸어 놓은 꽃밭에서 꿀만 빨아먹는 벌나비, 그런 벌나비가 되고싶지 않습니다.

△ 정옥 윤철의 말에 충격을 받고 학근을 바라본다.(119~120쪽 발췌인용)

㉡ **정옥** (격정을 누르고 애원을 안고)(………) 허지만 난 오늘 똑똑히 알았어요. 그 분대장 동무를 보구서… 내가 시간만 있으면 대성산, 모란봉으로 춤추며 다닐 때 저 분계선 언땅에 배를 붙이고 밤을 새우던 저 동무가 왜 두눈을 조국에 바치고도 자기를 위해서는 단 하루밤 남의 신세를 지는것까지 마다하는지 알았단 말이예요! 아버지! 나도 이젠 남들이 가꿔놓은 꽃밭에서 꿀만 빨아먹는 벌나비가 되고 싶지 않아요.(127~128쪽 발췌인용)

㉠에서 '충격'으로 정옥은 '윤철의 두 눈'이 되겠다는, 곧 결혼을 결심하고 ㉡에 이르러서 부모에게 약혼 승낙을 받는다. 새 세대 정옥의 이러한 변화는 '전세대가 가꾸어 놓은 꽃밭에서 꿀만 빨아먹는 벌나비'에서 나아가서 '남들이 가꿔놓은 꽃밭에서 꿀만 빨아먹는 벌나비'가 되고 싶지 않다는 결의에 이른다. 그 결의를, 구 세대는 '락동강에 피를 뿌리구 대동간반에 땀을 묻으며 전쟁을 이기구 사회주의를 건설하던 그때 조선의 정신이 너희, 새 세대들의 심장속에 그대로 고동치고 있구나!'(129쪽) 하면서 세대를 이어주는 사회주의 건설의 정신으로 수락하기에 이른다.

정옥의 이러한 수락은 그녀의 약혼이 이념적 조건[77]에 의해서 이루어

77) 1980년대 이후 북한사회에서 배우자 선택의 기준을 풍속적 조건, 이념적 조건, 현실적 조건으로 나눌 수 있다. 풍속적 조건에는 외모, 행실, 건강, 이념적 조건에는 당성, 출신성분, 권력배경, 현실적 조건에는 학벌, 직업, 가정배경, 도시거주 등이 있다. 아울러 그 제약도 있는 바, 도시남자와 농촌여성이 결혼하면 농촌에서 살아야 하며, 평

진다는 것이다. 곧 정옥과 윤철의 약혼은 핵심계층과 핵심계층 간에 이루어지는 일종의 족내혼(endogamy)으로서 당성이라는 이념적 조건에 의해서 이루어진다. 아울러 '대학을 나와 큰 연구기관의 중한 일을 보다는 사람'(108쪽)이 약혼상대자가 아니라는 의미에서 정옥의 약혼은 동시대 북한사회의 현실적 조건들- 학벌, 직업, 가정배경, 도시거주 등과 풍습적 조건들- 외모, 행실, 건강 등을 배제한 이념적 조건의 선택이다.

따라서 텍스트는 윤철과 정옥 간의 이념적 약혼을 통하여 새 세대를 단순히 자기 행복을 찾는 타산적인 향락세대라고 비판하는 것이 아니라 구 세대의 사회주의 건설정신을 이어받아서 조선민족제일주의 정신을 개척하려는, 해야 하는 것으로 훈육하고 있다.

2.5 고향 농촌의 극적 공간과 숨은 영웅형상

텍스트에서 정옥이 윤철을 만나고 약혼을 결심하기까지의 극적 사건 진행은 평양에서 이루어진다. 텍스트에서 평양을 중심으로 극적 공간[78]은 다음과 같이 구체화 된다.

시대적 공간 : 현대 평양

허구실연적 공간 : 평양역 지하개찰구(제 1장), 정옥의 집(제 2장)

양 여성이 그 이외 지역 남성과 결혼하면 남성의 거주지로 옮겨야 한다. 이런 측면에서 본다면 '농촌지원 며칠을 나갔다가도 평양 떠나선 못살겠다구 하던' 정옥의 약혼에는 현실적 조건이나 풍속적 조건이 배제되어 있다. 동시대 북한사회의 혼인에 관해서는 다음의 논서를 근거하고 있다.

정용하 외, 『북한사회의 변화와 남북한 정치쟁점』, 111~126쪽.

최 명 편저, 『북한 개론』, 265~296, 339~352쪽.

78) 극적 공간의 3층위는 소련 콤 아카데미 편집부 엮음, 『희곡의 본질과 역사』(김만수 역, 제 3세계문학사, 1990, 10쪽)에서 나눈 바 있다.

실제 상연공간 : 평안북도예술단이 처음 공연한 실제 공간

텍스트에서 '평양'은 극적 배경으로서의 공간이며, '평양역 지하개찰구, 정옥의 집'은 사건 진행의 공간이다. '무대 평양역 지하개찰구', '△무대는 평양의 어느 한 거리에 자리잡은 정옥의 집이다.'와 같이 고정 공간은 공간적인 세부사항이 상세히 묘사되고 기술되지 않은 채, 단순히 극작가의 직접적인 개입에 의한 말로써만 이루어진 공간 장식[79]으로 나타난다. 극적 사건진행은 고정 공간이 아니라 공간 이동으로 구체화 되는 바, 윤철은 '일본→ 농촌 → 분계선→ 평양→ 농촌'으로, 정옥은 '평양 → 윤철의 농촌'으로의 공간 이동이 이루어진다. 이러한 공간이동에서 본다면 윤철과 정옥은 '일본/조국, 고향/평양, 분계선/평양' 공간으로 대립된다.

첫째, 극적 공간 '일본/조국'은 다음과 같은 차원에 있다.

㉠ **윤철** 예, 우리 부모님들은 땅 때문에 고향을 떠났고 땅 때문에 이국살이 피눈물을 흘렸으며 조국에 와서는 그 땅이 소중해 농사를 짓고 나도 그 땅을 지키다가 이렇게 되었습니다. (118쪽)

㉡ **윤철** 길남동무! 난 정말 행복해
길남 뭐가요?
윤철 보라구, 어딜가나 제 집, 제 고향 사람들속에 살고 있지 않나. 아마 자본주의사회에서 살아보지 못한 사람은 이런 행복을 다는 모를거야!

79) V.Klotz, 『현대희곡론』(송윤섭 역), 탑출판사, 1981, 35쪽.

길남 정말 그렇습니다.(122쪽)

에서 '일본/조국'의 대립 공간은 '땅의 상실/땅의 획득, 타향/고향, 이국살이/조국, 피눈물/영예군인, 자본주의사회/사회주의사회, 불행/행복'과 같은 대립적 의미 차원에 있다. 따라서 극적 공간으로서 '조국'은 '땅의 획득, 고향, 영예군인, 사회주의사회, 행복'이 약호화 된 공간이다.

둘째, 극적 공간으로서 '평양'과 '고향'은 다음과 같은 차원에 있다.

㉠ **길남** 야, 분대장동진 앞을 못보니까 잘 모르누만요. 새로 일떠선 광복거리 살림집들이 얼마나 얼싸한지 압니까. 색텔레비, 랭동기, 쏘파, 선풍기에 세상에 좋은 가구들로 쭉 꾸려 놓았는데 려관은 그 사람집들보다 더 훌륭합니다.

윤철 그래 야, 광복거리 새집들을 텔레비라도 꼭 보자고 했는데…

△ 연화 맥주와 과실을 들고 들어온다.(113쪽)

㉡ **윤철** (…) 언제인가 내 중학교시절에 어버이수령님께서 척박한 우리 농장에 오셨던 적이 있습니다. 그때 수령님께서는 우리 농장원들의 살림살이를 보시고 몹시 가슴아파하셨습니다. 산간마을사람들에게 아직도 흰쌀밥을 못먹인다고… 그때부터 어버이수령님께서는 해마다 논이 적은 우리 산골농장에 벌방입쌀을 보내주시는데 지금도 그 배려를 그냥 받고 있습니다. 전 이게 늘 마음에 걸려 이제 군사복무가 끝나면 농산기사가 되어 우리군에도 벼마다 설레이게 하리라는 꿈을 안고 살았는데 놈들이 이렇게 내 눈을 빼앗아갔습니다.(119쪽)

㉢ **학근** 그건 억지야. 억지란 말일세. 난 자네를 하루가 아니라 열흘, 보름이라도 잡아두고 락원으로 꽃핀 이 수도의 행복을 다 누리도록 하겠네.(119쪽)

인용에서 극적 공간 '평양'은 '색텔레비, 랭동기, 쏘파, 선풍기에 세상에 좋은 가구들로 쭉 꾸려 놓은' 곳이며 '맥주와 과실'이 있는 '락원으로 꽃핀 행복'의 수도인 반면, '고향'은 '흰쌀밥을 먹지 했던' 곳이지만 아직도 '벌방입쌀을 보내주시는 어버이수령의 배려'를 받고 있는 곳이다. '평양'과 '고향'은, 사회주의 건설의 완성이라는 극적 상황[80] 속에 있으므로 '부/가난'이나 '낙원/실낙원'의 대립 차원에 있는 것이 아니다. 극적 공간이 극적 인물들의 운동과 육체적 관련 기호[81]로서 작용한다면, '평양'은 이미 '낙원'이므로 '고향'은 '어버이수령님의 배려가 마음에 걸려 설레이게 하는 꿈을 안고 살 수 있는' 곳, 곧 '낙원'으로 만들어 가야 하는 곳이다. '고향'은 적어도 윤철이 '군사복무가 끝나면 농산기사가 되어 우리군에도 벼마다 설레이게 하리라는 꿈을 안고 살아갈' 수 있는 운동을 가능하게 하는 곳이다.

셋째, 극적 공간으로서 '분계선/평양'은 다음과 같은 차원에 있다.

정옥 (격정을 누르고 애원을 안고) 아버지, 우리 젊은 세대들을 너무 그렇게만 보지 마세요. 물론 우리 새 세대들이 이젠 행복해지니까 제 생각부터 하는 버릇도 생겼어요. 누구보다도 내가 말이예요. 허지만 난 오늘 똑똑히

---

80) 이에 관해서는 본고의 <2.2 사회적 상황의 극적 설정>에 상론한 바 있음.

81) J.T.Styan, *Drama, Stage and Audience,* Cambridge University Press, 1982, pp.35~36, 194~195.

알았어요. 그 분대장동무를 보구서… 내가 시간만 있으면 대성산, 모란봉으로 춤추며 다닐 때 저 분계선 언땅에 배를 붙이고 밤을 새우던 저 동무가 왜 두눈을 조국에 바치고도 자기를 위해서는 단 하루밤 남의 신세를 지는것까지 마다하는지 알았단 말이예요! 아버지! 나도 이젠 남들이 가꿔놓은 꽃밭에서 꿀만 빨아먹는 벌나비가 되고 싶지 않아요(127~128쪽)

인용에서 '분계선/평양'은 극적 인물 윤철과 정옥이 만나기 직전에 살았던 공간, 곧 그와 그녀가 관계 속의 운동[82]을 하기 직전 공간이다. 윤철과 정옥이 관계를 맺기 직전의 공간 '분계선'과 '평양'은 그 인물들의 특성을 뒷받침하는 구속적 타율적 기호[83]이다. 곧 '분계선'은 윤철의 특성을, '평양'은 정옥의 특성을 뒷받침하고 있다. 이런 의미에서 '분계선'은 윤철을 '언 땅에 배를 붙이고 밤을 새우고 두 눈을 조국에 바치고도 자기를 위해서는 단 하룻밤 남의 신세를 지는 것까지 마다하게' 만든 공간이며, '평양'은 정옥을 '제 생각부터 하는 버릇' '시간만 있으면 대성산, 모란봉으로 춤추며 다니'도록 만든 공간이다. 서로 다른 이러한 삶의 공간에서 서로 달리 살아 온 윤철과 정옥은 '평양'에서 만남으로써 관계 속의 운동을 하기 시작한다. 곧 '평양'은 관계 속의 공간이며, 그 공간은 '남들이 가꿔놓은 꽃밭에서 꿀만 빨아먹는 벌나비가 되고 싶지 않아요'라는 각성의 공간이 된다. 따라서 '조국'의 '분계선'은 '제 생각부터 하는 이기주의'의 '평양'를 각성하게 만드는 공간이다.

첫째, 둘째, 셋째에서와 같이 텍스트에서 극적 공간은 '일본/조국'을

82) 삶은 인간관계 속의 운동이며, 모든 문학텍스트는 관계 속의 삶을 다루고 있다. 크리슈나무르티, 『아는 것으로부터의 자유』(정현종 역), 정우사, 1981, 7쪽.
83) 질 질라르, 『연극이란 무엇인가』, (윤학노 역), 고려원, 1988, 114쪽.

'자본주의사회의 불행/사회주의사회의 행복'으로 대립시키고 '평양'을 '낙원의 수도'로 설정하면서 '분계선'을 통하여 '조국에의 충성'을, '고향'을 통하여 '어버이수령님의 배려로 꿈을 안고 살아갈 수 있는' 곳으로 형상하고 있다.

극적 공간의 이러한 의미론적 관계 속에서, 윤철과 정옥의 관계는 '평양'에서 '고향농촌'으로 공간이동을 함으로써 끝맺는다. 그 공간이동은 윤철과 정옥이 만나서 함께 '전세대가 가꾸어 놓은 꽃밭에서 꿀만 빨아먹는 벌나비가 되고 싶지 않다'(120, 128쪽)는 결의에 의해서 이루어진다. 그 목적지 '고향농촌'은, 윤철에게는 '군사복무가 끝나면 농산기사가 되어 우리군에도 벼마다 설레이게 하리라는 꿈', '어버이수령님과 친애하는 지도자동지께 기쁨을 드리겠다던 그 꿈'(121쪽)을 안고 살아가게 하는 곳이며, 정옥에게는 '낙원의 행복', '제 생각부터 하는 버릇', '직업, 재산, 인물, 그런 타산'을 버리고 '일생이 가시덤불이라고 해도 즐거울'(128쪽) 곳이다. 이런 의미에서 '고향농촌'으로 가고자 하는 윤철과 정옥은 '당과 수령을 위하여, 조국과 인민을 위하여 한 평생을 묵묵히 받쳐 성실하게 일하는 숨은 애국자'이며, '일상적인 생활 속에서 가지고 있는 '고상한 사상정신적 풍모와 실천적 모범' 인물[84)]'이다. 따라서 텍

84) 이러한 인물을 숨은 영웅이라고 한다. 숨은 영웅형상 문학예술은 '숨은 영웅 따라 배우기 운동'을 문학예술부문에서 실천한 것이다. 숨은 영웅 따라 배우기 운동은, 1980년 6월 당 제 6차 대회에서 평가된 가장 중요한 정치사회적 운동으로서, 이 운동은 새로운 형태의 공산주의적 대중운동, 공산주의적 사상개조운동으로서 주민들의 사상교양에 핵심적인 역할을 수행하고 있다고 평가되고 있다. 문학예술부문에서는 이를 관철하기 위한 투쟁으로 1981년 3월 전국문화예술인열성자대회가 소집되면서 숨은 영웅형상 문학예술로 구체화 된다. '숨은 영웅형상 문학예술'에서 숨은 영웅이란 김일성과 함께 투쟁한 항일혁명투사 등과 같은 영웅적 인물이 아니라 '당과 수령을 위하여, 조국과 인민을 위하여 한 평생을 묵묵히 받쳐 성실하게 일하는 숨은 애국자들, 공로자들', 곧 사회주의건설시기 이후에 활동했던 과학자, 기술

스트는 고향농촌의 극적 공간지향성을 통하여 동시대 숨은 영웅을 형상화 하고 있다.

3. 《우리 새 세대》의 사회문화사적 의미

텍스트는 1980년대 새 세대 문제를 통하여 조선민족제일주의와 선군사상을 바탕으로 숨은 영웅을 형상화 하고 있다. 동시대 북한사회에서 가장 중요한 인민성의 강화인 바, 곧 새 세대문제로 집약된다. 새 세대는 이른바 '사회주의 건설의 완성시기'(1961~1967)에 태어나서 '주체시기(1967~ 현재)'를 살아가고 있는 세대이다. 새 세대에 관한 관심은 그 세대가 김일성에서 김정일로 이어지는 지배체제의 가장 중요한 동력이 된다는 점과 아울러 그 세대의 사상적 일탈문제가 정치범과 경제범만큼 북한사회 내부의 병폐현상[85]으로 나타나고 있기 때문이다. 이에 동시대 북한사회에서는 인민성의 강화를 기본 원리로 하는 숨은 영웅 따라 배

자 등 사회적 공로자들, 하급당원을 비롯하여 일반 보통 주민들이다. 숨은 영웅형상 문학예술은 그러한 일반 주민들이 일상적인 생활 속에서 가지고 있는 '고상한 사상정신적 풍모와 실천적 모범'을 형상화 한 것이다. 그 '고상한 사상정신적 풍모와 실천적 모범'은 '당과 수령을 위하여, 조국과 인민을 위하여 헌신적으로 투쟁하려는 지향과 열정'이므로 숨은 영웅은 '인민대중의 지향과 요구를 실현하기 위하여 몸 받쳐 투쟁하는 참된 전위투사로서 주체형의 인간'이다.
조선노동당중앙위원회, 「축하문 : 조선작가동맹 제 3차 대회 앞」, 『조선문학 · 388』, 1980.2, 9, 12쪽.
김정웅, 이기백, 『위대한 영도자 김정일동지의 사상이론 : 문예학 3』, 사회과학출판사, 1996, 158쪽.
한중모, 정성무, 『주체의 문예이론 연구』, 사회과학출판사, 1983, 105~106쪽.
위찬길, 「숨은 영웅들의 모범을 따라 배우는 운동은 공산주의자적 사상개조운동」, 『근로자 454』, 1980.2, 57~58쪽.

85) 정용하 외, 『북한사회의 변화와 남북한 정치쟁점』, 153쪽

우기 운동과 숨은 영웅형상 문학예술이 가장 중요한 사회문화운동으로 대두한다. 이러한 사회문화사적 문맥 속에서 1989년 텍스트 《우리 새 세대》가 창작된다. 텍스트가 새 세대문제를 통하여 '농산기사'의 꿈을 가진 '조선인민군 영예군인'의 형상을 창조하고 있다는 점에서 '주체적 문예사상연구모임'화 된다. 그 모임은 텍스트가 '새 세대 인간들의 아름다운 성격 창조를 한 단막극'[86]이라는 의미에서 설치된 것이다.

---

86) 텍스트는 1989년도 성과작으로 『1989년 성과 문학작품집』(문예출판사, 100~135쪽.)에 먼저 발표되고 1990년 6월 『조선예술』(통권 402호, 14~24쪽.)에 재수록 된다. 텍스트가 특집 형식으로 재수록된 것은 '소식 : 단막극 《우리 새 세대》에 대한 주체적 문예사상연구모임 진행'이 그 이유가 된다.

* 특집 : 단막극 《우리 새 세대》 - 평안북도예술단 창조
희곡 : 《우리 새 세대》, 라성덕, 14~24쪽
평론 : 「참된 삶의 보람과 행복에 대한 빛나는 예술적 화폭」, 김기욱, 33~35쪽.
창작 · 창조수기 :
: 「새 세대에 대한 나의 관점」, 라성덕, 36쪽
: 「우리 시대 인간들의 아름다운 성격창조의 열망을 안고」, 창작창조과장 리일현, 37~38쪽
: 「작품의 양상문제와 연출형상」, 배우 박항일 39쪽
: 「산 연기와 체험세계」, 배우 신순영, 40쪽
: 「윤철과 나」, 배우 신금철, 41쪽
반향 : 「단막극 《우리 새 세대》를 시청하고」, 43~44쪽
소식 : 단막극 《우리 새 세대》에 대한 주체적 문예사상 연구모임 진행, 13쪽
표지 : 단막극 《우리 새 세대》 중에서, 1쪽

1986년 3월 27일에서 28일까지 열린 조선문학예술총동맹 제 6차 대회 직후, 김정일이 '문학예술부문 일꾼들과 한 담화', 곧 「혁명적 문학예술작품창작에서 새로운 앙양을 일으키자」(1986. 5.17)를 발표한다. 이에 조선문학예술총동맹은 주체적 문예사상 연구모임을 중앙위원회에 설치하면서 예술영화 《보증》에 대한 주체적 문예사상 연구모임(1987. 3.26), 예술영화 《도라지 꽃》에 대한 주체적 문예사상 연구모임(1987.9.24)에 이어서 '단막극 《우리 새 세대》에 대한 주체적 문예사상 연구모임(1990.6)을 구체화한다. 《보증》(1987, 2부작)은 대흥단창작단에 의해 조선예술영화촬영소에서 제작된 것으로서 '숨은 영웅형상 영화의 대표적인 작품'이라는 점에서, 《도라지 꽃》(1987)은 이춘구의 시나리오, 조경순의 연출에 의해 제작된 것으로서 '참다운 조국애를 가진 주체

텍스트에서 다루고 있는 '새 세대 인간들의 아름다운 성격창조'[87]의 실체가 문제이다. 그 성격창조는 주인공 윤철과 정옥에서 확인한 바와 같이, 새 세대가 '낙원의 행복'에 머물러 있지 않고 조선민족제일주의와

형의 인간에 대한 진실한 형상을 한 예술영화'라는 점에서, 《우리 새 세대》는 '새 세대 인간들의 아름다운 성격 창조를 한 단막극'이라는 의미에서 그 연구 모임이 설치된 것이다.

87) 이에 관해서는 1990년 전후로 하여 북한문학예술의 가장 중요한 문제가 된다. 그 중요한 논의를 보면 연도순으로 보면 다음과 같다.
리현순, 「새 세대로동계급의 성격을 진실하게 그리자」, 『조선문학』, 1983.10, 37~40쪽.
박용학, 「청춘시절은 어떻게 보내야 하는가」, 『조선문학』, 1988.7, 70~74쪽.
리동수, 「우리 시대 청년들의 리상과 작가」, 『조선문학』, 1990.1, 38~41쪽.
윤상현, 「90년대 인간의 성격」, 『조선문학』, 1990.7, 48~53쪽.
정우송, 「우리 시대 청년들의 인생관문제에 대한 심오한 예술적 해명」, 『조선문학』, 1990.11, 43~47쪽.
최언경, 「90년대 새로운 성격의 탐구를 위하여」, 『조선문학』, 1991.1, 15쪽.
류 만, (작가연단 「90년대 인간성격창조문제에 대한 소감」, 『조선문학』, 1991.1, 38~42쪽.
김정웅, (작가연단 「90년대 인간전형을 훌륭히 창조하기 위하여」, 『조선문학』, 1991.3, 41~43쪽.
최언경, (작가연단 「시대정신의 진실한 구현과 90년대 성격창조문제를 두고」, 『조선문학』, 1991.5, 61~64쪽.
김해월, 「우리 시대 녀성들의 사랑의 세계에 대한 깊이 있는 탐구」, 『조선문학』, 1991.7, 65~70쪽.
오춘식, 「우리 시대 청년들의 지향과 리상에 대한 형상문제」, 『조선문학』, 1991.11, 30~34쪽.
박춘택, 「청년전위의 형상을 창조하는 것은 우리 문학의 중요한 과업」, 『조선문학』, 1992.3, 28~30쪽.
김해월, 「농촌 새 세대청년들의 성격창조에 바쳐진 작가의 사색과 탐구」, 『조선문학』, 1993.5, 62~70쪽.
머리글, 「혁명의 1시대, 2세대들처럼 살며 투쟁하는 새 세대의 형상을 훌륭히 창조하는 것은 작가들의 영예로운 임무」, 『조선문학』, 1993.7, 4~5쪽.
표지구호, 「청년들은 일심단결로 위대한 한별동지를 받든 청년 공산주의자들처럼 우리 청년들의 운명이신 우리의 친근한 최고사령관동지를 일심단결로 받들자!」 - 조선로동당 중앙위원회 구호에서, 『조선문학』, 1993.8, 표지.

선군사상을 이념으로 하여 사회주의 건설에 매진한다는 것이다. 새 세대의 이러한 형상은 동시대 북한의 체제이데올로기와 그 문학예술적 형상에 일치하고 있다는 것이다. 따라서 1980년대에서 1990년대로 이어지는 동시대 북한의 체제이데올로기를 형상화 하고 있다는 의미에서 텍스트는 동시대 북한체제의 변화를 보여주고 있는 작품이다.

4. 결론

본고는 라성덕의 《우리 새 세대》를 대상으로 하여 숨은 영웅형상 문학예술과 조선민족제일주의, 선군사상을 연결하고 있는 텍스트의 구조 및 의미구조의 실체를 밝혀본 바, 그 결과를 요약하여 결론으로 삼으면 다음과 같다.

첫째, 그 줄거리에서 본다면 텍스트는 새 세대들이 약혼에 이르는 과정을 형상화 하고 작품이다. 곧 텍스트의 형상은 새 세대들과 그 세대들의 생활 모습이다.

둘째, 텍스트는 세대 구분을 통하여 사회주의 건설의 완성이라는 사회적 상황을 작품의 컨텍스트(사회적 연관 의미)로 설정하고 그러한 상황에 놓여 있는 구 세대와 새 세대의 생활 모습을 드러내고자 한 것이다.

셋째, 구 세대와 새 세대 간의 공통인물로 '군인'을 설정하여 텍스트는 김정일과 당과 새 세대를 사회정치적 생명체로 묶고 '전세대들이 가꾸어놓은 꽃밭에서 꿀만 빨아먹는 벌나비, 그런 벌나비가 되고 싶지 않아 하는', 현실과 싸우는 윤철과 정옥의 운명을 형상화 하고 있다. 텍스트는 사회정치적 생명체에 서로의 결혼과 운명을 맡기고 혁명적으로 살아가고 싸우는 윤철과 정옥의 모습을 보여줌으로써 사회정치적 생명체에 자기 운명을 맡기고 혁명적 군인정신으로 살며 싸우는 인간들을 가장 아름답고 숭고한 인간미의 체험자로 형상하는 선군혁명문학에 가까이 놓여 있음을 보여준다.

넷째, 구 세대와 새 세대 간의 차이를 향락에 두고 있지만, 텍스트는 윤철과 정옥 간의 이념적 약혼을 통하여 새 세대를 단순히 자기 행복을 차는 타산적인 향락세대라고 비판하는 것이 아니라 구 세대의 사회주의 건설정신을 이어받아서 조선민족제일주의 정신을 개척하려는, 해야 하는 것으로 훈육하고 있다.

다섯째, 텍스트에서 극적 지향 공간은 '고향농촌'인 바, 윤철은 '군사복무가 끝나면 농산기사가 되어 우리군에도 벼마다 설레이게 하리라는 꿈', '어버이수령님과 친애하는 지도자동지께 기쁨을 드리겠다던 그 꿈'을 안고 살아갈 곳이며, 정옥은 '낙원의 행복', '제 생각부터 하는 버릇', '직업, 재산, 인물, 그런 타산'을 버리고 '일생이 가시덤불이라고 해도 즐거울' 곳이다. 이런 의미에서 '고향농촌'으로 가고자 하는 윤철과 정옥은 '당과 수령을 위하여, 조국과 인민을 위하여 한 평생을 묵묵히 받쳐 성실하게 일하는 숨은 애국자'이며, '일상적인 생활 속에서 가지고 있는 '고상한 사상정신적 풍모와 실천적 모범 인물'이다. 따라서 텍스트는 고향농촌의 극적 공간지향성을 통하여 동시대 숨은 영웅을 형상화 하고 있다.

여섯째, 1980년대에서 1990년대로 이어지는 동시대 북한의 체제이데올로기를 형상화 하고 있다는 의미에서 텍스트는 '새 세대 인간들의 아름다운 성격 창조를 한 단막극'으로서 동시대 북한의 체제이데올로기와 그 문학예술적 형상에 일치하고 있으며, 그 체제의 변화도 함께 보여주고 있다.

* 본 제 3 부는 「라성덕의 ≪우리 새 세대≫ 연구」(『한국문학논총 · 45』, 한국문학회, 2007, 471~504쪽.), 「북한 경희극 연구」(『한국민족문화 · 29』, 부산대학교 한국민족문화연구소, 2007, 269~297쪽.), 「북한 극문학의 갈래 변화과정 연구」(『한국민족문화 · 24』, 부산대학교 한국민족문화연구소, 2004, 143~174쪽.), 「북한 연극의 갈래론적 연구」(『한국학연구 · 16』, 고려대학교 한국학연구소, 2002, 83~116쪽.), 「제 1장 북한 연극의 특성과 역사적 인식」(『북한 연극의 이해』, 삼영사, 2001, 11~65쪽.), 「북한 연극의 장르와 역사」(『북한 경희극』, 연극과 인간사, 2002, 329~406쪽)를 수정 보완한 것임.

참고문헌

1) 텍스트

『문학예술사전(상/중/하)』, 과학백과사전종합출판사, 1988.

강 진, 『주체 극문학의 새 기원』, 문학예술종합출판사, 1996.

______, 『주체문학의 새 기원』, 문학예술종합출판사, 1996.

과학원출판사 엮음, 『항일무장투쟁과정에서 창조된 혁명적 문학예술』, 과학원출판사, 1960.

권택무, 『조선민간극』, 조선문학예술총동맹출판사, 1966.

김경희 · 림상호, 『'피바다'식 혁명가극 · 1』, 문예출판사, 1991.

김일성, 『사회주의문학예술론』, 조선예술사, 1967.

______, 『천리마시대에 맞는 문학예술을 창조하자』, 조선로동당출판사, 1969.

김일출, 『조선민속탈놀이연구』, 과학원출판사, 1958.

김정웅, 『종자와 그 형상』, 문예출판사, 1988.

김정웅, 『종자와 작품 창작』, 사회과학출판사, 1987.

김정웅 · 이기백, 『위대한 영도자 김정일동지의 사상이론 : 문예학 3』, 사회과학출판사, 1996.

김정일, 『다부작 예술영화 《민족과 운명》의 창작성과에 토대하여 문학예술 건설에서 새로운 전환을 일으키자』, 조선로동당출판사, 1992.

______, 『주체문학론』(조선로동당출판사, 1992)

김준규, 『'피바다식' 가극의 방창에 관한 연구』, 사회과학출판사, 1984.

김최원, 『'피바다'식 혁명가극 · 2』, 문예출판사, 1992.

리동원, 『문학개론』, 김일성종합대학출판사, 1985.
리수림, 『위대한 수령 김일성동지 문학령도사 3』, 문학예술종합출판사, 1994.
사회과학원 문학연구소, 『조선문학사(1926~1945)』, 과학백과사전출판사, 1981.(열사람, 1988.)
__________, 『조선문학통사』, 사회과학출판사, 1959.(인동, 1988.)
__________, 『주체사상에 기초한 문예이론』, 사회과학출판사, 1975.(인동, 1989.)
사회과학출판사 엮음, 『주체사상의 빛발 아래 개화 발전한 항일 혁명문학예술』, 사회과학출판사, 1971.(갈무지, 1989.)
신고송, 『연극이란 무엇인가』,국립출판사, 1956.
오정애 · 리용서, 『조선문학사 10』, 과학백과종합출판사, 1994.
윤기덕, 『수령형상문학』, 문예출판사, 1991.
이 영, 『빛나는 우리 예술』, 조선예술사, 1960.
정성무, 『시대와 문학예술형태』, 문예출판사, 1988.
조 운 · 박태원 · 김아부, 『조선창극집』, 국립출판사, 1955.(한국문화사, 1996.)
한 효, 『조선연극사개요』, 국립출판사, 1956.
한성겸, 『재미있는 민속놀이』, 금성청년출판사, 1994.
한중모 · 정성무, 『주체의 문예리론 연구』, 사회과학출판사, 1991.

2) 논저

국어국문학회 편, 『북한의 국어국문학 연구』, 지식산업사, 1990.,

국토통일원, 『북한의 문학 연구』, 국토통일원, 1978.

권영민 외, 『북한 문화예술 연구의 방향』, 문화발전연구소, 1990.

권영민 편, 『북한의 문학』, 을유문화사, 1990.

김경웅 외, 『북한의 문화정책과 남북문화교류의 방향』, 한국문화예술진흥원 문화발전연구소, 1993.

김문환 편, 『북한의 예술』, 을유문화사, 1990.

김문환, 『분단조국과 통일문화』, 서울대출판부, 1994.

김영규, 『북한의 문학 · 예술』, 통일연수원, 1991.

김용범 외, 『90년대 북한 문화예술계의 정책적 변화양상과 향후 남북문화교류방안』, 한국문화정책개발원, 1998.

김윤식, 『북한문학사론』, 새미, 1996.

김재용, 『민족문학 운동의 역사와 이론』, 한길사, 1990.

______, 『북한문학의 역사적 이해』, 문학과 지성사, 1994.

______, 『분단구조와 북한문학』, 소명, 2000.

문화부 편, 『북한 문화정책 관련 자료집 ; 1990-1991년 로동신문을 중심으로』, 문화부, 1991.

문화체육부, 『김정일 문예관 연구』, 문화체육부, 1996.

__________, 『김정일 문예관 연구』, 문화체육부, 1996.

__________, 『북한의 문화예술 행정제도 연구(문헌자료편)』, 문화체육부, 1995.

민병욱, 『북한연극의 이해』, 삼영사, 2001.

______, 『북한영화의 역사적 이해』, 역락, 2005.

______, 구명옥 편, 『북한 경희극』, 연극과 인간사, 2002.
민족문학사연구소, 『북한의 우리 문학사 인식』, 창작과 비평사, 1991.
박태상, 『북한문학의 현상』, 깊은 샘, 1999.
북한연구소, 『북한총람(1945~1982)』
북한연구소, 『북한총람(1983~1993)』
서연호, 이강렬, 『북한의 공연예술 I 』, 고려원, 1989.
설성경 외, 『북한식 문화예술 창작방법론 연구』, 문화체육부, 1998.
신형기, 오성호, 『북한문학사』, 평민사, 2000.
윤재근, 외, 『북한공연예술단체 운영체계 및 프로그램 분석 연구』, 문화체육부, 1997.
윤재근, 박상천, 『북한의 현대문학II』, 고려원, 1990.
윤재근, 이상호, 박상천, 『북한의 문화정보 I 』, 고려원, 1991.
윤재근, 이상호, 박상천, 『북한의 문화정보II』, 고려원, 1991.
이강렬, 『한국사회주의연극운동사』, 동문선, 1992.
이명재 편, 『북한문학사전』, 국학자료원, 1995.
이명재 편, 『북한문학의 이념과 실체』, 국학자료원, 1998.
이우영, 『김정일 문예정책의 지속과 변화』, 민족통일연구원, 1998.
이우영, 『남북한 문화정책 비교 연구』, 민족통일원, 1994.
이우영, 『남북한 사회의 문학예술 : 개념과 사회적 역할의 차이』, 민족통일원, 1994.
이우영, 『북한 정치사회화에서 전통문화의 역할』, 민족통일원, 1993.
이원희 엮음, 『북한의 5대 혁명 연극』, 신아출판사, 2000.
이종석, 『조선노동당연구』, 역사비평사, 1995.

이춘길 외, 『김정일 문예관과 문예정책의 기본 원리 연구』, 한국문화정책개발원, 1998.
이춘길, 『김정일의 문예관과 북한의 '문학예술혁명정책' 연구』, 한국문화정책개발원, 1995.
이형기, 이상호, 『북한의 현대문학 I』, 고려원, 1990.
정병호, 이병옥, 최병선, 『북한의 공연예술 II』, 고려원, 1991.
정용하 외, 『북한사회의 변화와 남북한 정치쟁점』, 부산대학교 출판부, 2003.
중앙정보부 편, 『북괴 문예정책 및 현황』, 중앙정보부, 1974.
최 명 편저, 『북한 개론』, 을유문화사, 1995.
최 철, 전경욱, 『북한의 민속예술』, 고려원, 1990.
최동호 편, 『남북한 현대문학사』, 나남, 1995.
통합문화연구소, 『김정일과 북한문화예술』, 통합문화연구소, 1996.
한국문화정책개발원 편, 『북한 문화예술계의 현황과 운영 체계』, 한국문화정책개발원, 2002.
한국비평문학회, 『북한 가극 · 연극 40년』, 신원문화사, 1990.
한길사 편, 『남북한문학사연표』, 한길사, 1990.
홍기삼, 『북한의 문예이론』, 평민사, 1981.

김문환, 「북한연극의 특징 : 체계적 접근」, 『북한 문화예술 연구의 방향』, 문화발전연구소, 1990.
김성수, 「김정일 시대의 주체문학론 비판」 『북한연구 · 18』, 대륙연구소, 1994.
______, 「북한 문예이론의 역사적 변모와 김정일의 주체문학론」

『북한문화연구·2』, 한국문화정책개발원, 1995.
______, 「북한문예이론의 역사적 변모 과정 고찰」『북한 및 통일연구 논문집.2』, 통일원, 1994.
______, 「주체문학의 역사와 이론」『동서문학』, 2000.봄.
김승환, 「해방 직후 북조선 노동당의 문예정책과 초기 김일성주의 문학운동」『개신어문연구·8』, 1991.
김용직, 「북한의 문예정책과 창작 지도 이론에 관한 고찰」『관악어문연구』, 1994.
김용환·이영미·전정임, 『남북한 음악극 <춘향전> 비교 연구』, 한국예술종합학교 한국예술연구소, 1997.
김윤식, 「북한의 문예이론」, 『문예중앙』, 1988·가을.
______, 「주체사상에 기초한 사회주의 문예이론」, 『문학사상』, 1989.6.
김재용, 「김정일 시대의 주체문학론」, 『문예중앙』, 1995.봄.
______, 「북한 문예학의 전개 과정과 과학적 문학사의 과제」『실천문학』, 1992·봄.
김중현·엄국천, 「북한창극의 현대화 과정」, 『중앙우수논문집·2』, 중앙대 대학원, 2000.
김태철, 「북한의 문예정책에 관한 연구」, 연세대 행정학 석사논문, 1993.
박명진, 「전후 북한 희곡의 특성」, 『북한 문혁의 이념과 실체』, 이명재 편.,, 국학자료원, 1998.
______, 「전후 북한희곡과 무갈등론」, 『한국희곡의 이데올기』, 보고사, 1998.

박영정, 「북한문학사에 나타난 희곡사 서술의 양상」, 『한국극예술연구 · 9』, 1999.
백진기, 「북한의 문예에 대한 올바른 이해를 위하여」, 『실천문학』, 1989 · 여름.
송도영, 「북한문학 정책에서의 탈식민 담론」『한국문화인류학, 30-2.』, 한국문화인류학회, 2000.
양승국, 「1945~53년의 남북한 희곡에 나타난 분단문학적 특질」, 『1950년대 문학』, 예하, 1991.
______, 「북한의 희곡문학과 연극의 실상」, 『문학사상』, 1991.8.
유민영, 「북한 연극의 분석과 비판」, 『통일정책, 5-4.』, 1979.
유중하, 「주체이론의 대중노선에 대하여」, 『창작과 비평』, 1989 · 여름.
유진월, 「북한의 문예이론과 연극의 특성」, 『북한문학의 이해』, 김종회 편, 청동거울, 1999.
이상우, 「극 양식을 중심으로 본 북한 희곡의 양상」, 『한국극예술연구 · 11』, 2000.
이석만, 「1950년대 북한 연극론의 전개 양상 연구」, 『한국연극학 · 9』, 1997.
이석만, 「해방 직후의 북한 희곡 연구」, 『한국극예술연구 · 5』, 1995.
이우영, 「김정일 문예론 연구」, 『통일연구논총 · 2』, 민족통일연구원, 1993.
이우영, 「김정일 문예론 연구」『통일연구논총 · 2-1』, 민족통일원, 1993.

이춘길, 「북한 문화정책의 이념과 전개에 관한 연구」『북한문화연구 · 1』, 한국문화예술진흥원 문화발전연구소, 1993.
정재철, 「북한 연극과 무대예술에의 접근」『실천문학』, 1989 · 여름.
최진이, 「조선작가동맹 대해부」『월간중앙』, 2000.12.
현재명, 「'전후복구건설시기' 북한희곡에서의 도식주의 · 기록주의 문제」, 『한국전후문학연구』, 조건상 편, 성균관대출판부, 1993.
현재원, 「북한 혁명가극에 나타난 가요 형식과 극적 효과」, 『북한문화연구 · 2』, 한국문화정책개발원, 1995.

약 력

現 부산대학교 사범대학 국어교육과 교수

『민주주의 지향의 문학』(시로출판사, 1985)
『문학과 지성 비판』(공저, 도서출판 지평, 1987)
『비평의 비평과 문학정치학』(황토출판사, 1992)
『연극이 살아 숨쉬는 도시를 위하여』(공저, 도서출판 전망, 1995)
『부산지역 연극의 현황과 방향성』(공저, 부산대학교 출판부, 2004)

『한국서사시와 서사시인 연구』(태학사, 1998)
『한국서사시의 비평적 성찰』(지평, 1987)

『일제 강점기 재일 한국인의 문학활동과 문학의식 연구』(공저, 부산대 출판부, 1998)
『일제 강점기 재일 한국인의 연극운동』(연극과 인간사, 2000)
『일본 문화접촉과 한국문학』(공저, 세종출판사, 2004)

『희곡문학론』(민지사, 1991)
『한국 근대 희곡의 형성과정』(해성출판사, 1993)
『한국 대표 희곡 강론』(공저, 현대문학사, 1993)
『한국희곡사연표』(국학자료원, 1994)
『연극읽기』(삼영사, 1995)
『한국 근대 희곡 연구』(민지사, 1995)
『한국 극작가 극작품론』(편저, 삼지원, 1996)

『현대희곡론』(삼영사, 1997)
『한국근대희곡론』(부산대학교 출판부, 1997)
『젊은 극작가-연출가들의 대표 희곡』(편저, 연극과 인간사, 2002)
『한국연극공연사연표』(국학자료원, 1997)
『영화축제의 현장』(삼영사, 2006)

『교육연극의 이론과 실제』(편저, 연극과 인간사, 2000)
『교육연극의 현장』(편저, 연극과 인간사, 2004)

『북한 연극의 이해』(편저, 삼영사, 2001)
『북한 경희극』(편저, 삼영사, 2002)
『북한 영화의 역사적 이해』(도서출판 역락, 2005)

『부산광역시 원도심 도시민속 기반형 문화지도를 활용한 문화공간 활성화 방안』(책임, 부산광역시, 2010)
『컨텐츠 부산 : 부산지역사와 도시민속의 브랜드화』(책임, 부산발전연구원, 2008)
『부산광역시 원도심 문화공간 활성화를 위한 네트워크 구축과 도시민속컨텐츠 개발 컨설팅』(책임, 부산광역시, 2008)
『부산광역시 문화기반시설 운영개선방안 경영컨설팅 사업』(책임, 부산광역시, 2007)
『2010년도 부산지역축제평가보고서』(공동, 부산광역시, 2007)
『부산바다축제 10년 백서』(책임, 부산문화관광축제조직위원회, 2005)

『2010년도 부산지역축제평가보고서』(공동, 부산문화관광축제조직위원회, 2010)

『김해시 문화예술단체(개인) 지원 로드맵 구축을 위한 사전 실태조사』(책임, 김해문화재단, 2009)

外 多數

동북아시아 한민족의 연극

초판 인쇄　2011년 7월 25일
초판 발행　2011년 7월 31일

저　　자　민병욱

발 행 인　김 인 세
펴 낸 곳　부산대학교 출판부
주소 – 부산광역시 금정구 장전동 부산대학로 98
전화 – (051) 510 – 1932~3
전송 – (051) 512 – 7812
등록 – 제카 11-2　1992. 9. 10.

* 잘못된 책은 구입한 서점에서 교환해 드립니다.

정가 15,000원

ISBN 978-89-7316-395-3 03810